LES DERNIERS JOURS
DE MUSSOLINI

Du même auteur

Français et Italiens à la fin du XIX*e* *siècle : aux origines du rapprochement franco-italien de 1900-1902*, École française de Rome, 1982.

Le Nouveau Désordre mondial, Flammarion, 1983.

Les Relations internationales de 1871 à 1914, Armand Colin, 1983 (4e édition) ; nouvelle édition revue et corrigée, 1995, coll. « Cursus Histoire ».

Les Fascismes, Imprimerie nationale, 1985 ; « Points-Seuil », 1991.

Fascisme français : passé et présent, Flammarion, 1987.

Voyage en Ritalie, Plon, 1993 ; « Petite Bibliothèque Payot », 1995.

L'Italie contemporaine, du Risorgimento à la chute du fascisme, Armand Colin, 1995 (en collaboration avec Serge Berstein).

Le Nogent des Italiens, Autrement, 1995 (en collaboration avec Marie-Claude Blanc-Chaléard).

Les Relations internationales de 1918 à 1939, Armand Colin, coll. « Cursus Histoire », 1995.

Les Relations internationales, t. I, *De 1945 à 1973*, Hachette Éducation, 1996 ; t. II, *De 1973 à nos jours*, Hachette Éducation, 1997.

Sources de la France du XX*e* *siècle*, Larousse, 1997.

Verdi et son temps, Perrin, 2001.

L'Europe en chemise noire. Les extrêmes droites européennes de 1945 à aujourd'hui, Fayard, 2002.

Napoléon III, Perrin, 2004.

Histoire de l'Italie, Fayard, 2005.

Voltaire, Perrin, 2007.

L'Année terrible, t. I, *La Guerre franco-prussienne (septembre 1870-mars 1871)* ; t. II, *La Commune (mars-juin 1871)*, Perrin, 2009.

PIERRE MILZA

LES DERNIERS JOURS DE MUSSOLINI

LE GRAND LIVRE DU MOIS

Ouvrage édité sous la direction
de M. Anthony Rowley.

ISBN : 978-2-286-06964-3

Avant-propos

Mussolini est mort deux fois. La première le 25 juillet 1943, en tant que « guide » longtemps tout-puissant de l'Italie fasciste. La seconde le 28 avril 1945, lorsqu'il tombe sous les balles de partisans italiens en application du « jugement » prononcé par les dirigeants du mouvement insurrectionnel milanais.

Ce sont les quelques jours qui précèdent la mise à mort du Duce, de sa compagne Clara Petacci et d'une quinzaine de hiérarques de la République de Salò qui constituent l'objet principal de ce livre. Mais les rafales et les tirs d'armes automatiques qui ponctuent les ultimes secondes de la vie de Mussolini et de Claretta ne sont que le point d'orgue d'une tragédie qui concerne le peuple italien dans son ensemble et qui a pour nom « guerre civile ». Une tragédie qui se poursuit, après la mort des deux personnages principaux, avec la macabre exposition de leurs dépouilles sur le piazzale Loreto de Milan, et dont le premier acte avait été, une vingtaine de mois plus tôt, l'ordre donné par Hitler à son « meilleur ami » de reprendre la tête d'un État italien fasciste – un État allié de l'Allemagne et dont le chef avait promis en

1937, à Berlin, d'accompagner le Führer « jusqu'au bout » (*fino in fondo*).

Lorsque Mussolini s'effondre, Hitler n'a plus en effet que quarante-huit heures à vivre, terré dans son bunker berlinois, où il règne en roi fou depuis dix jours sur une cour de morts vivants. La tentation était grande, pour l'historien du fascisme – et pas seulement du fascisme italien –, de s'inspirer du bel ouvrage de l'historien allemand Joachim Fest *Les Derniers Jours de Hitler* et de suivre pas à pas, heure par heure, le dernier voyage du dictateur au bord du lac de Côme, devenu enjeu, à l'époque où se situe notre récit, d'une lutte sans merci entre les milices en chemise noire d'Alessandro Pavolini et les militants communistes, pour l'essentiel des brigades garibaldiennes. Le piège eût été de raconter une histoire qui n'a pas eu lieu. De prêter à Mussolini des discours qu'il n'a pas prononcés, des gestes qu'il n'a pas même esquissés, des sentiments qu'aucun signe ne révèle.

On aura compris que mon propos n'est pas d'ajouter des versions plus ou moins rocambolesques à celles que des dizaines et des dizaines d'ouvrages ont proposées sans autre résultat que de rendre un peu plus indéchiffrable le « polar » que constituent les dernières heures de la vie du dirigeant fasciste. Le lecteur trouvera dans ce livre sinon une réponse définitive à toutes les questions que pose l'exécution du Duce, au moins l'exposé des principales pièces du dossier. À lui d'opter, comme j'ai moi-même essayé de le faire, pour celles qui lui paraissent le plus vraisemblables.

Le mystère reste d'autant plus opaque qu'il fait jouer des ressorts aujourd'hui encore très puissants. La mort de Mussolini s'inscrit en effet dans un contexte qui n'est pas seulement celui de la guerre entre les Alliés de l'Ouest et ce qu'il subsiste de la coalition hitlérienne. Elle constitue en même temps un enjeu entre les dirigeants occidentaux et les Soviétiques, voire entre Britanniques et Américains. Et elle oppose – ou déchire – encore davantage les Italiens entre eux : fascistes contre antifascistes, communistes en position de force mais en concurrence avec les autres représentants de la Résistance et eux-mêmes divisés. D'un côté ceux qui, obéissant aux consignes de Togliatti, donc de Staline, prêchent la retenue et la conciliation avec la monarchie, et ceux qui, derrière Longo et consorts, appellent à la révolution immédiate.

Au fil des ans et des décennies, le rapport de force a changé entre ces divers acteurs. La guerre mondiale s'est achevée au lendemain même des faits de Mezzegra et de Dongo, bientôt remplacée par la guerre froide. Celle-ci a cessé à son tour, en même temps que l'URSS disparaissait et que sombrait le communisme, tout au moins en Occident. Il reste, et ce n'est pas rien, l'opposition classique droite/gauche, la guerre civile verbale qui, particulièrement en Italie, berceau du fascisme, continue à dresser les uns contre les autres ceux qui restent inconditionnellement attachés aux « valeurs de la Résistance » et au pacte fondateur de la démocratie italienne, et ceux qui plaident en faveur de la reconnaissance des « valeurs patriotiques » dont sont crédités, non sans critiques, les défenseurs attardés de la République sociale.

Toute la production éditoriale – et elle est immense – concernant la fin de Mussolini est porteuse, à des degrés divers, de ces présupposés idéologiques. Et la difficulté pour l'historien en quête de certitudes consiste à démêler un écheveau de contradictions, de procès différés, de contre-vérités évidentes, mais aussi parfois de témoignages d'une telle sincérité apparente qu'ils ne sauraient être *a priori* écartés au seul motif qu'ils bousculent la vulgate habituelle. Peut-être me reprochera-t-on d'avoir voulu trop souvent réhabiliter des thèses jugées « invraisemblables » par nombre d'auteurs ayant pignon sur rue. Péché mortel, si celui qui s'en rend coupable paraît s'écarter du « politiquement correct ». J'en assume le risque.

« La mort n'est pas la chose la plus importante de la vie de Mussolini », écrit Renzo De Felice. Et il ajoute : « C'est une curiosité déplacée que de se demander si c'est Tizio ou Sempronio (nous dirions "Truc et Machin") qui a appuyé sur la détente[1]. » L'historien romain aurait raison s'il ne s'agissait que de la mort d'un homme, si important qu'ait été son rôle dans l'histoire du XXe siècle. Le propos me paraît moins pertinent si l'on veut bien se souvenir que, parallèlement à l'exécution, se déroule une partie de bras de fer entre les acteurs de la Résistance italienne. Surtout, que la mort ne soit pas « la chose la plus importante » de la vie de Mussolini n'exclut pas que le lynchage de son cadavre et de celui de sa compagne, le 29 avril à Milan, compte parmi les événements les plus dérangeants pour les Italiens, y compris parmi ceux qui l'ont vécu en direct. D'autant que l'image du couple accroché, tête en bas, au grillage d'une station-service renvoie dans la mémoire collective au spectacle des milliers de militants fascistes – ou supposés tels – auxquels la foule a fait subir le même sort au lendemain de la Libération.

Le lecteur qui aura bien voulu me suivre sur la route qui longe la rive occidentale du lac de Côme jusqu'à

Dongo, où eut lieu l'arrestation du Duce, puis dans les divers sites de sa très brève captivité, pourra se demander si le drame aurait pu avoir un autre dénouement. En effet, Mussolini a bien failli échapper à ses « protecteurs » allemands, puis à ses poursuivants, partis de Milan dès l'annonce de son arrestation pour l'éliminer. Deux fois, il a été arrêté par le lieutenant SS Birzer alors qu'il tentait avec plusieurs de ses compagnons de passer en Suisse. À Dongo, au lieu de feindre l'ébriété au fond de son camion, il aurait pu commander à son escorte puissamment armée d'ouvrir le feu sur les hommes de la 52e brigade Garibaldi. Dans la nuit du 27 au 28 avril, il avait pu entrevoir un court moment la possibilité d'être transporté avec sa maîtresse sur l'autre rive du lac, où son évasion avait été préparée avec l'aide des services secrets américains. Mais, surtout, pendant les quelques jours passés à Milan il aurait pu, comme de nombreux membres de son entourage le suppliaient de le faire, rejoindre clandestinement un aérodrome local et, de là, gagner la Suisse, la Bavière ou l'Espagne. Cette dernière chance fut gâchée par l'entêtement du dirigeant fasciste à vouloir emprunter la voie la plus périlleuse, celle de la rive ouest, plutôt que celle de l'est, plus courte, moins directement menacée par les partisans et surtout protégée par d'importantes forces fascistes.

Pourquoi ces choix quasi suicidaires ? Mussolini était-il pleinement conscient des risques qu'il prenait ? Avait-il conservé une confiance telle en son « étoile » qu'il pût imaginer atteindre sans encombre la Valteline ou la Suisse ? Était-ce un dernier défi lancé à ses adversaires ? Ou une soumission plus ou moins délibérée à la force du destin ? Un peu de tout cela, peut-être… Les mêmes mobiles ont-ils à nouveau joué, qui l'avaient conduit à narguer le sort à la veille de la réunion du Grand Conseil fasciste du 25 juillet 1943, prélude à sa destitution et à son arrestation sur ordre du roi ? Autant de questions qui apparaissent en filigrane de ce livre.

Prologue

Devenu, sur l'injonction expresse de Hitler, et sous la menace de voir celui-ci – en représailles de la « trahison » fasciste – mettre à exécution son projet de destruction de plusieurs villes italiennes dont Milan, Turin et Gênes, Mussolini avait dû se résoudre, après sa libération par un commando de parachutistes allemands le 12 septembre 1943 et sa « visite » forcée au QG du Führer à Rastenburg, à former un nouveau gouvernement et à reprendre la lutte au côté du Reich. Autrement dit, il renonçait à toute autonomie pour devenir le satellite docile du dirigeant nazi et lui servir notamment d'auxiliaire dans la répression de la résistance armée constituée depuis l'automne 1943 par les adversaires clandestins du régime déchu.

C'est ainsi sous la surveillance étroite de l'ambassadeur allemand Rudolf Rahn et du général SS Karl Wolf, responsable de la sécurité des troupes allemandes en Italie, que vit le jour la République sociale italienne, réplique radicalisée du régime fasciste. Mussolini avait tenu à ce que le terme « fasciste » disparût de l'appellation officielle du nouveau régime, et à ce que le nouveau parti, lui, prît le nom de « parti fasciste républicain ». Il fallut d'abord réunir une équipe gouvernementale et l'installer dans un site relativement protégé et agréé par les Allemands. Ces derniers avaient vivement déconseillé Rome, trop proche de la ligne de front et cible de nombreux bombardements alliés. Ils avaient repoussé la proposition faite par le Duce d'installer la capitale à Bolzano, dans le Haut-Adige, ou dans une ville de Vénétie, car son objectif était de faire pièce aux ambitions hitlériennes sur ces deux régions. Finalement, le chef de la RSI dut accepter de transférer ses pénates à Gargnano, une petite cité riveraine du lac de Garde, où il arriva avec sa suite le 10 octobre 1943.

Le manifeste de Vérone

En supprimant la monarchie et en annonçant la convocation d'une Assemblée constituante, Mussolini paraissait rompre radicalement avec le passé et revenir aux principes révolutionnaires qui avaient caractérisé le fascisme originel. Désireux de rallier à sa cause tous ceux qui, dans les couches populaires, n'avaient pas encore basculé du côté des organisations marxistes, le parti fasciste républicain, réuni en congrès à Vérone en novembre 1943, publia un manifeste en dix-huit points qui posait, en termes passablement flous, les bases de la « République sociale ».

Appelé à devenir la charte du nouveau régime, ce texte auquel Mussolini avait prêté la main représentait une sorte de compromis. Ses deux autres rédacteurs étaient Pavolini, l'ancien ministre de la Culture populaire (autrement dit de la Propagande), un dur que le Duce avait choisi comme secrétaire du parti, et le vieux communiste repenti Nicola Bombacci. L'exécution de ce programme qualifié par ses auteurs d'« antibourgeois » fut confiée au parti, « armée de combattants et de croyants ». On y retrouvait le bric-à-brac idéologique qui avait nourri le premier fascisme : un mélange de nationalisme, de populisme, de socialisme libertaire et de mazzinisme. Pas plus que lui il ne dépasserait le stade des intentions, et aurait d'autant moins d'impact sur les masses que sa publication coïnciderait avec des mesures aussi impopulaires que la reconstitution de la milice et la remise sur pied d'une armée destinée à la lutte contre les Alliés et contre les partisans.

À l'automne 1943, le principal ennemi du fascisme n'est plus pour Mussolini le socialisme mais le capitalisme, ou plutôt la bourgeoisie, qu'il tient pour responsable du naufrage de l'Italie. Oubliant que le fascisme n'a pu accéder au pouvoir et s'y maintenir que grâce au compromis passé avec les classes dirigeantes, les agrariens d'abord puis les milieux d'affaires, avec la Cour et la hiérarchie militaire, il croit pouvoir s'appuyer sur les classes populaires pour régénérer son régime. Tel est le sens du dix-huitième et dernier point du manifeste de Vérone : le parti ne doit pas seulement « aller vers le peuple », il doit être « avec le peuple ».

Illusion que ce retour aux sources de l'idéologie des faisceaux. Mussolini pourra bien s'efforcer de donner un contenu concret au projet social présenté à Vérone, créer un ministère de l'Économie corporative, avec pour mission de « réaliser à tout prix la socialisation de l'industrie italienne », il ne parviendra pas à convaincre le monde ouvrier qu'il applique là un programme qui est le sien depuis toujours.

Sous la férule des Allemands

À Gargnano, le Duce vit dans une sorte de bulle. Coupé du monde, privé d'un pouvoir qu'il a exercé dans toute sa plénitude pendant vingt ans, continûment surveillé et accompagné dans tous ses déplacements par un détachement de SS, il tend à se replier sur lui-même, à fuir les responsabilités, tout en se lamentant auprès de ses intimes de ne plus être qu'un jouet entre les mains du Führer et de ses exécutants. « Les Allemands me conservent comme figure de proue, confie-t-il à son secrétaire Dolfin, mais le navire n'a pas d'équipage. » Ou encore : « Ils sont toujours là, comme les taches sur la peau d'un léopard. »

N'est-ce pas grâce au général SS Karl Wolf que Claretta Petacci, emprisonnée depuis plusieurs semaines à Novare, a pu être libérée le 17 septembre et s'installer à Gardone, au bord du lac de Garde ? Il est vrai que ce n'est pas à la demande de Mussolini que le chef de la police allemande a ordonné sa libération, mais à la suite d'une intervention personnelle de Hitler. On ne sait d'ailleurs pas très bien s'il avait déplu à ce dernier que son allié abandonnât sa maîtresse après que celle-ci eut passé pour lui autant de temps en prison, ou s'il voulait seulement se doter d'un moyen de pression supplémentaire sur le chef de la RSI.

Précaution bien inutile, si l'on songe à l'état de délabrement physique et moral dans lequel se trouve

Mussolini. Dolfin, qui le rencontre quotidiennement, le décrit assis derrière un modeste bureau, lisant des lettres qu'il a tirées d'un sous-main : « Durant quelques minutes, écrit-il, il paraît ne pas s'apercevoir de ma présence. [...] Immobile, j'attends ses ordres ; j'observe que son gilet est ouvert, la ceinture de son pantalon desserrée. Il doit souffrir beaucoup. Sa main gauche ne quitte pas son estomac et le comprime. Il est inquiet et nerveux. Il porte des lunettes à monture noire, avec de longues branches. Elles le vieillissent et lui donnent un air encore plus fatigué[1]. » Ce n'est pas que son mentor germanique soit beaucoup plus vaillant – c'est le moins qu'on puisse dire –, mais il n'a pas les mêmes raisons que son homologue fasciste de désespérer de la situation militaire. Le territoire du Reich est intact. L'ouest et le centre de l'Europe restent sous domination allemande et l'offensive alliée en Italie du Sud se trouve bloquée sur la ligne Gustave, entre Naples et Rome, jusqu'au printemps 1944. Hitler pense ainsi pouvoir tenir, face à la coalition russo-anglo-américaine, jusqu'au moment où les armes « terrifiantes » que préparent ses ingénieurs et ses savants lui permettront d'inverser le cours de la guerre.

Plus les jours passent, et plus s'affirme la dépendance de la République sociale et de son « guide virtuel » à l'égard des Allemands. Dès la fin de 1943, Mussolini doit reconnaître l'annexion par le Reich de la Vénétie Tridentine et de la Vénétie Julienne. En janvier 1944, soumis à la pression conjuguée des éléments extrémistes du parti fasciste républicain et de plusieurs dirigeants nazis, dont le Führer en personne, il laisse un tribunal spécial réuni à Vérone condamner à mort son gendre Ciano, ainsi que quatre des conjurés du Grand Conseil,

De Bono, Marinelli, Pareschi et Gottardi, fusillés dans le dos. Cette mise à mort à l'issue d'une parodie de procès affectera d'autant plus le Duce qu'il a au fond de lui-même pardonné à Ciano son alliance avec les véritables coupables du 25 juillet, les Grandi, Bottail et consorts. Il aurait souhaité qu'un événement extérieur permît à l'époux de sa fille Edda de sauver sa tête. Mais il redoute à tel point de décevoir Hitler qu'il ne fera rien pour modifier la sentence.

En mars 1944, l'ambassadeur Rahn informe Hitler du désir qu'a Mussolini de le rencontrer afin d'obtenir un peu plus d'autonomie dans ses rapports avec l'allié germanique. L'entrevue a lieu le 22 avril à Salzbourg, et pour une fois le Führer laisse son interlocuteur exposer ses demandes dans un long plaidoyer en allemand que le Duce a préparé avec un soin de bon élève. Il doit néanmoins se contenter de vagues promesses concernant la mise sur pied d'une armée italienne dont il évalue l'effectif potentiel à huit ou dix divisions. En réalité, Hitler n'a nullement l'intention d'équiper de pied en cap une force de cette dimension, d'autant qu'il nourrit le plus grand mépris à l'égard des vertus guerrières de ses alliés latins. Les consignes adressées à Rahn ne laissent planer aucun doute sur ce point : « Le Führer estime que l'ambassadeur Rahn ne doit, sous aucun prétexte, se laisser prendre au mirage italien et tomber dans les mêmes erreurs que ses prédécesseurs. Il a été surabondamment prouvé que les troupes italiennes ne sont pas utilisables. Elles ne sont capables que de démonstrations bruyantes qui intoxiquent la population. Une force armée italienne digne de confiance et combative ne peut être envisagée, ni par nous, ni par nos alliés. » À quoi fait écho ce propos prêté au maréchal Keitel : « La seule armée italienne qui ne trahisse pas est celle qui n'existe pas. »

Les quatre divisions que les Allemands acceptent finalement de mettre sur pied et d'entraîner sur le territoire du Reich sont de ce fait maintenues dans l'inactivité la plus complète, si bien que les soldats démoralisés et peu désireux d'être employés à des tâches de maintien de l'ordre commencent à déserter. À la fin de 1944, elles ont perdu le quart de leurs effectifs, sans que le Führer se montre particulièrement affecté par cette défection massive. Les Allemands, en effet, préfèrent de beaucoup enrôler les Italiens comme travailleurs pour les usines du Reich que comme soldats.

L'armée régulière est si peu sûre qu'on ne l'utilise guère dans la lutte contre les partisans. On préfère confier cette mission à la milice, grossie de ce qui subsiste du corps des carabiniers, et transformée en Garde nationale républicaine, ainsi qu'aux « brigades noires », dans lesquelles doivent en principe être versés « tous les inscrits au parti fasciste républicain âgés de dix-huit à soixante ans et n'appartenant pas aux autres forces auxiliaires », soit un peu plus de 100 000 hommes placés sous le commandement direct de Pavolini.

La guerre civile

Jusqu'aux toutes dernières années du XXe siècle, la vulgate officielle a largement diffusé le mythe d'une Italie plus que majoritairement dressée contre l'occupant et contre une poignée de fascistes irréductibles à la solde des nazis. Mythe qui, à bien des égards, a servi de fondement à la démocratie italienne. En réalité, l'Italie a été pendant près de deux ans le théâtre d'une « guerre civile » opposant deux minorités farouchement déterminées à se détruire[2]. D'un côté, les partisans en lutte non seulement pour libérer leur pays des Allemands et du fascisme, mais aussi pour promouvoir une transformation radicale de la société italienne. De l'autre, les combattants qui ont choisi le camp de la République sociale par fidélité au régime déchu et à son chef. Entre les deux, la grande masse des Italiens attentistes, désemparés et obsédés par les problèmes de la vie quotidienne.

C'est donc essentiellement dans la lutte contre l'« ennemi intérieur » que seraient employés les soldats et les forces de police de la République sociale. Mobilisés par le parti, les hommes de Ricci – chef de la Garde nationale républicaine – et de Pavolini allaient ainsi faire la chasse aux partisans et aux juifs, semer la terreur dans les zones disputées à la Résistance, rivaliser en atrocité avec les SS dans les opérations de représailles dirigées contre les populations civiles, et prêter éventuellement la main à la Gestapo.

Quelle fut, dans ce déferlement de violences, la part de responsabilité de Mussolini ? Dans les représailles de l'armée allemande, qu'il s'agisse du massacre des Fosses ardéatines à Rome, en mars 1944[3], ou de ceux perpétrés quelques mois plus tard à Sant'Anna di Stazzema et à Marzabotto[4], elle est à peu près inexistante. Obéissant lui-même aux consignes du Führer, Kesselring fut le seul instigateur de ces atrocités. Le Duce en eut toutefois connaissance et ne fit rien pour retenir ses alliés. À Rome, ce furent d'ailleurs les services de la police fasciste qui aidèrent le SS Kappler à dresser la liste des otages. Plus important fut le rôle que joua le dictateur dans l'action menée contre les résistants par les milices et les polices parallèles. Celles-ci dépendaient pour la plupart[5] de Pavolini et de Ricci : deux hommes que Mussolini voyait quotidiennement et qui, s'ils disposaient d'une large autonomie, ne pouvaient agir qu'avec son plein accord. N'avait-il pas demandé à Graziani, en juin 1944, d'associer l'armée régulière aux actions menées contre les « hors-la-loi » ? « L'organisation du mouvement contre le banditisme, déclara-t-il à cette occasion, doit être telle qu'elle frappe psychologiquement les gens et soulève l'enthousiasme dans nos rangs unifiés. Elle doit être la marche de la République sociale contre la Vendée. »

Dernier tête-à-tête avec le Führer

En 1944, Mussolini connaît une rémission dans le délabrement physique et moral qu'il subit depuis le début de la guerre. Les nouvelles des différents fronts n'ont pourtant pas de quoi le réjouir. Rome est tombée le 4 juin, deux jours avant le débarquement des Alliés en Normandie. Trois mois plus tard, ils ont libéré Florence, tandis qu'à l'Est les Russes ont à peu près ramené les Allemands sur leur ligne de départ et entamé la conquête des Balkans et de la Pologne. Néanmoins, le Duce se sent mieux. Il a repris du poids. Ses crises de coliques gastriques se sont faites moins fréquentes et moins douloureuses grâce, semble-t-il, aux soins que lui prodigue le docteur Zachariae, un médecin allemand que lui a envoyé Hitler. Mussolini a plus besoin de parler que de se gaver de médicaments.

En juillet, Mussolini se rend en Allemagne pour un nouvel entretien avec le Führer. Lorsqu'il arrive le 20 juillet à Rastenburg, Hitler vient d'échapper à un attentat à la bombe dont l'organisateur était le colonel von Stauffenberg. Il vient à la rencontre de son allié, accompagné de Ribbentrop, Himmler, Dönitz, Keitel et Bormann, et lui explique qu'on a fait exploser auprès de lui une « machine infernale ». Mussolini, qui s'est si souvent senti en position d'infériorité devant son hôte, éprouve à la fois de la compassion pour lui, doublée de la crainte que lui inspire la révélation soudaine de la vulnérabilité du pouvoir hitlérien, et une certaine jubilation intérieure. Comme il le confiera plus tard à Barracu, sous-secrétaire à la présidence, il n'est pas mécontent de constater qu'il n'est pas le seul dictateur « à être entouré de traîtres[6] ». Il a également la satisfaction de s'adresser à un interlocuteur attentif aux demandes de son allié concernant le rapatriement des divisions fascistes stationnées en Allemagne et la situation des militaires italiens internés à la suite de l'armistice du 8 septembre dans les zones occupées par la Wehrmacht.

De retour à Gargnano, Mussolini a tôt fait de constater que Kesselring n'a nullement l'intention d'accéder à toutes ses prières, notamment à celles qui concernent le transfert et l'emploi des quatre divisions italiennes retenues sur le territoire du Reich. Deux seulement obtiennent d'être rapatriées en Italie du Nord, pour constituer avec trois divisions allemandes un corps d'armée dont le commandement est confié à Graziani. Pas question toutefois de les envoyer combattre les Alliés sur la « ligne gothique ». Le corps d'armée Liguria aura pour seule mission de faire la chasse aux partisans dans les vallées alpines et de mener des actions de contre-guérilla urbaine.

Mussolini a beau protester auprès du haut commandement allemand, il ne peut obtenir satisfaction, ni convaincre les chefs de la Wehrmacht et de la SS de ne pas procéder à des représailles sanglantes dont le principal effet – explique-t-il à Rahn – ne pourra être que de dresser les populations civiles contre l'ancien allié devenu occupant et tortionnaire. « Il est nécessaire, écrit-il, de donner aux vingt-deux millions d'Italiens de la vallée du Pô l'impression qu'il existe une République, un gouvernement, que ce gouvernement est considéré comme un allié et que son territoire n'est pas une simple *prise de guerre*[7]. »

La proximité d'une issue de la guerre qui, chaque jour, apparaît de moins en moins favorable à Hitler incite le Duce à prendre ses distances à l'égard des Allemands. Il pense pouvoir ainsi adoucir le sort que les Alliés réserveront aux dirigeants de la RSI et à lui-même. Alors qu'il a à peine réagi lors du massacre des Fosses ardéatines, il commence à se montrer plus virulent dans les protestations qu'il adresse aux autorités allemandes après chaque exécution d'otages, par exemple lorsque quinze détenus politiques sont fusillés en août 1944 à Milan pour le compte des SS par un détachement de la brigade Ettore Muti, puis exposés sur le piazzale Loreto, sur le lieu même où des partisans communistes ont fait sauter un camion de la Wehrmacht avec ses occupants. Pures gesticulations verbales, qui n'auront pour effet que d'incommoder les Allemands, sans rallier pour autant les populations civiles à la République sociale et à son chef.

CHAPITRE PREMIER

Adieu, Milan !

Après avoir libéré Florence, les Alliés se trouvaient à la fin août 1944 sur la ligne Pise-Pesaro, à environ deux cents kilomètres de Milan. Ils auraient sans doute pu mener plus avant leur offensive, mais le maréchal Alexander décida de marquer une pause avant l'hiver et d'arrêter ses troupes à proximité de Bologne. Au cours de ces opérations, Forlì fut occupée et la résidence d'été des Mussolini, La Rocca delle Caminate, mise à sac par la population locale.

Le projet de « réduit alpin »

Pour les dirigeants fascistes comme pour leurs alliés, l'heure était venue de transférer le gouvernement de la RSI dans un site plus sûr que Salò et de songer à la constitution d'un « réduit alpin » destiné à l'ultime résistance. L'idée tirait son origine du projet, plusieurs fois agité par Mussolini, d'une fin héroïque du fascisme, offrant à la postérité l'image mythique d'une entreprise écrasée par le nombre et par la puissance des mercenaires de la « ploutocratie ». Ainsi serait assuré le passage du relais aux générations futures, et aurait-on la certitude de voir se perpétuer l'espoir d'une nouvelle révolution fasciste.

Trois secteurs furent envisagés, de concert avec les autorités allemandes. Pavolini, qui avait à la fois l'oreille de Mussolini et celle de Kesselring, penchait pour la Valteline, au nord de Côme. Dès le 8 septembre, il câblait en ce sens au chef de la RSI :

> Le projet – en l'éventualité détestable d'une invasion complète du territoire républicain – de nous accrocher avec les chemises noires, nos armes et notre gouvernement dans une zone de défense telle que la province de Sondrio et pour partie celle de Côme, me semble la solution la plus logique et la plus honorable. [...]
>
> D'autre part, une résistance de nos dernières forces dans la Valteline et autour de l'Adamello protégerait le flanc des formations allemandes dans le Haut-Adige. À tout point de vue, il me semble que l'intérêt tactique et moral de notre allié coïncide en cela avec le nôtre[1].

Tel n'était pas le sentiment de Rahn. L'ambassadeur allemand préférait en effet le Frioul ou la Carniole, craignant que la proximité de la frontière suisse n'incitât les soldats à choisir l'internement en pays neutre plutôt qu'un combat sans espoir. Certains dirigeants fascistes parlaient du Val d'Aoste ou de Trieste, dont la défense n'aurait pu que ranimer le souvenir de l'expédition de Fiume, prélude à la montée en puissance du mouvement fasciste. D'autres enfin proposaient le Haut-Adige, mais

Pavolini ne voulaient pas envoyer ses hommes dans une région obéissant à un gauleiter allemand. « J'apprends [...], écrit-il à Mussolini, que le projet allemand donnerait la préférence à Merano ou un secteur voisin. Inutile de vous dire, Duce, qu'une telle solution enlèverait toute valeur à notre proposition d'une résistance finale du fascisme mussolinien en une forteresse naturelle italienne. À Merano, il n'y aurait qu'un gouvernement fantôme, hébergé de mauvaise grâce par le gauleiter Hofer[2]. »

Mussolini arrêta finalement son choix sur le projet défendu par le secrétaire du parti et par le commissaire fédéral de Milan, Vincenze Costa. Ce dernier avait fait valoir auprès du Duce que la Valteline offrait des avantages considérables. Elle formait, au nord du lac de Côme, un réduit d'accès difficile constitué par la vallée de l'Adda. Celle-ci était encore hérissée de forts datant de la Première Guerre mondiale. Elle produisait sa propre électricité et abritait plusieurs sanatoriums où pourraient être soignés les blessés. Elle était enfin largement ouverte vers la Suisse et l'Allemagne par les cols du Bernin et du Stelvio.

Tous les membres du gouvernement ne partageaient pas l'enthousiasme de Pavolini pour une solution dont la mise en œuvre serait confiée au parti. Les partisans du baroud d'honneur étaient groupés autour du secrétaire de l'organisation fasciste républicaine, de Barracu et de Mezzasoma, lequel était à la tête du Minculpop, le ministère de la Culture populaire. Les autres ministres plaidaient pour une négociation avec les chefs de la Résistance et avec les Alliés afin d'aboutir à une issue pacifique de la guerre civile et à une passation en douceur des pouvoirs. Graziani lui-même, que nul ne pouvait suspecter de connivence avec le clan des modérés, rejetait le plan de Pavolini parce qu'il jugeait l'homme trop étroitement lié au parti, ce qui à ses yeux était incompatible avec la tradition « apolitique » de l'armée. Et il fit clairement savoir que dans le cas où le projet de la Valteline se réaliserait il se tiendrait à l'écart, de même que ses officiers.

Puisque le plus haut représentant de la hiérarchie militaire italienne refusait de mêler ses troupes aux combattants de la Garde nationale républicaine et autres brigadistes en chemise noire, Mussolini décida de passer outre et chargea officiellement Pavolini de mettre en œuvre le projet de réduit alpin tel que l'avait imaginé le numéro un du parti. La décision fut prise à la mi-septembre lors de la visite du Duce à Milan, en même temps qu'était rejeté le principe d'un gouvernement d'exil réfugié en Allemagne. Un comité fut créé afin de donner un contenu concret au projet et de rassembler en Valteline un noyau de combattants dont la première tâche serait de nettoyer la zone en multipliant les actions contre les partisans.

On a prétendu que le projet de « réduit alpin » n'avait jamais dépassé le stade de la propagande et de l'illusion. Or les documents abondent qui attestent le contraire, tant ceux d'origine fasciste – pour la plupart des notes et des lettres adressées au Duce par Pavolini et qui ont été conservées à Washington – que ceux émanant du camp adverse et notamment du « groupe Montezemolo », le service d'information dans la lutte clandestine. Dès la fin de février, les informations adressées aux Alliés et aux dirigeants de la Résistance en Italie du Nord font état d'une concentration d'unités appartenant aux brigades noires dans les régions de Côme, Varese et Sondrio, ainsi que de la mise en chantier d'une ligne de défense incorporant des travaux existant depuis la guerre de 1915-1918. Un rapport du groupe clandestin, daté du 11 avril, indique que les forces fascistes concentrées en Valteline se montent déjà à 8 000 hommes et qu'elles devraient « s'accroître par l'afflux des forces fascistes du Piémont, de la Ligurie, de l'Émilie, de Romagne, de Lombardie, jusqu'à 40 000 hommes[3] ».

L'existence d'une force militaire totalement dépendante du parti fasciste républicain et prête, assurait-on, à livrer un dernier et emblématique combat relevait si peu de la chimère que l'annonce de sa création ne tarda pas à franchir les Alpes et à se répandre en France dans les milieux collaborationnistes. On vit ainsi affluer à la fin de l'hiver 1944-1945 dans la province de Sondrio environ 600 hommes, pour la plupart de tout jeunes gens appartenant à la Milice française, désireux à la fois d'échapper à la justice expéditive des « épurateurs » et de participer à la dernière bataille du fascisme. Joseph Darnand, qui après sa fuite en Allemagne avait été envoyé par les nazis en Italie du Nord pour combattre les partisans, ferait le coup de feu en avril aux côtés des miliciens fascistes avant de rejoindre les Allemands à Bolzano, dans le Haut-Adige, puis de faire retour en Valteline, à Tirano. C'est dans cette petite ville de la province de Sondrio qu'il livrerait son dernier combat, à la tête d'un bataillon de la Milice et de quelques dizaines de SS.

Mussolini avait laissé à Pavolini toute latitude pour organiser son affaire. Il n'en chargea pas moins Giorgio Pini, un fidèle – ancien directeur du *Popolo d'Italia* devenu à Salò sous-secrétaire à l'Intérieur –, de se rendre dans la Valteline en mars 1945 pour évaluer les forces partisanes. Le rapport que lui adressa Pini faisait état d'un équilibre très précaire entre les troupes fascistes et celles de la Résistance, jugement que le Duce omit de prendre au sérieux. Pavolini lui avait promis de rassembler autant d'hommes et de matériel qu'il faudrait pour mener un combat de longue haleine contre les « envahisseurs » anglo-américains et leurs alliés communistes, et il n'avait aucun motif de mettre en doute la parole de l'ancien ministre du Minculpop.

Une seconde inspection fut effectuée en avril par Asvero Gravelli, autre vieux compagnon d'armes du Duce, squadriste de la première heure et membre du premier *fascio* milanais, devenu dans les années trente l'un des principaux dirigeants de l'organisation de la jeunesse fasciste, et à Salò le sous-chef d'état-major de la Garde nationale républicaine. Le rapport que livra Graveri n'était guère plus optimiste que celui de son collègue. L'auteur avait notamment constaté que la route Côme-Menaggio, qui avait été choisie pour permettre à Mussolini de rejoindre la Valteline en suivant la rive ouest du lac, était fortement menacée par les groupes de partisans, tandis que la route Lecco-Colico-Sondrio, située à l'est du lac et contrôlée par la légion de la Garde et par la division cuirassée Leonessa, offrait de moindres risques d'interception. Graveri ne fut pas davantage écouté. S'il l'avait été, le dictateur aurait sans doute connu une fin différente.

En attendant, il fallait obtenir l'accord des Allemands au projet de repli en Valteline. Depuis la fin de février, ces derniers avaient engagé des négociations avec les Anglo-Américains pour une reddition sans conditions, et ils s'étaient bien gardés de tenir les Italiens au courant de ces tractations. Le 14 avril, cinq jours après le début de l'offensive alliée contre la ligne gothique, une réunion à laquelle participaient Mussolini, Pavolini, Graziani et Anfuso du côté italien, Wolf, Dollmann, Rahn et Vieringhoff (le successeur de Kesselring) du côté allemand, se tint à Gargnano. Au bout de deux heures, on se sépara sans rien décider. Pavolini se crut autorisé à poursuivre les préparatifs de défense du « réduit alpin », toujours vivement critiqué par Graziani et par d'autres ministres du gouvernement républicain, mais approuvé par le Duce et tacitement accepté par les représentants du Reich.

En janvier, lorsqu'il avait eu connaissance du plan élaboré par le numéro un du parti fasciste républicain, Wolf s'était rendu chez Mussolini pour lui signifier que, conformément aux engagements pris, l'emploi de la Garde nationale était du ressort exclusif des Allemands et qu'aucune disposition nouvelle concernant son implantation ne pouvait être admise. Autant dire qu'il interdisait une concentration de troupes italiennes en Valteline susceptible de gêner les mouvements de repli de la Wehrmacht et de contraindre celle-ci à livrer contre les partisans et contre les avant-gardes alliées des combats non souhaités par le haut commandement. Lors de la réunion du 14 avril, il se montra beaucoup moins intransigeant, tout comme ses collègues, sans doute parce qu'à cette date les Allemands étaient à peu près décidés à signer un accord de reddition. Les différents protagonistes en étaient là de leurs pourparlers lorsque, le 16 avril, Mussolini réunit son cabinet à Gargnano pour lui annoncer le transfert imminent du gouvernement à Milan.

L'EMBELLIE MILANAISE

Ce n'était pas la première fois que le chef de la République sociale songeait à retourner dans la capitale lombarde. Sous la pression des Allemands, il avait accepté d'être relégué loin de sa chère Milan, dans un site réputé « enchanteur », moins exposé sans doute aux bombardements alliés, mais il s'y sentait isolé et savait bien qu'on l'avait installé là pour mieux le surveiller. Et puis, il détestait les lacs. Leur vue et leur climat le rendaient mélancolique et le lac de Garde ne faisait pas exception. Qu'un esthète comme Gabriele D'Annunzio ait pu se plaire dans le décor de carton-pâte du Vittoriale, à Gardone Riviera, il pouvait à la rigueur le comprendre, mais lui-même n'était pas homme à se satisfaire d'un exil doré. Il espérait donc qu'à la faveur d'un événement inattendu et favorable au camp des États totalitaires – par exemple le déploiement de ces armes « terrifiantes » dont Hitler n'avait cessé de lui vanter les mérites – il pourrait s'installer avec son gouvernement dans la cité des Sforza.

Milan était pour Mussolini la ville d'une seconde naissance. Renzo De Felice a eu raison d'écrire que, contrairement à ce qu'ont pu affirmer nombre de ses biographes, la personnalité du Duce, son caractère, sa vision du monde, doivent moins aux traits que l'on prête généralement aux populations de la Romagne – les Italiens parlent de *romagnolità* – qu'à ceux acquis pendant les dix années passées à Milan. Celles-ci, affirme De Felice, « occupent dans sa formation morale et politique, une place beaucoup plus grande que les vingt-cinq années passées dans sa Romagne natale[4] ». Et de citer un autre biographe du dictateur, Giuseppe Prezzolini, pour qui Mussolini « n'a pas la mentalité agraire ». « Il n'est pas, écrit-il, le produit de la société agricole romagnole », mais « il est né du fer de l'enclume d'un forgeron, et il a grandi au milieu des armatures et des cheminées des grandes industries milanaises[5] ».

C'est à Milan que Mussolini a connu la consécration en tant que dirigeant socialiste et directeur d'*Avanti !* À Milan également qu'est née la relation amoureuse qu'il devait entretenir pendant plus de vingt ans avec Margherita Sarfatti, une jeune bourgeoise vénitienne de confession juive dont il a fait sa compagne et sa collaboratrice et qui a été, de toutes les femmes qu'il a connues – et parfois aimées –, celle qui a le plus compté. C'est enfin dans la capitale lombarde que l'aventure fasciste a vu le jour au lendemain de la guerre, portant l'ancien socialiste révolutionnaire au tout premier rang de la contestation antimarxiste et antilibérale, et prélude à la mise en place d'une dictature qui allait faire des millions d'adeptes dans l'Europe de l'entre-deux-guerres. Comment ne pas concevoir une certaine nostalgie au souvenir de ces dix années ?

Quand s'est posée, avec l'évolution de la carte de guerre, la question du transfert de son gouvernement dans un site plus sûr que les rivages du lac de Garde, Mussolini a néanmoins beaucoup hésité avant d'envisager une installation à Milan. Il avait jusqu'alors évité de se rendre dans cette ville qui, disait-on, lui était devenue hostile. Même lorsqu'il s'était agi de commémorer l'anniversaire de la Marche sur Rome, le 28 octobre, il avait décliné l'invitation qui lui avait été faite de s'adresser aux Milanais. Pour quelle raison changea-t-il d'avis six semaines plus tard ? Est-ce sous la pression de Ribbentrop et de Rahn, qui répétaient au chef de la RSI qu'il devait se montrer un peu plus souvent et parler au peuple ? Mussolini, qui n'appréciait guère qu'on lui fît la leçon, surtout lorsque celle-ci portait sur ses relations avec les Italiens, saisit la balle au bond pour tenter d'affirmer son autonomie au moment où les Allemands envisageaient de déplacer à leur convenance le gouvernement républicain. On voulait qu'il s'adresse à ses compatriotes ? Eh bien il n'allait pas se priver de le faire ! Et ce serait dans la ville qu'on prétendait passée en majorité dans le camp de l'antifascisme. Aussi annonça-t-il le 9 décembre aux membres de son cabinet qu'il avait décidé de parler en public à Milan et de transférer son gouvernement dans la métropole lombarde.

Le 16 décembre 1944, quand il fit son entrée au théâtre Lirico, où avait pris place une assistance nombreuse et survoltée, il fut accueilli par une immense acclamation. C'était la première fois qu'il réapparaissait en public à Milan depuis 1936, et ce fut le dernier discours qu'il prononça devant un vaste auditoire – composé, il est vrai, de militants triés sur le volet. Fut-ce l'annonce, le jour même, de l'offensive lancée par Runstedt dans les Ardennes qui le dopa, où le désir de défier les Allemands ? Toujours est-il que, comme aux plus beaux jours du fascisme, sa performance fut flamboyante, coupée par les cris et les applaudissements de ses fidèles. Vieil acteur retrouvant son public après une longue traversée du désert, il sut recréer pendant quelques minutes la magie du verbe et du geste qui avait si souvent enflammé les foules.

Après avoir vilipendé une fois de plus la trahison qui avait provoqué l'effondrement de l'Italie, et exalté « l'immense effort » accompli par la République sociale dans la lutte menée contre les « ploutocraties réactionnaires » aux côtés du Reich hitlérien, il promit de ne pas déposer les armes avant la victoire finale et de défendre la plaine du Pô « avec les ongles et les dents ». Il évoqua les armes secrètes qui, selon Hitler, allaient modifier radicalement le cours des opérations. Mais surtout il parla de l'avenir de la République sociale, de sa volonté d'appliquer le manifeste de Vérone et de donner au régime une orientation conforme aux idéaux révolutionnaires du fascisme originel. Il déclara même que, si le parti unique devait demeurer « responsable de la direction globale de l'État », il pouvait être fécond, « à un certain moment de l'évolution historique de l'Italie », de permettre l'existence « d'autres groupes exerçant un droit de contrôle et de critique responsable ».

Grisé par ce premier succès, Mussolini entreprit de tester sur un échantillon plus vaste la population milanaise. Pendant deux jours, les 17 et 18 décembre, il parcourut la ville en voiture décapotable, s'arrêtant pour jouir d'un bain de foule plus ou moins improvisé, effectuant un pèlerinage mené tambour battant dans quelques-uns des hauts lieux de la geste fasciste, et notamment piazza San Sepolcro, où le mouvement avait pris naissance un quart de siècle plus tôt et où Pavolini avait organisé une bruyante manifestation en faveur du Duce. À chaque halte, ce dernier haranguait ses partisans provisoirement requinqués. Lui-même paraissait ragaillardi par les démonstrations de fidélité de ces Milanais qu'on disait entièrement acquis à la cause de l'antifascisme et qui, pour nombre d'entre eux, n'avaient pas hésité à revêtir la chemise noire avant d'aller acclamer leur idole déchue.

De retour à Gargnano, où personne ne parlait plus de transférer le gouvernement dans la capitale lombarde, Mussolini ne tarda pas à retomber dans une mélancolie amère, répondant à un ami qui le félicitait de sa prestation milanaise et du bref retour de flamme qui avait suivi le discours au théâtre Lirico : « Qu'est-ce que la vie ? Poussière et autels, autels et poussière. »

Tractations allemandes et illusions fascistes

Les négociations secrètes menées par les Allemands pour tenter d'obtenir un arrêt des hostilités sur le front italien commencèrent à l'automne 1944 et eurent pour acteur principal le *Reichsführer* Himmler. On espérait dans les hautes sphères nazies qu'une paix séparée, voire un simple armistice réduit à ce théâtre d'opérations, permettrait de transférer sur le front oriental – de loin le plus menacé – les divisions engagées en Italie du Nord.

En fait, dès le printemps 1944, alors que Rome n'était pas encore libérée, des contacts avaient déjà été établis, à titre personnel, entre de hautes personnalités romaines proches de la Cour et du Saint-Siège et les deux principaux représentants du Reich en Italie du Nord : l'ambassadeur Rahn et le général SS Karl Wolf, responsable suprême de la police allemande. La liaison était assurée par le colonel SS Dollmann, grand connaisseur de l'Italie, de sa langue et de sa civilisation, très introduit dans les milieux de l'aristocratie « noire », et par ricochet dans les réseaux susceptibles de favoriser une rencontre avec le souverain pontife.

Wolf fut le premier à être reçu, le 10 mai, par Pie XII. Aux dires du général SS, l'entrevue fut cordiale et permit d'établir une première « tête de pont » entre l'occupant de la Ville éternelle et le chef spirituel de la catholicité. Rien de plus, sinon un encouragement du Saint-Père à organiser une nouvelle rencontre destinée à « mieux définir les perspectives et les modalités d'une solution de paix ». On en resta là et ce pour deux raisons : la chute de Rome, quelque trois semaines plus tard, et le désaveu formel de Ribbentrop, auquel Wolf avait jugé bon de faire part de sa visite au Vatican et qui estima que celle-ci constituait une ingérence inadmissible dans son propre domaine de compétence. Rahn, qui fut reçu à son tour par le pape quelques jours seulement avant la libération de la ville, se montra tout aussi « impressionné » par sa lucidité et sa volonté pacifique. Les Alliés se trouvant aux portes de la capitale, il ne lui fallut pas moins reconnaître que les clés d'une paix séparée ou d'un armistice partiel ne se trouvaient déjà plus à Rome, mais à Milan ou en Suisse.

Ce fut donc Himmler, dont le rôle et le pouvoir avaient considérablement augmenté après l'attentat de Stauffenberg, qui prit en main à l'automne les tractations secrètes avec les Alliés. Son objectif était clair. Considérant que la partie était perdue en Italie, comme elle l'avait été en France après le débarquement en Normandie, et que l'ennemi principal de l'Occident était désormais le communisme, pourquoi ne pas proposer aux Alliés de troquer un cessez-le-feu en Italie contre la promesse d'utiliser les forces ainsi rendues disponibles – soit vingt-cinq divisions – pour arrêter l'avance soviétique et « sauver la civilisation » ? Ce que seraient devenus, en cas de réussite de ce projet, la République sociale et son chef ne paraît pas avoir préoccupé le *Reichsführer* le moins du monde. Il avait même omis d'en référer à Hitler, dont les sentiments amicaux à l'égard du Duce risquaient de faire capoter l'affaire.

Le projet n'eut pas besoin de cela pour tomber à l'eau. Les pourparlers qui eurent lieu en Suisse puis à Cernobbio, dans la province de Côme, entre l'émissaire allemand, le général Harster, et un représentant du grand patronat italien, Marinotti[6], se heurtèrent au refus par les Alliés de toute formule qui ne serait pas conforme au principe sur lequel ils s'étaient mis d'accord à Casablanca et qui était celui de la reddition sans conditions. Quant à ceux qui se déroulèrent de l'automne 1944 à avril 1945 entre le cardinal Schuster, archevêque de Milan, et les Allemands Wolf, Rahn et Dollmann, assistés du colonel Rauff, ils échouèrent également du fait de la duplicité des autorités du Reich, ou plutôt ils servirent de couverture à des tractations extrêmement importantes menées en territoire helvétique au cours des dernières semaines de la guerre.

Les négociations qui devaient aboutir à la capitulation des forces allemandes en Italie du Nord eurent pour origine un noble napolitain, le baron Luigi Parrilli. En relation depuis la fin de 1943 avec Guido Zimmer, chef du contre-espionnage nazi à Milan, ce dernier avait pour principal souci de sauver l'industrie italienne d'une destruction massive dans le cas où les Allemands et leurs alliés fascistes décideraient de pratiquer la politique de la terre brûlée. Était-ce la seule raison qui poussait ce représentant de la vieille classe dirigeante italienne à entrer en contact avec les agents américains de l'OSS et avec leur chef, Allen Dulles, afin d'engager en Suisse des pourparlers secrets en vue d'un cessez-le-feu honorable pour les deux parties ? N'était-ce pas plutôt pour préserver l'industrie italienne d'une « socialisation » dont Mussolini avait annoncé l'imminence dans son discours du 16 décembre à Milan ?

Dès janvier 1944, le chef de la République sociale avait créé un ministère de l'Économie corporative, chargé de promouvoir la transformation des structures prévues par le programme de Vérone, et l'avait confié à l'ingénieur chimiste Angelo Tarchi – décision qui avait aussitôt suscité de vives résistances. Celle des industriels menacés de nationalisation, bien entendu, celle de groupes suisses qui détenaient un quart du capital investi dans l'industrie d'Italie du Nord, en particulier dans l'industrie hydroélectrique, la plus menacée, celle également du ministère allemand de la Production industrielle, qui redoutait que la nationalisation n'aboutît à la paralysie de secteurs essentiels pour la production de guerre. Du coup, la mise en œuvre du projet fut continûment retardée. C'est seulement en février 1945 que parurent les premiers décrets de nationalisation, suivis en mars d'un nouveau train de décisions : la plupart des grandes entreprises sidérurgiques, mécaniques, chimiques, journalistiques étaient touchées par ces mesures, et parmi elles la Fiat, Montecatini, les Aciéries lombardes, Alfa-Romeo, Dalmine, etc.

Décidée par un gouvernement aux abois, coupé de la population et maintenu sous tutelle par les Allemands, la réforme arrivait trop tard pour atteindre son objectif, qui était de rallier au régime les masses ouvrières. En témoignent les élections organisées pour mettre en place les comités chargés de cogérer les futures entreprises nationalisées : aux usines Fiat, de 30 % à 40 % des employés se rendirent aux urnes, mais il n'y eut que 10 % de votants parmi les ouvriers.

Si Mussolini échoua dans son projet de mobiliser la clientèle populaire qui avait depuis longtemps pris ses distances vis-à-vis du fascisme, il y eut quelques individus qui prirent au mot le chef du gouvernement et tentèrent de jeter avec lui les bases d'un « pont » entre le socialisme et le fascisme. Leur chef de file, Edoardo Cione, était un jeune philosophe napolitain disciple de Benedetto Croce, converti au socialisme, et qui comptait des amis dans les deux camps. C'est par l'intermédiaire de Carlo Alberto Biggini, ministre de l'Éducation nationale de la RSI, que le Duce fit la connaissance de ce personnage qu'on lui décrivit comme un antifasciste idéaliste et peu dangereux rêvant de réconcilier le rouge et le noir.

Convoqué à Gargnano, Cione exposa ses plans à un Mussolini d'autant plus attentif qu'il voyait se rapprocher l'heure de la capitulation. Plutôt que de se rendre aux Alliés, dont il pouvait aisément imaginer quel sort ils lui réservaient, pourquoi ne pas négocier avec les résistants – ses adversaires, sans doute, mais aussi ses compatriotes – une transmission en douceur du pouvoir ? N'avait-il pas commencé à prendre des contacts avec d'anciens socialistes, notamment Carlo Silvestri ? Ancien journaliste au *Corriere della Sera* de Luigi Albertini, celui-ci avait compté parmi les accusateurs les plus virulents de Mussolini au moment de l'assassinat de Matteotti. Cette attitude courageuse lui avait valu d'être persécuté par les fascistes, arrêté, battu et envoyé en résidence forcée dans les « bagnes de feu » du Mezzogiorno, avant d'être libéré sur intervention personnelle du Duce. En décembre 1943, il avait obtenu d'être reçu par le chef du gouvernement. Il venait de créer une organisation, la Croce rossa socialista, destinée à porter assistance aux antifascistes emprisonnés. Non seulement Mussolini ne s'était pas opposé à cette initiative, mais il avait confié à son secrétaire Dolfin : « Silvestri est un homme intéressant, avec lequel nous aurons des contacts. C'est un vieux socialiste qui n'a pas toujours été mon ami : mais il aime notre pays, et cela suffira pour qu'on s'entende. » Ce fut le début d'une série de rencontres d'où naquit un recueil d'articles signés Giramond et que publia le *Corriere della Sera* entre mars et mai 1944. Silvestri y expose ses idées visant à la réconciliation entre les fractions les plus modérées du néofascisme et de la Résistance.

La rencontre avec Edoardo Cione s'inscrivait dans la même stratégie. Elle devait aboutir à la constitution d'un nouveau mouvement, le Regroupement national républicain socialiste : un éphémère groupuscule réunissant, autour de Cione, quelques idéalistes jusqu'alors peu impliqués dans les affaires politiques, des fascistes en quête de réhabilitation future et un petit nombre d'anciens ou de pseudo-socialistes. Les vrais socialistes, engagés pour la plupart dans les rangs de la Résistance, restèrent sourds aux appels du philosophe napolitain. Doté fin mars d'un organe de presse, *L'Italia del popolo,* le Regroupement ne rencontra qu'indifférence auprès des masses italiennes et disparut avec la République sociale, non sans avoir été violemment attaqué par les fascistes intransigeants.

Retour à Milan

Tandis que Mussolini s'échinait à rechercher un terrain d'entente avec les socialistes engagés dans la Résistance, les Allemands poursuivaient les négociations engagées avec les services secrets anglais et américains. Le chef de l'OSS, Allen Dulles, avait commencé par envoyer en Suisse, pour discuter avec Wolf, Rahn et Dollmann des conditions d'une éventuelle reddition nazie, l'un de ses meilleurs collaborateurs, Paul Blum. Début mars, il décida de se rendre personnellement à Zurich, bientôt suivi de deux délégués du commandement allié, un Britannique, Airey, et un Américain, le major Lemnizer. Ils attendraient à Ascona que la situation se décante en vue de l'ouverture de négociations officielles.

Bien entendu, le chef de la République sociale était complètement tenu à l'écart de ces tractations secrètes. Celles-ci paraissaient sur le point d'aboutir à un cessez-le-feu sur le front italien lorsque plusieurs obstacles firent capoter le projet. D'abord, le maréchal Kesselring, qui avait fini par donner son autorisation aux négociations en cours, fut transféré sur le front du Rhin et remplacé par Vietinghoff. Ensuite, Himmler désavoua son ancien bras droit Wolf, auquel il reprochait d'avoir agi seul et d'avoir rencontré à son insu Dulles et son secrétaire Gaevernitz. À Berlin, où il fut convoqué par le *Reichsführer* et par Kaltenbrunner, chef du SD (service de sécurité) et du RSHA (police de sécurité), le général SS se vit invité, sous la menace discrète de représailles contre sa famille, à se tenir tranquille. Non que les deux dirigeants nazis fussent hostiles à la conclusion d'une paix séparée, mais ils entendaient bien être seuls à en détenir l'initiative.

Le troisième obstacle, et ce n'était pas le plus aisé à franchir, venait du Führer en personne. Convoqué une nouvelle fois par Himmler et accusé par celui-ci de trahison, Wolf dut se rendre, en compagnie de Kaltenbrunner – qui le surveillait depuis plusieurs mois et s'était juré de se débarrasser de lui – jusqu'au bunker de Hitler. À la mi-avril, la défaite militaire du Reich était devenue inéluctable. On continuait à se battre sur tous les fronts, mais personne, sinon le dictateur halluciné de la « Grande Allemagne », ne doutait plus de l'issue des ultimes batailles. Wolf tenta de défendre sa cause devant une sorte de pantin désarticulé, courbé, le visage ravagé, les yeux injectés de sang. Curieusement, et contrairement à ce qu'attendait Kaltenbrunner, le Führer finit par se calmer, se contentant de reprocher à Wolf « son colossal manque d'égards envers ses supérieurs », et lui intimant l'ordre de rentrer en Italie pour faire part aux autorités militaires allemandes de ses ordres formels : « Retournez en Italie et dites à Vietinghoff de se défendre jusqu'à la dernière goutte de sang. Vous avez compris ? C'est un ordre ! Reddition sans conditions ? Quelle sottise ! Et pour ce qui est de vos négociations, attendez que les Alliés reprennent contact avec vous. Ils le feront, ils le feront… Reddition sans conditions… Ridicule[7]. »

À son retour, Wolf dut constater que les tractations entre les Anglo-Américains et les Allemands avaient beaucoup progressé depuis son départ. Le 22 avril, les chefs nazis désignèrent les plénipotentiaires militaires chargés de se rendre en Suisse pour signer la reddition. Le 23 au matin, ayant donné ses instructions pour le transfert à Bolzano du quartier général, il prit à son tour le chemin de la Confédération, sûr que plus rien ne pourrait empêcher les deux belligérants de mettre fin aux combats en Italie du Nord.

Il se trompait. Un obstacle de dernière heure – et de quel poids ! – retarda une fois encore la signature d'un accord. Informé dès le 11 mars par le maréchal Alexander du déroulement des colloques tenus en territoire soviétique, Staline avait manifesté son opposition à la conclusion d'un armistice, qui ne pouvait être que le prélude à une paix séparée et au transfert des divisions allemandes sur le front de l'Est. Roosevelt, qui tenait beaucoup au maintien de la « Grande Alliance », s'était montré conciliant, acceptant si nécessaire la présence de représentants soviétiques aux négociations. Mais après sa mort le 12 avril, son successeur, Truman, qui manquait totalement d'expérience en la matière, préféra temporiser et suspendit le processus engagé au moment même où les plénipotentiaires allemands passaient la frontière suisse. Situation apparemment inextricable alors que, sur le terrain, les combats continuaient.

C'est au moment où l'acceptation par les Russes d'un cessez-le-feu portant capitulation de l'armée allemande paraissait devoir débloquer les tractations entre belligérants qu'intervint une nouvelle complication, due cette fois à des divisions au sein de l'état-major nazi. Est-ce la venue d'un plénipotentiaire soviétique à Caserta, où devait être signé le texte de la reddition, qui sema la confusion ? Fut-ce le simple résultat de rivalités personnelles ? Le retour de Kesselring sur le front méridional eut en tout cas pour effet d'envenimer les choses et de provoquer une véritable scission entre partisans et adversaires de la capitulation sans conditions. C'est seulement le 2 mai, lorsque se précisa le risque d'un conflit armé entre la Wehrmacht et la SS – cette dernière favorable contre toute attente à la reddition –, qu'un cessez-le feu fut finalement déclaré.

Depuis la mi-avril, Mussolini avait donc été tenu à l'écart des tractations en cours, ce qui ne pouvait qu'accentuer la vive rancœur qu'il nourrissait à l'égard de ses ex-alliés. À l'exception du Führer, qui lui conservait toute sa sympathie – du moins le disait-il –, les dirigeants nazis ne cachaient pas leur méfiance envers le chef du gouvernement de Salò. Au mépris qu'affichaient la plupart d'entre eux pour le Duce, et au peu de cas qu'ils faisaient de son armée, s'ajoutait leur préoccupation quant à l'orientation gauchisante que ce dernier imprimait à la République. Au cours des deux entrevues qu'Anfuso, ambassadeur d'Italie à Rome devenu après le décès de Mazzolini sous-secrétaire aux Affaires étrangères, avait eues avec Ribbentrop, les 20 et 23 mars, le ministre nazi s'était montré particulièrement critique à l'égard des nationalisations envisagées par le pouvoir fasciste, sans réussir à obtenir de son interlocuteur autre chose qu'une confirmation de ce projet.

On ne saurait dire avec précision à quel moment le Duce commença à admettre que son complice nazi était sur le point de perdre la guerre. Selon l'historien italien Duilio Susmel, en tout cas il aurait appris au milieu du mois d'avril que les fameuses armes secrètes dont Hitler lui avait cent fois vanté les mérites ne seraient pas disponibles avant le début de l'été dans le meilleur des cas, à l'automne dans l'hypothèse la plus pessimiste[8]. Seraient-elles plus efficaces que celles déployées durant la campagne de France ? Quoi qu'il en soit, même s'il ne s'agissait pas d'une chimère, elles viendraient trop tard. Le 9 avril, les armées alliées avaient repris l'offensive au sud de Bologne. Le 14, elles réalisèrent une première percée, obligeant les Allemands à amorcer leur repli vers le nord. Le 23, le Pô serait franchi. Rien ne pouvait plus, semblait-il, arrêter la marche des Alliés vers les vallées alpines et les lacs.

Le 16 avril, malgré ses promesses à Wolf de ne pas négocier avec les Anglo-Américains par l'entremise du cardinal Schuster, comme l'affirmait une rumeur persistante, le Duce réunit ses ministres à Gargnano pour leur faire part du transfert du gouvernement à Milan. Rahn tenta un dernier effort pour le dissuader de faire ainsi cavalier seul et lui suggéra de se rendre à Merano, où se trouvait l'ambassade d'Allemagne, à quelque soixante-dix kilomètres du Brenner. Mais Mussolini avait maintenant décidé de jouer sa propre carte et de mourir, si tel devait être son sort, « sur le sol italien ».

Le 18 avril, le chef de la RSI quitta sa retraite pour la capitale lombarde, bien décidé à ne plus remettre les pieds sur les rives du lac de Garde. Croyait-il encore à un sursaut possible de ses partisans et de ses alliés ? Jamais il n'avait douté de son étoile, et voici qu'elle paraissait sur le point de s'éteindre. Après avoir rassemblé ses papiers personnels et ordonné que les autres fussent immergés dans le lac, il fit ses adieux à ses collaborateurs et à quelques amis, à don Pacino et au père Eusebio, aumônier militaire, déclarant au préfet Gioacchino Nicoletti, qui soutenait sa politique de réconciliation nationale : « Il n'y a plus rien à faire désormais. C'est fini ! » Et à Ottavio Dinale, qui lui disait « au revoir » : « Non. Je n'ai plus d'illusion. C'est un adieu. »

Toujours ce goût du geste théâtral, de la réplique pathétique, aussitôt démentis par une phrase indiquant au contraire qu'il croyait encore à quelque miracle : la dissension entre les alliés de l'Ouest et les Russes, le « réveil » du peuple italien tel qu'il s'était manifesté pendant quelques heures à Milan le 16 décembre, la conclusion d'un accord avec les chefs de la Résistance, prélude au passage du relais entre fascistes modérés et socialistes.

Il fit également venir sa sœur Edvige, lui conseilla de quitter Milan avec sa famille et si possible de se réfugier en Suisse. La fin de la guerre était proche ; à l'avenir elle devrait s'adresser à Churchill si elle avait besoin de protection. Il lui fit ses adieux, citant Hamlet : « Le reste est silence », et ajouta : « Depuis quelque temps je suis prêt à entrer dans le grand silence. » Avec Rachele, une scène identique se déroula dans le jardin de la villa Feltrinelli, où les époux Mussolini firent quelques pas de conserve avant de s'étreindre pour la dernière fois. Ensuite, le Duce avisa ses gardes SS qu'il quitterait Gargnano pour Milan en fin d'après-midi, mais qu'il serait de retour deux ou trois jours plus tard. La colonne dans laquelle sa voiture avait pris place s'ébranla vers 19 heures, commandée par le lieutenant Birzer, et arriva deux heures plus tard à la préfecture de Milan, sur le corso Monforte, où Mussolini avait décidé de s'installer et qui devait être sa dernière résidence officielle.

La fuite

Le séjour du dictateur latin à Milan dura tout juste une semaine, au cours de laquelle il s'efforça de pousser les feux dans deux directions : la mise en œuvre du « réduit alpin » dans le sens voulu par Pavolini – le gouvernement ayant écarté les autres sites, notamment ceux « proposés » par les Allemands – et les tractations menées par lui-même et par quelques ministres en vue d'une entente avec les deux principales organisations de Résistance, le CLNAI (Comité de libération national de haute Italie) et le CVL (Corps des volontaires de la liberté). Autour de lui se trouvait un petit groupe de fidèles qui composaient le dernier carré du fascisme italien : Pavolini, Zerbino, Tarchi, Ricci, Barracu, Farinacci, Mezzasoma, Pisenti, Liverani, ministre des Communications, Buffarini Guidi, Ugo Bassi, préfet de Milan, et Costa, secrétaire fédéral du parti pour la région milanaise, auxquels s'étaient joints plusieurs militaires de haut rang, les généraux Montagna, Nicchiarelli, Diamanti, le maréchal Graziani, et plusieurs familiers du Duce parmi lesquels son fils Vittorio, son nouveau secrétaire particulier, Luigi Gatti, l'ancien communiste Bombacci et Carlo Silvestri. Au sein de cet état-major famélique régnait un climat délétère. C'était à qui parlerait le plus fort pour être entendu du chef du gouvernement. Chacun avait son idée sur la conduite à tenir vis-à-vis des Allemands, des Alliés et des chefs de la Résistance, chacun son secret pour passer à travers les mailles du filet. L'ancien ministre de l'Intérieur de la RSI, Buffarini Guidi, que Mussolini avait limogé au printemps 1944, penchait pour une échappée vers la Suisse. D'autres conseillaient de rejoindre l'Espagne ou le Portugal, mais par quels moyens ? Graziani préconisait une capitulation directement négociée avec les Anglo-Américains. Le Duce mit tout le monde d'accord en déclarant qu'il refusait de chercher asile dans un pays étranger.

Il n'est pas sans intérêt de comparer ce que disent et pensent à peu près au même moment les deux promoteurs de l'axe Rome-Berlin : Hitler, terré dans son bunker berlinois, au cours de la réunion des 22 et 23 avril avec ses principaux collaborateurs, Mussolini dans un entretien le 20 avec le journaliste Gian Gaetano Cabella. Le Führer, au beau milieu d'une tempête d'invectives et de menaces contre ses généraux, aurait clairement reconnu qu'il ne pouvait plus diriger le pays, ses ordres tombant dans l'oreille de sourds : « La guerre est perdue ! hurlait-il, mais si vous vous imaginez, messieurs, que j'abandonnerai Berlin, vous vous trompez lourdement. Je préférerais me tirer une balle dans la tête[9] ! » Et plus tard dans la nuit, ayant quelque peu recouvré son calme, il précisa qu'il attendrait la mort dans la capitale du Reich, qu'il refusait de se laisser traîner d'un endroit à l'autre :

> Il repoussa toutes les objections ; une tentative de Himmler pour le faire revenir sur sa décision resta elle aussi sans effet ; de même, Ribbentrop essaya de le raisonner, mais Hitler ne voulut même pas l'écouter. Contrairement à sa première intention, il ne ferait pas face aux Russes les armes à la main – ne serait-ce que pour éviter de tomber aux mains de l'ennemi s'il était blessé – sans compter qu'il n'était plus en état de combattre. Entraîné par le pathos de son propre discours, il déclara avec emphase qu'il tomberait sur les marches de la chancellerie[10].

De son côté, Mussolini n'a plus – comme Goebbels – d'autre espoir pour son pays que de voir la « Grande

Alliance » se désagréger pour faire place à une rivalité armée entre Russes et Anglo-Américains. Il n'y a plus rien à attendre de Hitler, explique-t-il à Cabella : l'homme est fini et la guerre est perdue. Peut-être y aurait-il eu une chance de renverser la situation si les fameuses « bombes destructrices » avaient été opérationnelles quelques semaines plus tôt. Mais il est trop tard pour espérer quoi que ce soit de ce côté. Il reste au chef de la République sociale à chercher un refuge qui ne peut être que provisoire, et à « travailler » pour que « le monde sache la vérité, absolue, indéniable sur la manière dont se sont déroulés les événements des cinq années de guerre ». Et d'ajouter : « Je vous l'ai dit. Une troisième guerre mondiale éclatera. Démocratie capitaliste contre bolchevisme capitaliste. Seule notre victoire aurait donné au monde la paix avec la justice[11]. »

L'idée du « réduit alpin » avait donc fini par s'imposer au Duce. « Il faudra se battre, déclare-t-il le 23 avril à un groupe d'officiers de la Garde nationale républicaine, comme les héroïques fascistes de Florence, Forlì et Bologne, qui ont disputé le passage à l'ennemi. Nous, nous rejoindrons la Valteline pour former le dernier carré de la résistance désespérée. » Parmi les derniers hiérarques et les seconds couteaux réunis autour de l'ancien dictateur, tous n'approuvaient pas le projet de retraite dans la haute vallée de l'Adda. Graziani y demeurait résolument opposé, estimant que Pavolini avait sciemment trompé Mussolini en lui faisant croire que le « réduit alpin » était en état de résister à une attaque ennemie alors qu'il n'abritait encore, tout au plus, que quelques centaines de défenseurs potentiels. Le fanatisme de ces illuminés coupés de toute réalité ne suffirait pas, expliqua-t-il, à tenir tête plus de quelques heures aux forces conjuguées des Alliés et des partisans. À la suite de quoi le numéro un du parti tourna les talons en déclarant au maréchal : « Le respect à votre personne et à l'âge est une chose. Subir une insulte en est une autre. »

Pendant que les dirigeants de la République sociale s'épuisaient en vaines querelles, les Alliés poursuivaient leur offensive vers le nord. Ils occupèrent Bologne et Parme le 21 avril, Modène et Reggio le 22, tandis que les partisans libéraient Gênes et que les hommes de Tito s'emparaient de Fiume. À Milan, où les antifascistes tenaient déjà une partie de la ville, les bruits les plus alarmistes faisaient état d'une épuration menée tambour battant, à la suite ou non de procès expéditifs, dont l'une des principales victimes fut Leandro Arpinati, ancien *ras* de Bologne, qui avait pourtant refusé de se joindre à la République de Salò. C'est dire que le danger était grand, pour le Duce et ses derniers fidèles, de finir devant un poteau d'exécution.

Mussolini avait d'autant plus de raisons de craindre le pire qu'il demeurait dans l'ignorance des intentions allemandes. Des indiscrétions sur les négociations en cours avec les Alliés avaient certes filtré depuis plusieurs semaines, mais on en ignorait la teneur exacte. De plus, la situation dans la capitale lombarde devenait chaque jour plus difficilement tenable. Les chasseurs-bombardiers alliés mitraillaient les rues, faisant de nombreuses victimes. Les partisans se livraient à des attaques surprises et s'apprêtaient à lancer un ordre de grève générale. Pour Mussolini, il ne restait plus que deux solutions possibles : un accord avec les chefs de la Résistance visant à la transmission du pouvoir, ou la fuite pure et simple en direction du lac de Côme et de la Valteline.

Depuis décembre 1944, plusieurs tentatives avaient été faites par des responsables fascistes pour rechercher un accommodement avec les dirigeants du CLNAI, tantôt avec l'accord préalable de Mussolini, tantôt dans le seul dessein de tâter le terrain. Toutes achoppèrent sur l'intransigeance des résistants. Les principaux intermédiaires étaient le cardinal Schuster, Carlo Silvestri, le ministre Zerbino et l'industriel Gian Riccardo Cella, qui s'était rendu acquéreur des bureaux et des presses du *Popolo d'Italia,* le journal que le Duce avait fondé en novembre 1915 et auquel il était resté profondément attaché. Le 24 avril, Cella prit contact avec l'avocat Achille Marazza, membre démocrate-chrétien du Comité de libération et comme lui favorable à un arrangement susceptible d'éviter l'effusion de sang « fratricide ». Les deux hommes se rencontrèrent dans une petite salle du mont-de-piété de Milan, où l'industriel fit savoir à son interlocuteur que le Duce était disposé à traiter.

Sur quelles bases ? Celles que Silvestri avait reçu mission de mettre en forme et de transmettre aux dirigeants socialistes. En voici la teneur :

> La succession se trouvant ouverte comme conséquence de l'invasion anglo-américaine, Mussolini désire remettre la République sociale aux républicains et non aux monarchistes, la socialisation et tout le reste aux socialistes et non aux bourgeois.
>
> Pour lui-même, le Duce ne demande rien. Mais, en contrepartie, il demande que l'exode des fascistes puisse s'effectuer tranquillement, sans réactions, légales ou illégales, qui seraient également inopportunes.
>
> À cela je suis autorisé à ajouter que Mussolini demande :

> 1. Une garantie d'immunité pour les familles des fascistes et les fascistes isolés qui resteront au lieu de leur domicile habituel avec obligation de remettre leurs armes.
> 2. L'assurance de pouvoir se retirer sans être inquiétés donnée aux formations militaires fascistes comme aux allemandes dans le but d'éviter : accrochages et désordres entre Italiens ; destructions par les Allemands d'installations ; et en général tous nouveaux malheurs et ruines dans les villes et les campagnes.
> 3. L'engagement pris par les formations volontaires fascistes de ne pas prendre l'initiative d'opérations contre les formations italiennes dépendant du CLNAI[12].

C'était beaucoup demander, compte tenu du climat insurrectionnel qui régnait en Italie du Nord et de l'ampleur des comptes à régler. Aussi les socialistes refusèrent-ils catégoriquement les propositions avancées par Silvestri. Ils n'étaient pas hostiles à une rencontre avec les dirigeants fascistes, à condition qu'elle aboutît à une reddition sans conditions et que les négociations eussent lieu à l'archevêché. Mussolini demeurait hésitant, ne faisant que médiocrement confiance à la loyauté du cardinal Schuster et étant toujours tenté par la retraite en Valteline prônée par Pavolini. Il finit néanmoins par se rendre aux arguments du préfet Bassi, qui déclara :

> Quoi qu'il advienne, Duce, que vous alliez ou n'alliez pas chez le cardinal, les Italiens se demanderont toujours si vous avez fait l'impossible pour sauver ce qui pouvait être sauvé. Alors une question se pose : croyez-vous que, si vous allez négocier pour la sauvegarde de la population, les Italiens pourront vous reprocher de n'avoir pas tout tenté ? Ils ne le

pourront jamais. Ce sera l'ultime geste de votre grande noblesse dans le gouvernement du pays[13].

L'entrevue décisive eut lieu dans l'après-midi au siège de l'archevêché. La délégation fasciste arriva la première : elle était composée de Mussolini, Barracu, Cella, Bassi et Zerbino, rejoints un peu plus tard par Graziani. En attendant l'arrivée des représentants de la Résistance, le cardinal Schuster reçut le Duce en audience privée. Le prélat fut fortement impressionné par l'état de délabrement dans lequel se trouvait son hôte : « Il entra dans le salon, écrirait-il plus tard, avec un air si déprimé qu'il me donna l'impression d'un homme hébété par une immense catastrophe. » Dans l'antichambre, l'abbé Bicchierai, secrétaire du cardinal, exhortait les autres membres de la délégation à la patience.

La conversation dura une heure, au cours de laquelle Schuster sonda le Duce sur ses intentions, l'encourageant à poursuivre son chemin sur la voie de la conciliation en prenant « de son plein gré le chemin de Sainte-Hélène ». il appréciait « son sacrifice personnel en commençant ainsi par sa capitulation une vie d'expiation en prison ou en exil, afin de sauver d'une ruine totale le reste de l'Italie ».

Il y eut un moment presque comique dans cette scène : Mussolini évoquant les 3 000 chemises noires censées défendre la Valteline, les deux hommes se mirent à ergoter sur les chiffres : « pas plus de 300 » corrigea le cardinal ; « peut-être seront-ils un peu plus nombreux, mais pas beaucoup », concéda son interlocuteur. En attendant, il voulut bien accepter « un petit réconfortant » : un verre de *rosalio* avec un biscuit.

Quand la délégation du CLNAI, composée du général Cadorna, de Marazza et de Riccardo Lombardi, ce dernier représentant le parti d'Action, arriva enfin au palais, tous furent saisis par la pâleur du Duce et l'impression d'épuisement que dégageait sa personne. « Il avait au visage, écrirait ensuite Marazza, cette cire verdâtre de qui n'a pas dormi depuis longtemps ou cache quelque mal secret. Les yeux étaient las, éteints, le geste lourd. Les vêtements étaient incroyablement négligés, pantalon usé, souliers éculés, une veste déteinte, fripée, sans insignes de grade ni décorations. » Après qu'on se fut toisé, de part et d'autre, dans une atmosphère d'extrême tension, Mussolini fut le premier à parler, pour demander à Marazza ce qu'il avait à proposer. « Rien d'autre que la reddition sans conditions », répondit le délégué du CLNAI. Il fallait faire vite, car l'ordre de l'insurrection générale allait être donné. Mussolini exigea des garanties pour les fascistes et leurs familles. Marazza le rassura sur ce point, approuvé par les deux autres délégués. On pourrait en discuter, mais « après la reddition sans conditions ».

Un accord paraissait donc possible, lorsque Graziani se lança tout à trac dans une tirade jusqu'au-boutiste, déclarant qu'il était le commandant suprême des armées et qu'avant de signer quoi que ce fût il entendait en référer aux alliés de l'Italie. On fit alors entrer le préfet Bassi, qui venait d'apprendre par des bruits de couloir que les Allemands menaient de leur côté depuis plusieurs jours des tractations avec le CLNAI, et que celles-ci étaient sur le point d'aboutir. Poussés dans leurs retranchements par les membres de la délégation fasciste, Marazza et Schuster ne purent que reconnaître les faits. Le cardinal exhiba même quelques documents dont il donna lecture à ses interlocuteurs, ce qui eut pour effet de déclencher la fureur de Mussolini, tout à coup réveillé de sa torpeur comme sous l'effet d'une douche glacée :

> Ils nous ont traités comme des esclaves, s'écria-t-il, et pour finir, voilà qu'ils me trahissent. À compter de cette minute, je déclare reprendre ma liberté d'action à l'égard de l'Allemagne. Je retourne à la préfecture, et c'est de là que je téléphonerai pour donner ma réponse[14].

La délégation fasciste s'apprêta donc à reprendre le chemin du palais Monforte. Dans l'escalier, elle croisa Sandro Pertini, l'un des principaux dirigeants de la Résistance. Arrivé très en retard à la réunion et grimpant quatre à quatre les marches du palais épiscopal, le futur président de la République italienne ne reconnut pas le Duce. « Si j'avais su que c'était lui, dirait-il plus tard, je l'aurais abattu moi-même d'un coup de revolver. » À la préfecture, où régnait une activité fébrile, Mussolini acheva de vider sa bile. Il arpentait son bureau de long en large, les poings sur les hanches, le menton redressé, comme à l'époque où il haranguait les foules romaines, proférant des insultes à l'égard de ses anciens alliés, accusant Cella et Zerbino de l'avoir mené en bateau et attiré dans un guet-apens. Il s'en prit surtout au général Wenning, commandant de la place, qui n'était pas au courant des tractations en cours, mais qui ne servit pas moins de bouc émissaire et s'entendit reprocher les péchés de tous les Allemands.

Quand il eut recouvré son calme, sans pour autant retomber dans l'hébétude qui avait si fortement impressionné son entourage et ses interlocuteurs de l'archevêché, Mussolini demanda leur avis à Graziani, Pavolini,

Pisenti, Bassi, et autre Colombo. Fallait-il, comme le suggérait Bassi, résister dans le quartier de la préfecture en attendant les Alliés ? Le Duce répugnait à mettre ainsi Milan à feu et à sang, sans la garantie de voir arriver les Anglo-Américains à temps pour empêcher le pire. Se rendre sans conditions, comme l'exigeait le CLNAI ? Mais le préfet Tiengo expliqua qu'au palais épiscopal les chefs de la Résistance attendaient le retour du dictateur pour le faire arrêter et traduire devant un « tribunal du peuple » dont on pouvait imaginer les intentions. Il n'y aura pas, déclara Mussolini, « un second 25 juillet ». Aussi décida-t-il de prendre la route de la Valteline. Il était 20 heures lorsque, après avoir fait charger dans un camion les dossiers confidentiels de son secrétariat et une importante somme d'argent, et après avoir embrassé une dernière fois son fils Vittorio, il donna l'ordre du départ. Adieu, Milan !

CHAPITRE II

Côme, première étape

Rassemblés dans la cour de la préfecture, une fois ordonné le départ pour Côme, les compagnons du Duce hésitent sur la conduite à tenir : faut-il suivre le « guide » jusqu'au « réduit alpin », attendre les Alliés dans la perspective d'une reddition sous promesse d'avoir la vie sauve, ou combattre les résistants jusqu'à la dernière cartouche avec la certitude d'être exécutés s'ils sont pris ? Quelques-uns envisagent de se noyer dans la foule milanaise et de chercher refuge auprès d'amis sûrs, en Italie ou ailleurs.

Ceux qui choisiront finalement d'accompagner Mussolini en Valteline seront peu nombreux. Il faut dire que le Duce n'a rien fait pour retenir les autres, entièrement accaparé qu'il était par le souci de son propre sauvetage et par le désir – parfaitement utopique, au point où en étaient arrivées les choses – de transmettre un lambeau de légalité aux vainqueurs. Il a ainsi ordonné au ministre de la Justice Pesenti de demeurer à son poste afin de représenter la République sociale. Sont également restés à la préfecture Bassi, Silvestri, le ministre des Finances Pellegrini, le ministre de l'Agriculture Moroni, et le général Montagna.

Malgré les craintes exprimées par Asvero Gravelli après sa mission de reconnaissance, le dictateur déchu avait décidé d'emprunter la route qui, par Côme et Menaggio, menait à la Valteline en suivant la rive ouest du lac. La voie constituait une sorte de corridor naturel adossé à la montagne, sans débouchés latéraux. La chaussée était si étroite que les voitures blindées n'avaient pas la possibilité d'effectuer un demi-tour avant Menaggio. Enfin, les partisans tenaient une partie des zones montagneuses séparant le lac de la frontière suisse. Gravelli avait donc vivement conseillé d'emprunter un autre itinéraire, passant par Lecco et suivant la rive orientale du lac de Côme jusqu'à Colico et Sondrio. Le relief en était moins abrupt, les possibilités d'échappée vers l'est y étaient plus nombreuses et les forces de la Résistance plus clairsemées.

Certes, à brève distance de la route de Lecco se trouvaient d'importants détachements de la division fasciste Tagliamento, parfaitement armés, entraînés et aguerris, tout prêts par conséquent à assurer le passage des fuyards. Le choix de la route Côme-Menaggio est néanmoins surprenant, d'autant que Mussolini n'était nullement un néophyte en matière de lecture de cartes géographiques et qu'il avait longuement examiné toutes celles qui couvraient la zone comprise entre Milan et la haute vallée de l'Adda. Il semble avoir d'un coup privilégié une échappée vers la Suisse et renoncé à son intention, maintes fois proclamée, de courir sa dernière chance en terre italienne,

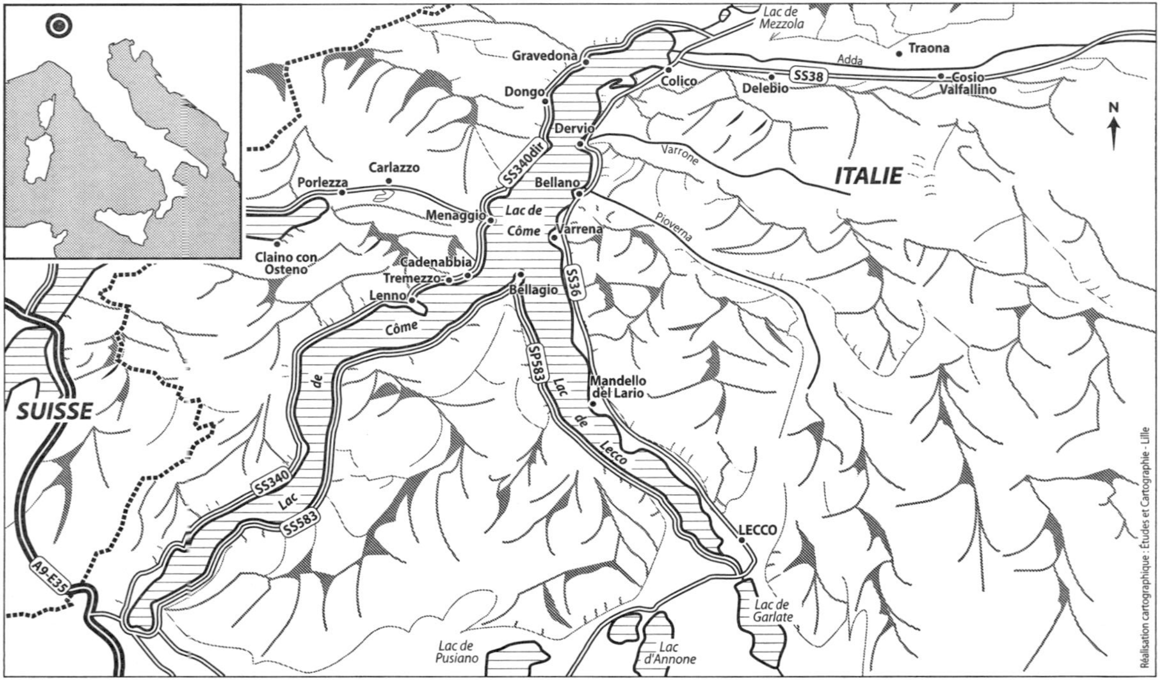

Lac de Côme et les voies d'accès à la Valteline

et nulle part ailleurs, en livrant un baroud d'honneur contre les forces de la Résistance et les troupes du général Alexander. Il est vrai que, le 12 avril, le CLNAI avait ordonné la capture de l'ancien dictateur et des autres membres de la direction fasciste, dénoncés comme « traîtres à la patrie et criminels de guerre ». Mussolini savait quel sort lui était réservé au cas où il serait arrêté par les partisans.

« Je suis seul, tout est fini »

Tandis que les chefs de la Résistance, après avoir attendu un peu plus d'une heure au palais épiscopal la réponse à leur ultimatum et appris de la bouche de Bassi, interrogé par téléphone, que celui-ci était rejeté, donnaient l'ordre de l'insurrection générale, le Duce prenait la route de Côme. Le convoi de ses derniers fidèles comprenait Graziani, Mezzasoma, Zerbino, Liverani, Tarchi, Barracu, Gatti, le journaliste Ernesto Daquanno, directeur de l'agence de presse Stefani, ainsi que l'aîné des deux fils encore vivants du Duce, Vittorio, son neveu Vito – le fils de son frère Arnaldo – et un autre neveu, Vanni Teodorani. Lui-même avait pris place dans son Alfa-Romeo en compagnie de Bombacci, jadis comme lui maître d'école en Romagne. À Vittorio, qui s'étonnait de voir l'ancien compagnon de Lénine n'emporter qu'un mince bagage, Bombacci répliqua qu'il était expert en la matière : « J'étais dans le bureau de Lénine à Pétersbourg quand les troupes blanches de Youdenitch assiégeaient la ville et que nous nous préparions à l'abandonner, comme Milan aujourd'hui », déclara-t-il.

Tout ce petit monde s'était dispersé dans plusieurs véhicules auxquels se joignirent deux autocars de l'armée allemande (dont l'un transportait des éléments appartenant à une unité antiaérienne), les voitures de plusieurs officiers de la Wehrmacht et de la SS, ainsi que des militaires italiens constituant l'escorte du maréchal Graziani. Claretta Petacci, son frère Marcello et la compagne de ce dernier, Zita Ritossa, faisaient également partie du convoi. Fermait enfin la marche un petit camion Balilla dans lequel avaient pris place Maria Righini, la femme de chambre du Duce, un agent de police et le chauffeur, et qui contenait d'importants documents secrets. À Garbagnate, peu de temps après avoir quitté Milan, la camionnette tomba en panne. Le conducteur et l'agent tentèrent de réparer avec les moyens du bord : sans résultat. Il leur fallut donc pousser le véhicule jusqu'à une petite ferme des environs en attendant de l'aide, tandis que Maria Righini parvenait à se faire conduire, par une voiture de passage, jusqu'à la préfecture de Côme où Mussolini venait d'arriver. On fit aussitôt partir trois voitures d'escorte, dans l'espoir d'au moins récupérer les documents, mais quand elles arrivèrent à Garbagnate la ville était déjà aux mains des partisans.

Au moment où la colonne s'engageait dans le corso Sempione, le commandant partisan Marozin (*Vero* dans la Résistance) téléphona à Pertini, qui attendait toujours la réponse de Mussolini à l'ultimatum du CLNAI. Il lui fut répondu de laisser passer le convoi : il n'était encore que 20 h 10 et le refus du Duce de se rendre sans conditions n'était pas encore parvenu au palais épiscopal. La ville était calme. Les théâtres étaient restés ouverts. On donnait à l'Odéon une pièce interprétée par Renzo Ricci, Eva

Magni et Vittorio Gassman, *Christian,* à l'Ars la revue *Bo-Bi-Bo,* tandis que la seule loterie encore en fonction, celle de Turin, faisait connaître aux Milanais par la voie radiophonique les numéros gagnants du jour.

C'est également dans la soirée du 25 que les lecteurs de la presse fasciste purent prendre connaissance du dernier télégramme adressé par Hitler à son « seul ami » depuis le bunker berlinois où le chancelier vivait ses derniers jours. Le texte en fut publié dans l'édition du soir des journaux milanais :

> La lutte pour l'existence ou la non-existence, écrivait le Führer, a atteint son paroxysme. Utilisant des forces et des matériels immenses, bolchevisme et judaïsme se sont engagés jusqu'à la garde pour réunir leurs forces destructrices sur le sol de l'Allemagne, pour précipiter notre continent dans le chaos. Néanmoins, avec leur mépris obstiné de la mort, le peuple allemand et tous ceux qui sont animés par les mêmes sentiments se rueront à la rescousse, quelle que soit l'âpreté du combat, et par leur héroïsme sans pareil ils changeront la tournure de la guerre en ce moment historique qui décidera du sort de l'Europe pour les siècles à venir.

Pavolini est resté à Milan le temps de réunir un effectif suffisant pour constituer cette force militaire dont il ne cesse, depuis des semaines, de rebattre les oreilles de ses collègues, et dont l'objectif reste théoriquement la défense du « réduit alpin ». Toute la nuit, le secrétaire du parti, au volant de sa voiture décapotable et en tenue de militant fasciste, parcourt les rues de la capitale lombarde, où s'élèvent les premières barricades. Des groupes de fascistes arpentent la cité, les uns avec pour unique préoccupation de rechercher un abri sûr ou une voie de repli non encore occupée par les partisans ; d'autres – plusieurs centaines, peut-être plusieurs milliers selon le commissaire fédéral de Milan, Vincenzo Costa – dans l'intention de livrer un baroud d'honneur autour de la piazza San Sepolcro. De l'une des fenêtres du *palazzo* qui abrite la fédération du parti, Pavolini et Costa ne cessent de haranguer les militants : « Un combat suicidaire ne servirait à rien. Mussolini est désormais à Côme, où il nous attend : c'est à Côme qu'il faut aller ! Que faisons-nous ? » Et la foule des militants de répondre en chœur : « Tous à Côme ! »

Passé ce bref moment d'euphorie, les dirigeants fascistes s'affairent à rassembler leurs hommes. À l'aube, la colonne Pavolini est prête à prendre la route. Elle serait composée, selon Costa, qui a sans doute tendance à gonfler les chiffres, de 178 véhicules et de trois ou quatre chars légers appartenant à la brigade noire Leonessa, transportant plus de 4 600 chemises noires et 350 auxiliaires. Partie à 6 h 20 de la via Dante, cette troupe formée d'éléments disparates traverse la cité lombarde sans la moindre anicroche. Mais après la sortie de Milan les choses se gâtent. Une escadrille de chasseurs-bombardiers anglais attaque le convoi à basse altitude, faisant exploser un camion de munitions et un autre véhicule chargé de fûts d'essence. Pavolini roule en tête, s'arrêtant parfois pour encourager ses hommes ou pour les menacer, n'hésitant pas à tirer son pistolet pour se faire obéir.

À l'entrée de Côme, Costa croise un petit groupe de cyclistes en civil parmi lesquels il reconnaît le préfet Bassi. Il l'interroge : Que se passe-t-il ? Où va-t-il, à contre-courant du flux des arrivants ? La réponse de Bassi est sans équivoque. Il « rentre à la maison ». Pavolini, qui a rejoint le fédéral de Milan, obtient la même réponse, assortie d'une brève explication : « Mon devoir, je l'ai fait. Le Duce est parti. Il s'en est allé dans le courant de la nuit, sans rien dire. Qu'ai-je encore à faire à Côme ? » Le numéro un du parti n'en croit pas ses oreilles : « Mussolini parti comme un voleur ! » Il ne cherche pas, néanmoins, à retenir Bassi. Que celui-ci s'abstienne seulement de colporter la nouvelle auprès des hommes de la deuxième colonne. « Tous doivent croire que le Duce est là, et qu'il les attend[1] ! »

Mussolini n'avait pas séjourné plus de six heures à Côme. Il était arrivé à la préfecture peu après 21 heures et avait été accueilli par Guido Buffarini Guidi, ancien ministre de l'Intérieur de la RSI, que le Duce avait limogé en novembre 1944 suite à son refus d'entériner les mesures antisémites préconisées par Giovanni Preziosi, « inspecteur général pour la race ». Une fois de plus, Buffarini supplia le chef du gouvernement d'abandonner le projet de « réduit alpin » – dont il avait pu mesurer l'inconsistance – et de prendre au plus vite le chemin de la Suisse. Le préfet Celio se prononça dans le même sens, mais le Duce ne voulut rien entendre, non pour les raisons invoquées jusqu'alors, mais parce que, selon les informations qu'il avait reçues, la Confédération ne souhaitait pas lui accorder le droit d'asile. Celio eut beau lui faire valoir qu'on pourrait tenter, avec l'appui du consul américain à Lugano, de rendre plus souples les autorités de Berne, Mussolini refusa qu'on allât plus avant dans une démarche qu'il jugeait humiliante. En fait, il entendait suspendre sa décision jusqu'à l'arrivée de la colonne Pavolini, dont les premiers détachements étaient attendus d'une minute à l'autre.

La ville de Côme était en proie à une vive agitation. On croisait dans les rues de petits groupes armés ainsi que de nombreux soldats isolés, en quête de leur unité, ou déjà décidés à troquer la chemise noire contre des effets moins compromettants. À la préfecture, le dîner fut sinistre. Mussolini tint ensuite plusieurs réunions avec ses ministres dont il ressortit que tous, ou presque, n'avaient d'autre préoccupation que leur propre salut. Un peu après minuit, Barracu fit son apparition et informa le dictateur que toutes les recherches entreprises pour retrouver la camionnette Balilla étaient restés vaines, ce qui déclencha la colère de Mussolini. Il reprocha à Barracu et à ses collègues de n'avoir pris aucune mesure pour surveiller le véhicule et son précieux contenu ni pour assurer la sécurité de Maria Righini.

Ce que Mussolini ignorait en arrivant à Côme, c'est que non seulement la population attendait l'arrivée des Anglo-Américains comme une libération, la fin d'un cauchemar qui, pour les plus rétifs à la mise au pas fasciste, durait depuis plus de vingt ans, et pour la masse des Italiens depuis 1943, mais que les autorités de la ville, à commencer par le préfet Celio et le questeur Pozzoli, étaient depuis plusieurs jours en contact avec le CLNAI en vue d'une passation en douceur des pouvoirs. L'arrivée inopinée du Duce et de ses principaux collaborateurs ne pouvait que déranger leurs plans. Il fallait donc convaincre le maître hier tout-puissant de l'Italie fasciste que tout était bel et bien fini. Interrogé sur le rapport des forces entre résistants et chemises noires, Pozzoli n'hésita pas à noircir le tableau, déclarant que si la population de la ville paraissait à peu près tranquille, 11 000 partisans s'apprêtaient à y faire leur entrée. C'était multiplier au moins par quatre l'effectif que la Résistance pouvait aligner face aux quelque 5 000 fascistes rassemblés par Pavolini et à ceux qui, venus d'autres provinces, attendaient leur arrivée à Côme pour se joindre à eux.

Le mensonge était gros, mais Mussolini prit pour argent comptant les paroles du questeur. On n'attendrait pas que Pavolini fût arrivé à Côme pour reprendre la route en direction de Menaggio, une petite station touristique située à trente-cinq kilomètres au nord de Côme, soit à peu près la distance qui resterait à parcourir pour atteindre le lieu où la rivière Adda se jette dans le lac et où commence la Valteline. On y ferait halte le temps qu'arrivent les troupes que Pavolini s'était déclaré certain de pouvoir réunir.

Avant de quitter Côme pour Menaggio, Mussolini adressa à son épouse un message d'adieu. Rachele se trouvait encore le 23 avril à Gargnano, où elle attendait le retour du Duce, lorsqu'elle reçut consigne de se rendre à Monza, où celui-ci devait la rejoindre avec sa famille, le plus jeune des fils Romano (né en 1927) et la petite Anna Maria. À peine étaient-ils arrivés à la villa Reale qu'un appel téléphonique de Mussolini leur enjoignait de partir pour Côme, où lui-même s'apprêtait à se rendre. Il avait chargé son secrétaire Gatti de partir aussitôt en voiture pour Monza et de conduire femme et enfants à Côme, où l'on mit à leur disposition la villa Montero, que Rachel décrit comme « une grande maison triste et isolée[2] ».

> Mon mari, écrira-t-elle quelques années plus tard, désirait que j'aille me réfugier en Suisse et il m'avait affirmé qu'à

> Côme, à la préfecture, on me fournirait l'essence nécessaire pour poursuivre notre voyage. Quand je m'informai, on me répondit qu'aucun ordre n'avait été transmis à ce sujet. Inquiète – je connaissais trop bien toutes les intrigues et les pièges –, j'appelai aussitôt Milan. Une voix inconnue me répondit que le Duce était en conférence avec Schuster, mais que je pouvais parler à Vittorio. Je racontai tout à mon fils ; il me conseilla de me rendre auprès d'Ola, sa femme, qui s'était installée depuis peu à Côme, et de lui demander de l'essence[3].

Faire le plein de carburant à Côme, en pleine déroute, n'était pas chose aisée. Une fois cette question réglée, le plus difficile restait néanmoins à accomplir : rouler jusqu'à la frontière sur des voies en partie contrôlées par les partisans, échapper au mitraillage des avions alliés, et surtout tromper l'attention sourcilleuse des gendarmes helvètes. En arrivant à Ponte Chiasso aux environs de 3 heures du matin le 26 avril, l'épouse du dictateur dut constater que la frontière était fermée. Une longue file de voitures, dont celle de Buffarini qui, selon les dires de Rachele, avait suivi depuis Côme la grosse Lancia noire où elle-même avait pris place avec ses enfants, attendait, sans doute depuis des heures, que les autorités suisses voulussent bien lever les barrières. Rachele descendit de voiture pour demander le passage, se prévalant du droit d'asile. L'un des gendarmes se rendit au poste de garde pour téléphoner à Berne, et la réponse ne se fit pas attendre : pas de refuge suisse pour les Mussolini. Éconduits par les dirigeants de la Confédération, il ne restait plus aux passagers de la Lancia qu'à reprendre la route de Côme.

> Nous nous arrêtâmes, écrit encore Rachele, au siège de la fédération fasciste. Nous avions l'illusion que nous pourrions avoir des nouvelles ou du moins obtenir une escorte qui nous accompagnerait dans la Valteline. Mais la confusion la plus absolue régnait dans tous les bureaux. Personne n'avait le moindre plan en vue et c'était à qui suggérerait les solutions les plus contradictoires pour échapper à la catastrophe ; tous parlaient et discutaient d'une voix forte que la nervosité altérait. Personne n'avait le temps de s'occuper de moi et de mes enfants, personne n'avait envie de prendre la responsabilité, sans un ordre précis, de nous escorter sur la route du lac[4].

Avant de prendre le chemin de la Suisse, Rachele avait reçu de Benito une lettre qui l'avait plongée dans une immense tristesse. Depuis qu'il était arrivé à Côme, le Duce n'avait pas réussi, ou simplement pas cherché, à rencontrer son épouse, peut-être par crainte d'avoir à vivre une éprouvante scène d'adieu. C'est tard dans la nuit qu'un milicien préposé à la garde de la villa Mantero réveilla donna Rachele. Il était porteur d'un pli contenant un bref message griffonné au crayon bleu et dont la teneur ne laissait guère planer de doute sur l'idée que Mussolini se faisait de son sort à venir :

> Ma chère Rachele,
>
> Me voici parvenu à la dernière étape de ma vie, à la dernière page de mon livre. Nous ne nous reverrons sans doute jamais plus, c'est pourquoi je t'écris. Je te demande pardon pour tout le mal que je t'ai fait sans le vouloir, mais tu sais que tu es la seule femme que j'ai vraiment aimée : devant

Dieu et devant notre Bruno, en ce moment suprême, je te le jure.

Je dois rejoindre la Valteline, mais, je t'en prie, il faut que toi et les enfants vous essayiez de gagner la frontière suisse. Là-bas, vous pourrez commencer une nouvelle vie. Je ne crois pas que les Suisses refuseront de te laisser passer car je me suis toujours efforcé de les aider et vous ne vous êtes jamais mêlés de politique. Si ce n'est pas possible, rends-toi aux Alliés : peut-être seront-ils plus généreux que les Italiens. Je te recommande Anna et Romano, Anna surtout, qui est si jeune et qui a tant besoin de soins et d'affection. Tu sais combien je les aime. De là-haut, Bruno vous aidera. Je t'embrasse, ainsi que les enfants. Ton Benito.

À la réception de cette lettre, Rachele chercha à entrer en contact téléphonique avec son mari. Quand elle y parvint, après plusieurs tentatives, c'est d'une voix fatiguée et résignée qu'elle l'entendit lui répondre, alors qu'elle évoquait tous ceux qui étaient encore prêts à se battre pour lui et pour l'Italie : « Non, Rachele, il n'y a plus personne autour de moi. Même mon chauffeur m'a abandonné. Je suis seul. Tout est fini. »

Épilogue tragique, mais fortement suspect : personne n'a jamais vu la fameuse lettre, que donna Rachele prétendit avoir détruite dans un moment de découragement et dont elle se serait souvenue à la virgule près…

Le retour de Claretta

On se souvient que, à la suite de l'arrestation de Mussolini, Claretta avait été emprisonnée à la maison d'arrêt de Novare. Libérée le 17 septembre sur ordre du général Wolf, elle s'était empressée de rejoindre son amant en s'installant à proximité de Gargnano. Tant qu'il l'avait crue en prison, Mussolini ne s'était pas trop préoccupé du sort de sa jeune compagne. Peut-être même avait-il songé que le moment était venu de mettre fin à une liaison qui durait depuis près de dix ans. Mais, qu'il en fut ainsi ou non, il ne lui fallut pas longtemps pour se précipiter à la villa Fiordalisio, que Claretta avait louée à Gardone, et où le couple allait vite reprendre ses habitudes romaines.

La chose n'était pas aisée. D'abord parce que Mussolini ne pouvait se déplacer qu'après en avoir référé au lieutenant allemand commandant le détachement de SS attaché à sa sécurité. Et surtout parce que Rachele surveillait de près son volage époux. Elle avait été la dernière – après le 25 juillet 1943 et la chute du Duce ! – à apprendre sa liaison avec la belle Romaine ; maintenant qu'elle savait à quoi s'en tenir, elle n'avait pas l'intention de lâcher prise.

Il se mit donc à régner une atmosphère de vaudeville autour du « guide » de la République sociale. Avec la complicité de ses gardes du corps, Mussolini prit l'habitude de quitter secrètement la villa Orsoline, où se trouvaient les « bureaux du gouvernement », pour se rendre en voiture à Gardone. Durant son absence, le véhicule servant à ses déplacements restait bien en vue devant la porte principale. À Gardone, où il arrivait généralement en fin de soirée, le dictateur faisait monter sa maîtresse dans la voiture et le couple partait pour une brève promenade, ou pour quelque refuge discret connu d'eux seuls et du chauffeur.

Mais Rachele avait ses informateurs. Elle interrogeait les domestiques, faisait le siège du secrétaire particulier de son époux et entrait, au moindre signe d'infidélité, dans de terrifiantes colères. Benito se démenait dans des explications tortueuses, puis éclatait à son tour, quand il ne capitulait pas pitoyablement devant la bouillante Romagnole. Cette dernière se rendit un jour à la villa Fiordalisio. Elle s'était fait accompagner de Buffarini Guidi, qui connaissait bien Claretta. Celui-ci dut parlementer un long moment avec l'officier allemand de garde avant qu'on vînt ouvrir la grille. L'entretien entre les deux femmes dura près de trois heures, ponctué de cris, de larmes, de menaces. Selon le récit que Rachele fit de l'événement, Claretta se serait évanouie à plusieurs reprises, ranimée à chaque fois par le malheureux Buffarini.

On retrouve les trois protagonistes à Côme dans la nuit du 25 avril 1945, sauf que le vaudeville a cédé la place au drame : Rachele est repoussée par les gendarmes suisses à la frontière de la Confédération et ignore quel sort lui est réservé, à elle et à ses enfants ; Mussolini est en partance pour une destination incertaine et, selon lui, se retrouve abandonné de tous ; Clara Petacci, enfin, a décidé de suivre son amant jusqu'au terme que lui a fixé le destin. Son frère Marcello, médecin médiocre mais qui a réussi, grâce à ses relations, à obtenir une chaire universitaire et à s'enrichir dans des affaires juteuses, a bien essayé de la convaincre qu'elle n'aurait aucune difficulté à rejoindre l'Espagne, rien n'a pu ébranler sa détermination. Avant de quitter Milan, Claretta a confié à Asvero Gravelli qu'elle était prête à mourir aux côtés de l'homme qu'elle aimait. Elle a également écrit à sa sœur Miryam (Miria di San Servolo à la scène et à l'écran), alors que celle-ci s'apprêtait à emprunter le dernier avion pour Madrid, une lettre dans laquelle elle lui faisait part de ses intentions :

> Ne te fais aucun chagrin pour nous. Je suis mon destin qui est le sien. Je ne l'abandonnerai jamais, quoi qu'il advienne. Je ne détruirai pas par un acte de lâcheté la beauté suprême du don que je lui ai fait de ma personne, et je ne renoncerai pas à l'aider, à être auprès de lui aussi longtemps que je le pourrai. Tu sais où sont tous mes papiers. Conserve-les et respecte-les. Garde-les tous. Je te les confie et tu les confieras à ton fils, si Dieu veut bien t'en donner un.

Marcello s'étant finalement résolu, lui aussi, et pour de tout autres raisons, à suivre la colonne des hiérarques, c'est dans la voiture de son frère et en compagnie de ce dernier que Claretta prit la route de Côme le 25 avril au soir, puis celle de Menaggio au milieu de la nuit. Et c'est seulement au petit matin du 26 que Mussolini eut connaissance de sa présence dans le convoi. Il restait alors aux deux amants soixante heures à vivre.

CHAPITRE III

Sur la route de Menaggio

Il était un peu plus de 3 heures du matin lorsque Mussolini et le petit groupe de hiérarques qui l'accompagnait quitta précipitamment Côme pour rejoindre Menaggio. Ce fut l'occasion d'un premier heurt entre le chef de la RSI et le lieutenant SS Birzer, qui avait reçu pour mission d'escorter les fuyards peut-être jusqu'à Merano, où la Wehrmacht occupait toujours des positions solides. Aucun des Italiens présents dans le convoi ne se faisait la moindre illusion quant à la volonté des Allemands d'assurer leur sécurité. Mussolini moins que tout autre. Birzer et son détachement étaient là pour surveiller ses faits et gestes et pour parer à toute tentative d'évasion en direction de la Suisse. Il n'avait à aucun moment relâché son étreinte depuis Gargnano. À Milan, lorsque la petite délégation fasciste s'était rendue à l'archevêché pour discuter avec les dirigeants de la Résistance, n'avait-il pas réussi à se glisser dans la vieille limousine envoyée à la préfecture par le cardinal Schuster ? Birzer exigeant que les voitures de l'escorte fussent incluses dans la colonne, Mussolini se décida à fausser compagnie à ses « protecteurs ». Dans un article d'*Epoca* publié en 1968, Lazzero Ricciotti prête au lieutenant SS le récit de cette escapade manquée :

> À Côme, je compris que Mussolini tenterait probablement de passer en Suisse, peut-être seul, peut-être dès cette nuit-là. [...] Je plaçai quatre sentinelles et avertis mes hommes de dormir tout habillés, prêts à toute éventualité. À quatre heures et demie, au matin du 26 avril, une des sentinelles se mit à crier : « Karl Heinz s'échappe ! » Karl Heinz était le nom sous lequel les commandements allemands désignaient Mussolini. Je bondis. Il était déjà monté en voiture. Je bloquai avec la mienne la sortie de la préfecture. Je dis fermement : « Duce, vous ne pouvez partir sans que l'escorte soit avisée. » Il répondit brusquement : « Retirez-vous. Je peux faire ce que je veux et aller où il me plaît. Dégagez la sortie. »
>
> J'appelai alors les SS : « À terre. Chargez les armes et préparez les grenades à main. Cinq hommes avec moi. » Je pointai la mitraillette et m'avançai. [...] Puis je dis à Mussolini : « Maintenant vous pouvez partir, Duce[1]. »

Passons sur les incertitudes de la chronologie. Birzer situe cette scène à 4 h 30 du matin alors que, selon la plupart des témoignages, le Duce et une partie de ses collaborateurs – il avait ordonné à plusieurs de ses ministres d'attendre l'arrivée de Pavolini – étaient déjà en route. En revanche, la nature des rapports que les Allemands entretiennent avec le chef du gouvernement fasciste est précisée sans ambiguïté. Birzer a reçu des consignes formelles de sa hiérarchie et il est bien décidé à les exécuter. Le Duce est son prisonnier. S'il le faut, on usera contre lui et ses fidèles de la force des armes.

Pavolini réapparaît

À la suite de ce bref affrontement, le lieutenant Birzer prit la tête du convoi, suivi par l'Alfa-Romeo de Mussolini, où Bombacci avait retrouvé sa place. Gravelli ne s'était pas trompé lorsqu'il avait déconseillé au Duce d'emprunter la route de l'ouest. La chaussée était étroite et les virages nombreux, ce qui ne pouvait que rendre malaisée l'utilisation d'engins blindés armés de mitrailleuses et de pièces légères. La petite troupe arriva néanmoins sans encombre à Menaggio aux environs de 5 heures du matin et Mussolini, qui n'avait pas dormi depuis quarante-huit heures, fut reçu pour quelques instants dans la villa d'Emilio Castelli, membre du conseil fédéral fasciste pour la province de Côme. Peu après arriva une autre colonne amenant Graziani et les notables jusqu'alors restés à Côme. Derrière venaient Claretta et Marcello Petacci.

Les villes et les hôtels de luxe, où se côtoyaient jadis les représentants de l'ancienne classe dirigeante et ceux de l'*establishment* fasciste, accueillaient depuis peu de nouveaux occupants – quelques ministres et cadres administratifs, des dirigeants du parti, ainsi que le personnel de plusieurs entreprises publiques ou privées – chassés des rives du lac de Garde ou de la capitale lombarde par l'offensive des Alliés et les bombardements. Angelo Tarchi, ministre de l'Économie corporative, résidait à Cadenabbia, à proximité de la villa du chef de la police

Tullio Tamburini et de celle d'Edoardo Moroni, en charge de l'Agriculture. Zerbino s'était installé à Griante et Buffarini Guidi à Lenno, où l'hôtel Bellevue abritait des services du ministère de l'Intérieur ainsi que la direction générale de la grande entreprise chimique Snia Viscosa.

Autant dire que l'hébergement du Duce et de ses compagnons ne fut pas sans poser d'importants problèmes aux autorités de la ville. Après un bref passage par la villa de Castelli, le temps de prendre une tasse de café et d'échanger quelques informations, on conduisit Mussolini dans une petite chambre située au second étage de l'école primaire de Menaggio, transformée pour les besoins de la cause en caserne et où l'on installa comme on put le reste de la troupe – tâche d'autant plus ardue que l'effectif des fuyards s'était accru d'au moins une trentaine d'unités avec l'arrivée de la deuxième colonne.

Mussolini avait donné à Gatti des consignes précises. Épuisé ou non, il fallait qu'il fût sur pied avant l'arrivée de Pavolini et de ses chemises noires. On le réveilla donc un peu avant 9 heures afin qu'il pût échafauder de nouveaux plans de campagne au gré des informations qui lui seraient fournies par Porta et Castelli. Ce dernier avait compris que le chef de la RSI avait besoin d'être rassuré, s'agissant notamment du rapport de force entre les unités sur lesquelles on pouvait compter et celles de la Résistance. Pressé de voir les fuyards prendre le plus vite possible le chemin de la Valteline, il n'hésita pas à présenter la situation sous un jour favorable aux fascistes. « La zone, déclara-t-il au Duce, est parfaitement tranquille. Toute la région du val Menaggio est sous contrôle[2]. » Il ajouta que les opérations menées à la fin de l'hiver contre les quelques formations partisanes des environs avaient eu pour effet de contraindre celles-ci à se tenir sur la défensive. Il en existait bien une petite unité opérant à proximité de Dongo, mais elle ne disposait que d'un armement sommaire : rien à craindre dans cette direction – celle que devait emprunter le convoi.

Ces propos lénifiants, énoncés la main sur le cœur par le vice-commissaire fédéral de la province, rassurèrent un peu le Duce. Pour faire bon poids, Castelli affirma à son hôte qu'il assumait lui-même, en tant que chef du fascisme local, le commandement d'une compagnie appartenant à la XIe brigade noire et que cette unité, constituée de militants d'une fidélité à toute épreuve, pourrait « à tout moment » voler au secours des hiérarques en fuite. Restaient enfin ceux dont on attendait fébrilement l'arrivée à Menaggio : les quelque 5 000 chemises noires que Pavolini avait promis de rassembler à Milan et de conduire jusqu'au « réduit alpin », en assurant chemin faisant la sécurité du Duce et de ses compagnons.

Or le numéro un du parti se faisait attendre. On l'a vu, en arrivant à Côme dans la nuit du 5 au 6 avril à la tête d'une colonne de deux cents véhicules, il avait appris que les fuyards avaient déjà repris la route en direction de Menaggio. La sagesse aurait voulu qu'il consacrât quelques heures à la revue de ses effectifs, au contrôle rigoureux de leur encadrement et à un examen sérieux de leurs motivations. Mais la sagesse ne faisait pas partie des gènes, et encore moins de la culture politique, d'Alessandro Pavolini. Sans se préoccuper du moral de ses troupes, celui-ci sauta dans la voiture personnelle de la jeune Elena Curti pour aller rendre compte à Mussolini. Les deux hommes eurent un bref entretien, au cours duquel le secrétaire du parti assura une fois de plus à son interlocuteur que 5 000 combattants bien armés étaient prêts à le suivre pour rejoindre à Menaggio la colonne des hiérarques et l'accompagner jusqu'en Valteline. Après quoi il reprit la route de Côme, non sans avoir porté à la connaissance du Duce que Rachele et ses deux enfants s'étaient vu refuser l'entrée de la Suisse et étaient revenus à la villa Montero. Mussolini ne fit aucun commentaire.

Il avait fallu beaucoup d'inconscience aveugle au chef des brigades noires pour imaginer que, lui parti, ses hommes attendraient patiemment son retour. Ce qu'il découvrit en arrivant à Côme était loin, en effet, de confirmer les nouvelles rassurantes qu'il avait apportées au chef de la RSI. Livrés à eux-mêmes, sans directive ni information d'aucune sorte, sinon celles que chaque commandant d'unité croyait pouvoir donner à ses hommes et dont le caractère contradictoire ne pouvait qu'accroître la pagaille, les brigadistes ne tardèrent pas à manifester le peu d'enthousiasme que suscitait parmi eux l'idée d'avoir à poursuivre la lutte. Ceux qui paraissaient les plus combatifs à Milan n'étaient pas les derniers à proclamer leur désir de « rentrer à la maison ». Certains avaient même commencé à entrer en relation avec les partisans, n'hésitant pas à troquer leurs insignes fascistes contre les brassards du CVL. Tout cela sous les yeux d'une population qui avait entrepris d'arracher les images et les symboles du régime déchu et qui contemplait, stupéfaite – le déchaînement de la vindicte populaire viendrait plus tard –, les centaines de fascistes qui campaient tranquillement dans les jardins publics, sur les places et le long des avenues de la ville.

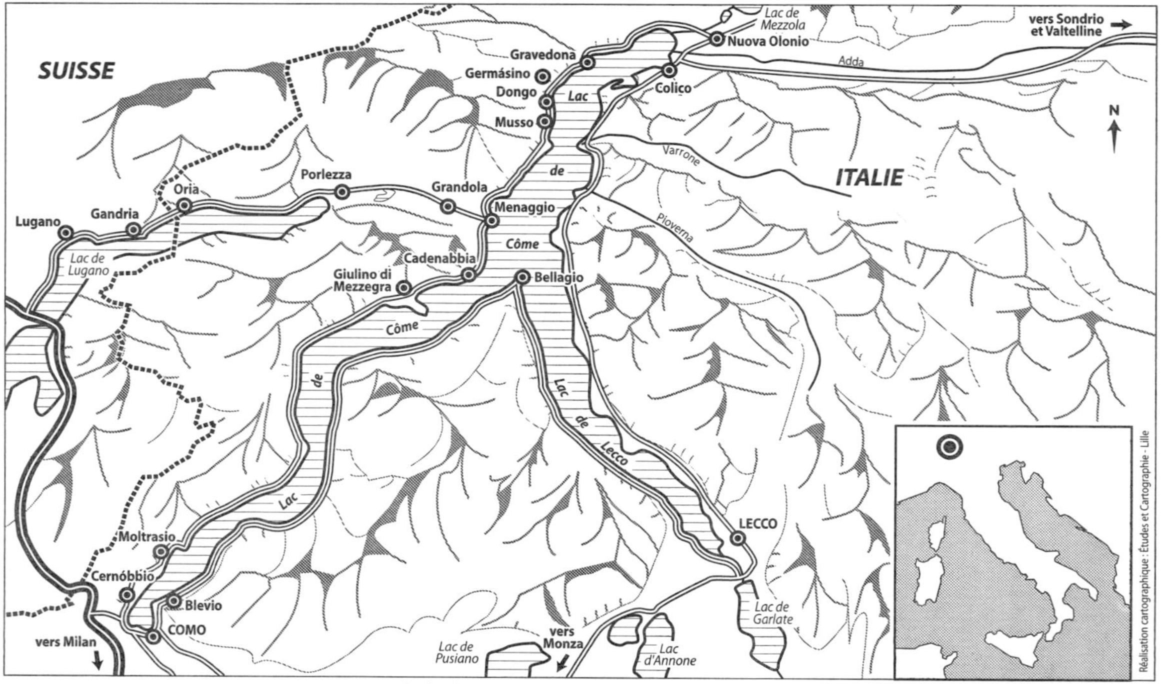

Principales étapes du dernier voyage de Mussolini

La décomposition de la petite armée qu'il avait eu la naïveté de croire indéfectiblement attachée au régime était déjà très avancée lorsque Pavolini arriva à Côme aux environs de midi. Nombre de brigadistes avaient purement et simplement déserté. Les autres attendaient que leurs officiers eussent achevé de négocier leur reddition avec les chefs de la Résistance et les agents alliés qui pullulaient depuis plusieurs semaines dans la région. L'ancien ministre du Minculpop ne put que mesurer les limites du façonnement totalitaire de l'« homme nouveau » confronté aux réalités de la défaite. Il eut beau courir d'un groupe à l'autre pour tenter, par des appels vibrants, de réveiller la ferveur patriotique et la foi mussolinienne des légionnaires, rien n'empêcha ces derniers de se débander, de jeter leurs armes ou de les livrer à l'adversaire de la veille.

Pavolini n'avait plus qu'à rejoindre à peu près seul Menaggio, où les choses avaient beaucoup évolué dans la journée du 26. Peu après 9 heures, le Duce et Clara Petacci avaient eu l'occasion d'échanger quelques mots sous le regard discret, mais vigilant, de deux SS. Une demi-heure plus tard, le secrétaire Gatti, dans le dessein de préserver l'incognito du Duce, organisa le repli des ministres et des officiels à Cadenabbia, un village situé au bord du lac à quelques kilomètres au sud de Menaggio. Mussolini, qui attendait toujours Pavolini et se montrait de plus en plus inquiet, déclara que, pour sa part, il ne bougerait pas tant que le numéro un du parti n'aurait pas donné de ses nouvelles.

Après quelques heures d'âpres discussions sur ce qu'il conviendrait de faire dans le cas, de plus en plus vraisemblable, où Pavolini ne réapparaîtrait pas, ou réapparaîtrait sans ses fameux renforts, les hiérarques s'aperçurent qu'ils étaient au moins d'accord sur un point : à Cadenabbia, ils avaient toutes les chances de mourir d'ennui. Ils décidèrent donc de retourner à Menaggio – à l'exception de Graziani, qui préféra rejoindre son poste de commandement pour donner les dernières instructions aux forces armées républicaines.

À leur retour, au début de l'après-midi, ils apprirent qu'un nouveau plan avait été adopté par le Duce. Pour ne pas attiser la curiosité, voire l'hostilité naissante, de la population de la ville, on attendrait la petite armée de Pavolini à Grandola, une localité située à l'intérieur des terres, mais distante seulement d'une quinzaine de kilomètres de la frontière suisse. Les hiérarques et leur « guide » – Mussolini n'avait jamais aussi peu mérité ce titre – furent logés à l'hôtel Miravalle, où ils passèrent le reste de l'après-midi.

Le temps était exécrable. La radio de l'hôtel diffusait, entre deux morceaux de musique, les nouvelles de l'insurrection et de l'avance des Alliés. À Milan, le Comité de libération avait abrogé la législation sociale de la RSI. Un décret instituant des tribunaux du peuple et des cours martiales énonçait dans son article 5 que « les membres du gouvernement fasciste et les chefs du fascisme qui sont coupables d'avoir supprimé les garanties constitutionnelles, détruit les libertés populaires, créé le régime fasciste, compromis et trahi le destin du pays et de l'avoir conduit à la catastrophe seront punis de mort et, dans les cas moins graves, de détention perpétuelle ».

Autant de chefs d'accusation qui pouvaient s'appliquer à Mussolini et à ses premiers couteaux. La crainte d'être éliminé physiquement à la suite d'une parodie de procès ou, pire, exhibé dans une cage et promené de ville en ville comme une bête de cirque, n'était pas nouvelle pour le Duce. N'avait-il pas, selon les témoignages de plusieurs de ses geôliers de Campo Imperatore, tenté de se donner la mort dans la nuit du 11 au 12 septembre 1943 en se taillant les veines avec une lame de rasoir ? Simplement, il ne s'agissait plus cette fois d'une vague menace. Le décret adopté par le CLNAI équivalait à une condamnation à mort au cas où Mussolini et les hiérarques tomberaient entre les mains des partisans.

On peut aisément imaginer dans quel état d'esprit se trouvaient les fugitifs à l'écoute des nouvelles diffusées par la radio milanaise, depuis peu occupée par les insurgés. Mussolini n'était pas le plus affecté. Plus que ses compagnons, il avait eu le temps de méditer sur l'approche de la mort et de se préparer à une fin qu'il aurait certes souhaitée plus glorieuse. Pour tromper l'attente, il voulut marcher sous la pluie avec la jeune Elena Curti, dont personne n'ignorait dans la caravane qu'elle était vraisemblablement la fille naturelle du dictateur. Mais le spectacle de son amant devisant dans le jardin de l'hôtel avec cette belle jeune fille rousse qu'elle avait réussi à évincer à Gargnano eut pour effet de déchaîner la fureur de la Petacci. Une scène s'ensuivit, au cours de laquelle Claretta trébucha sur un tapis et se blessa au genou. Tragédie, comédie, l'histoire mélangeait une fois de plus les genres et les rôles.

Le plus fasciste des fascistes

À Côme, Pavolini avait tenté, jusqu'au soir du 26, de remobiliser ses troupes. Mais il était trop tard. En l'absence de leur chef, les brigadistes ne songeaient plus qu'à une chose : obtenir des chefs de la Résistance un accord qui leur permettrait de déposer les armes avec la garantie de sauver leurs têtes et si possible leur liberté. Le texte de cette capitulation conditionnelle fut signé dans le courant de la nuit. Il stipulait que les forces fascistes devraient avoir évacué la ville avant 7 heures du matin, puis prendre la route en une seule colonne, précédées d'une voiture du CLNAI arborant un drapeau blanc. Le convoi pourrait ensuite rejoindre sans encombre la vallée d'Intelvi, où les fascistes attendraient les Alliés pour la reddition selon les règles militaires. De là, des voitures seraient envoyées à la recherche de Mussolini pour le ramener lui aussi dans la zone neutralisée du val d'Intelvi.

Au matin du 27, la colonne fasciste prit la direction du nord en longeant la rive occidentale du lac, celle-là même qu'elle aurait dû suivre jusqu'à Menaggio sous le commandement de Pavolini. Arrivée à Cernobbio, à moins de dix kilomètres de Côme, elle fut bloquée par une foule menaçante qui, refusant d'entériner l'accord signé dans la nuit, l'empêcha de poursuivre sa route. Ni les protestations de ses chefs, Romualdi et Costa, retournés à Côme pour tenter de convaincre les partisans de respecter leurs engagements, ni les interventions des représentants du CLNAI, ni celles des agents alliés qui s'étaient associés aux promesses faites aux brigadistes ne purent vaincre la résistance de la population amassée sur la place de Cernobbio. Les fascistes furent capturés sans combat, ligotés avec les moyens du bord et jetés sans ménagement dans des camions avant d'être parqués dans des camps improvisés.

Pavolini, de son côté, était parti vers Menaggio. Lorsqu'il y arriva, le 27 vers 4 heures du matin, Mussolini et ses compagnons avaient eux-mêmes rejoint cette localité après de longues heures d'attente à Grandola. Tiré de son lit en plein sommeil, le Duce dut constater que le secrétaire du parti, qui avait fait le voyage dans un gros véhicule blindé, n'avait en tout et pour tout avec lui qu'une douzaine d'hommes. Une vive altercation s'éleva entre les deux hommes. Mussolini reprochait à son interlocuteur de l'avoir trompé en lui faisant croire qu'il pourrait réunir sans difficulté 5 000 chemises noires ou davantage. Pavolini répliquait qu'il ne pouvait être tenu pour responsable du manque de pugnacité de ses troupes et que, si quelqu'un devait être blâmé, ce ne pouvait être que celui qui, connaissant les faiblesses de ses collaborateurs, les avait maintenus en place, à commencer par le secrétaire du parti, c'est-à-dire lui-même.

L'heure n'était cependant plus à l'estimation des responsabilités de chacun. La défection des unités rassemblées à Côme rendait chimérique le projet de « réduit alpin ». Sur quelles forces pouvait-on encore compter pour assurer, ne serait-ce que quelques jours, voire quelques heures, la défense de la Valteline ? Quant à l'autre solution, celle de l'évasion vers la Suisse, elle s'était révélée tout aussi illusoire dans l'après-midi du 26, où une nouvelle tentative avait fait long feu. À Grandola, les hommes de Birzer avaient empêché les fuyards de quitter l'hôtel Miravalle par une sortie de secours ouvrant sur la montagne et de gagner la frontière helvétique en empruntant des chemins de contrebandiers. Il avait suffi au lieutenant SS de placer plusieurs sentinelles autour de l'hôtel pour décourager les candidats à l'expatriation avant même qu'ils eussent commencé à mettre leur projet à exécution.

Une troisième tentative avait eu lieu aux environs de 16 heures, avec pour protagonistes non plus le Duce et sa compagne mais les hiérarques Buffarini Guidi et Tarchi ainsi qu'un ancien chef de la police de Bologne, Fabiani. Mussolini était désormais surveillé de trop près par les hommes de Birzer pour se joindre aux candidats à l'évasion, mais il ne fit aucune difficulté pour autoriser les trois hommes à essayer de passer clandestinement en Suisse. Entreprise aventureuse et qui devait également se terminer par un échec. Les fuyards furent en effet arrêtés en chemin par des partisans. Fabiani put s'échapper et apporter la nouvelle à Grandola, où Mussolini tenta vainement de convaincre Birzer d'aller libérer les deux hiérarques. Tarchi parvint lui aussi à s'enfuir. Buffarini eut moins de chance : évadé puis repris, il fut condamné à mort par un tribunal d'exception et fusillé à Milan le 10 juillet 1945.

Dans l'impasse, Mussolini décida, en accord avec son mentor germanique, de chercher refuge à Merano, dans le Haut-Adige. Cette solution avait souvent été évoquée lors des tractations de la mi-avril et recueillait les suffrages du haut commandement allemand. À Merano, la Wehrmacht disposait en effet de forces importantes, adossées à la barrière alpine et pouvant, par le col du Stelvio, se replier aisément vers la Bavière. Encore fallait-il que les hiérarques fascistes et leur suite parviennent jusque-là. Autant la Valteline était proche – une trentaine de kilomètres seulement séparaient Menaggio du débouché de l'Adda sur le lac de Côme –, autant Merano apparaissait lointaine et d'un accès malaisé. Pour la rejoindre, le convoi devrait parcourir plus de deux cents kilomètres d'une route accidentée et soumise à la menace permanente d'une attaque de l'aviation alliée.

Tard dans l'après-midi du 26, le Duce apprit qu'il pouvait encore tenter de s'enfuir par la voie aérienne. Il fallait pour cela qu'il ordonne à sa troupe de lever immédiatement le camp en direction de Chiavenna, localité située à une vingtaine de kilomètres de l'extrémité septentrionale du lac de Côme, où un avion de transport était prêt à décoller pour le transporter en Bavière. La partie était jouable à condition de prendre de vitesse les hommes de la 52e brigade Garibaldi, qui espéraient bien arriver sur place les premiers et s'emparer du dictateur en fuite. Or on tergiversa. Birzer tarda à donner son autorisation. Mussolini lui-même traînait les pieds, toujours persuadé qu'à la dernière minute on verrait apparaître sur la place principale de Menaggio les premiers éléments de la colonne Pavolini. Quand il se décida, en pleine nuit, à ordonner le départ pour le lendemain matin, l'avion venait de s'envoler, à vide, du petit aérodrome de Chiavenna.

CHAPITRE IV

L'arrestation de Mussolini

En même temps que Pavolini, était arrivé à Menaggio un détachement motorisé d'environ 200 soldats allemands appartenant à une unité antiaérienne et commandé par le lieutenant Fallmeyer. Mussolini et son escorte de SS décidèrent de se joindre à ce renfort dont la destination était précisément la ville de Merano, dans le Haut-Adige. Nul n'ignorait que l'entreprise serait difficile. La montagne était truffée de groupes armés qui pouvaient à tout moment déboucher d'une vallée et couper la route des fugitifs. Mais, après tout, si les Italiens étaient désormais hors jeu, les hommes de Fallmeyer et ceux de Birzer représentaient une force assez importante pour repousser ou anéantir les partisans qu'on pourrait rencontrer. Et puis, y avait-il une autre alternative, pour le Duce et ses compagnons, que la fuite vers le nord ou l'expectative, avec au bout du compte la certitude d'être pris et fusillés ?

PAVOLINI S'IMPROVISE « CHEF DE CHAR »

La colonne réunissant ce qu'il subsistait du gouvernement de la République sociale, les quelques brigadistes récupérés à Côme par Pavolini et les SS de Birzer et de Fallmeyer quitta Menaggio peu après 5 heures du matin. La file des véhicules s'allongeait sur plus d'un kilomètre. En tête s'avançait un curieux engin blindé dans lequel Pavolini avait pris place à la sortie de Côme et dont il assurait le commandement. Venaient ensuite les six camions de la Flak (la DCA allemande), trois autres camions transportant les hommes de Birzer et les rescapés de la débandade de Côme, deux automobiles Alfa-Romeo 2800, dont celle du Duce, et deux voitures d'escorte du service de sécurité du Reich. Birzer se trouvait à bord d'un 4x4 qui changea à plusieurs reprises de position – sans doute pour que le lieutenant SS pût, à tout moment, localiser ses « protégés ».

Derrière la voiture du Duce, bientôt désertée par son propriétaire, s'égrenait la théorie des véhicules occupés par les officiels, ministres et hauts fonctionnaires du parti, accompagnés de leurs familles et de leurs proches, pour qui le périple avait des allures de débanbade. À Menaggio, l'épouse du ministre Ruggero Romano, alors dans son cinquième mois de grossesse, n'avait pu trouver qu'un lit de fortune dans une maison privée où on voulut bien l'accueillir en compagnie de son plus jeune fils, âgé de quatre ans, tandis que le ministre et son fils aîné passaient la nuit dans leur propre voiture, une 1 500 Farina hors d'âge.

Ainsi s'ébranlèrent, au petit matin, les derniers représentants de l'Italie républicaine, pour la plupart déjà présents dans le convoi au départ de Milan : les ministres Zerbino, Mezzasoma, Romano, Liverani, le sous-secrétaire Barracu, le philologue Goffredo Coppola, « magnifique recteur » de l'université de Bologne et président de l'Académie d'Italie. La voiture de Marcello Petacci, toujours accompagné de sa sœur Clara, de sa compagne et de leurs enfants, fermait la marche. Elle arborait l'insigne du corps diplomatique, offrant à son conducteur – du moins le croyait-il – une chance supplémentaire d'échapper aux partisans.

Il ne fallut pas moins d'une heure pour que la colonne parcoure la moitié du chemin menant au petit village de Musso, situé à seulement quatorze kilomètres de Menaggio. C'est que chaque courbe un peu marquée de la route constituait une difficulté pour le conducteur de l'engin blindé, le contraignant à effectuer de nombreuses et épuisantes manœuvres. Derrière lui, l'ensemble du convoi devait marquer le pas. À ce rythme, il faudrait plus d'une journée pour atteindre l'extrémité septentrionale du lac.

C'est au cours de l'un de ces arrêts que Pavolini, quittant brusquement son véhicule cuirassé, se dirigea à pas vifs vers l'Alfa-Romeo du Duce, salua ce dernier à la romaine sous le regard perplexe de l'incontournable Birzer, et déclara : « Duce, il est de mon devoir de garantir personnellement votre sécurité. Je vous prie de venir avec moi dans l'auto blindée. » Birzer aurait pu résister, faire valoir au secrétaire du parti fasciste républicain qu'il avait en poche un ordre écrit du Führer lui enjoignant de protéger son ami et de le conduire sain et sauf en

Allemagne. Il n'en fit rien. La partie était trop avancée, le dénouement trop proche, pour qu'il se risquât à engager une épreuve de force avec Pavolini. Quant à Mussolini, il traversait une nouvelle phase d'aboulie. Après avoir écouté l'invitation sans réplique de son ancien ministre de la Propagande, il jeta un regard interrogatif en direction de l'officier SS. Interprétant son silence comme un accord tacite, il descendit de sa voiture pour rejoindre le véhicule de tête, suivi par l'agent Pietro Carradori, un fidèle parmi les fidèles qui portait les deux grosses sacoches de cuir pleines de documents dont le Duce ne s'était séparé à aucun moment depuis son départ de Milan. Derrière eux avaient pris place dans le blindé Nicola Bombacci, le commissaire fédéral de Côme Paolo Porta et la jeune Elena Curti.

Accrochage à Musso

Lorsque le « char » redémarra, dans un fracas de ferraille et de gaz brûlés, Mussolini se trouvait assis entre le conducteur, Chiavacci, et le mitrailleur. Pavolini lui avait cédé sa place et se tenait derrière lui, un peu en retrait, esquissant à chaque soubresaut produit par le mauvais état de la route un geste protecteur. Le dictateur ne cherchait même plus à résister, ne serait-ce que par un signe d'agacement, à ce qu'il aurait considéré naguère comme une atteinte intolérable à sa dignité. Il acceptait son sort. Ne l'avait-il pas avoué, quelques semaines plus tôt, à la journaliste Maddalena Mollier, épouse de l'attaché de presse allemand, qu'il avait reçue à Gargnano et à laquelle il s'était littéralement confessé, mêlant compassion et dénigrement de sa propre personne ?

> La mort est devenue pour moi une amie, elle ne m'épouvante plus. [...] Pour moi, les seules portes qui s'ouvriront sont celles de la mort. Et cela est juste. Je me suis trompé et je paierai, si ma pauvre vie vaut encore quelque chose. Je ne me suis jamais trompé tant que j'ai suivi mon instinct ; toujours, lorsque j'ai obéi à la raison. Je suis responsable autant de ce que j'ai fait de bien, et que personne ne peut nier, que de mes faiblesses et de ma déchéance. Oui, madame, mon étoile s'est couchée. Je travaille, je m'affaire, en sachant que tout est farce. J'attends la fin de la tragédie, et – étrangement détaché de tout – je ne me sens plus acteur, mais seulement le dernier spectateur[1].

Les autres passagers du blindé et les membres de l'équipage s'étaient casés comme ils avaient pu, à même le plancher du véhicule, brinquebalant au rythme des changements de vitesse de l'engin et des irrégularités de la chaussée. On roula ainsi pendant environ une heure et demie sans rencontrer d'autres difficultés que celles tenant à l'exiguïté de la route et aux dimensions de l'auto blindée. Il était environ 7 heures du matin lorsque celle-ci dut s'arrêter net quelques centaines de mètres avant les premières habitations du village de Musso. Un gros tronc d'arbre et plusieurs rochers barraient le passage. Une fusillade s'engagea aussitôt, opposant au blindé la vingtaine de partisans auteurs de l'embuscade. Aux tirs saccadés de la mitrailleuse, en batterie derrière sa cuirasse de métal, répondaient ceux des assaillants, armés de simples fusils, de pistolets-mitrailleurs et de grenades. L'échange ne dura pas plus de trois ou quatre minutes et ne fit qu'une seule victime : un malheureux ouvrier italien, un certain Antonio Appolloni, employé dans une carrière de marbre de la région et qui cherchait à rejoindre tranquillement son lieu de travail.

Les Allemands de la Flak furent les premiers à brandir un drapeau blanc. Forts de leur supériorité numérique et de leur puissance de feu, la fusillade ayant clairement montré de quel côté penchait la balance, ils n'avaient nullement l'intention de se rendre : ils entendaient au contraire profiter de la disproportion des effectifs engagés et de leur armement pour négocier en position de force le passage pacifique du convoi.

Tandis qu'un représentant du groupe de résistants s'avançait à son tour, un drapeau blanc à la main, pour engager la discussion avec les SS, Pavolini, après avoir introduit un nouveau chargeur dans sa mitraillette, avait ouvert un volet pour regarder à l'extérieur et faire le point de la situation. Là où le blindé s'était immobilisé, la route était particulièrement étroite, resserrée entre la paroi abrupte de la montagne et le muret qui, sur la droite, courait en surplomb au-dessus du lac. L'engin se trouvait ainsi coincé entre le barrage élevé par les partisans et les véhicules du convoi. Pas question pour ces derniers d'effectuer la moindre manœuvre visant à se dégager. Que faire, sinon tenter pour les uns le passage en force, pour les autres un assaut en position d'infériorité manifeste ? L'affrontement qui suivrait ne pouvait être que sanglant pour les deux camps, et nul ne manifestait une hâte excessive à reprendre le combat. La situation paraissait inextricable.

Lorsque les deux porteurs de drapeau blanc se rejoignirent, à mi-chemin du blindé et de la barricade, ils déclinèrent leurs nom et qualités. Face au capitaine Fallmeyer se tenait le commandant de la 52ᵉ brigade internationale Garibaldi, le comte Pier Luigi Bellini Delle Stelle (*Pedro* dans la Résistance), un avocat florentin depuis longtemps engagé aux côtés des partisans. Les deux hommes – chacun accompagné de deux assesseurs – débattirent longuement des moyens d'éviter une tuerie inutile. *Pedro* eut vite compris que les Allemands n'avaient d'autre souci que de rentrer chez eux. Or son but n'était pas de capturer quelques dizaines de SS, mais il subodorait que dans le convoi bloqué devant Musso devaient se trouver plusieurs représentants importants de l'*establishment* fasciste. Ne disposant pas de moyens suffisants pour les arracher à leur escorte, il choisit de gagner du temps et d'attendre des renforts jusqu'au moment où, le rapport de force étant devenu favorable aux partisans, il pourrait exiger qu'on lui livre les fascistes.

Sous le regard soupçonneux de Pavolini et des passagers du blindé, Fallmeyer et *Pedro* prirent donc leur temps avant d'arrêter une décision commune, marchant de long en large dans l'étroit no man's land séparant les deux groupes, échangeant des cigarettes ou s'entretenant avec les autres émissaires. Mussolini, silencieux et muet, ne laissait paraître aucune émotion, comme s'il contemplait la scène depuis une lointaine planète. À peine réagit-il lorsqu'il vit s'éloigner en direction de Dongo une voiture dans laquelle les six négociateurs avaient pris place. *Pedro* avait en effet fini par convaincre son interlocuteur qu'il ne pouvait prendre seul la responsabilité de laisser passer le convoi, et qu'il lui fallait en référer à ses supérieurs. Il se faisait fort, d'ailleurs, de convaincre le commandant en chef des unités partisanes, pour peu que Fallmeyer voulût bien l'accompagner à Morbegno, à une quinzaine de kilomètres plus au nord, où se trouvait le quartier général de la division Garibaldi.

La colonne attendit près de six heures, à l'entrée de Musso, le retour des deux plénipotentiaires. Pour tromper le temps et se dégourdir les jambes, les soldats allemands avaient pour la plupart déserté leurs véhicules, formant de petits groupes animés où l'on échangeait des souvenirs de guerre et des propos plutôt optimistes quant au résultat des négociations avec les partisans. Les Italiens étaient plus tendus, beaucoup moins confiants que leurs homologues allemands dans l'issue des discussions en cours. Ils savaient que leur vie était suspendue à un fil et que les chances de se tirer d'affaire s'amenuisaient d'heure en heure. Aussi certains d'entre eux tentèrent-ils de profiter de l'arrêt forcé à Musso pour s'enfuir, emportant avec eux une partie au moins du butin dont ils s'étaient emparés en quittant Milan, soit à la suite d'une distribution ordonnée par Mussolini en personne, soit parce que chaque hiérarque avait pris soin, avant de partir, de vider les caisses de l'État et de rassembler toutes les valeurs, espèces et objets précieux qu'il avait pu amasser dans l'exercice de ses fonctions.

Quelques-uns réussirent à prendre le large. D'autres se réfugièrent chez l'habitant, tantôt proposant des fortunes à qui pourrait leur procurer des vêtements civils, tantôt suppliant leurs hôtes de bien vouloir – moyennant finance – partager le gâteau, dès lors qu'il serait tenu à l'abri des vols et des réquisitions et ce « jusqu'à la fin de la guerre » ! Plus audacieuse, ou moins naïve, l'épouse du ministre Romano, Rose Marie Mittag, parvint à rejoindre la frontière suisse dans un camion de la Flak, emportant avec elle un nombre impressionnant de valises pleines à craquer de valeurs en tout genre que la douane helvétique se hâta de confisquer. L'inventaire en est éloquent : 300 kilos d'argenterie, 700 grammes d'or, 1 350 pièces de monnaie du même métal, 166 000 lires, 4 bagues ornées chacune d'un brillant, 63 000 dollars, 2 700 livres sterling, 17 000 francs suisses, 1 million de francs français et une quantité d'objets précieux de toute provenance et de toute nature[2], destinés – on s'en doute – à pallier les rigueurs de l'exil…

L'arrêt prolongé à Musso offrait à Claretta l'occasion de rejoindre son amant dans la voiture blindée : elle s'en saisit avec d'autant plus d'empressement que la place était occupée, on l'a vu, par celle qu'elle tenait pour une rivale ; elle n'avait pas l'intention de s'effacer devant cette jouvencelle. Elle ne désirait pas pour autant endosser devant les autres passagers le rôle de favorite en titre. Dès le début de leur liaison, Mussolini avait exigé d'elle une certaine retenue en ce domaine, bien que son statut de compagne préférée du Duce fût connu de la plupart des Italiens. « Tu ne veux pas jouer à faire la présidente n'est-ce pas ? lui avait-il signifié sans ambages. Il y a déjà une femme qui m'a fait faire des conneries, et je n'ai pas l'intention d'en supporter une seconde. »

Clara Petacci n'avait ni l'intention de jouer les présidentes, ni l'ambition de remplacer la Sarfatti dans le rôle de conseillère politique et culturelle que la Vénitienne avait tenu pendant près de quinze ans auprès du dictateur. Elle n'avait qu'un désir : rejoindre l'homme qu'elle aimait. Avant de monter dans le blindé qui obstruait la route, Claretta avait endossé par-dessus son tailleur une sorte de combinaison de mécanicien et coiffé un bonnet d'aviateur. Sans doute pensait-elle échapper ainsi à la curiosité des autres passagers, à commencer par Pavolini et Elena Curti. Ce fut peine perdue. On la laissa néanmoins pénétrer dans le véhicule. Arrivée à la hauteur de Mussolini, elle dit simplement : « Comment allez-vous, Excellence ? » Ce n'était qu'un chuchotement, auquel le dictateur répondit par un « Bien, merci, madame » à peine audible. Il y avait des heures qu'il n'avait pratiquement prononcé aucune parole. Par la porte ouverte du blindé, il contemplait la montagne, l'œil éteint, le corps replié, dans une posture qui n'était pas sans évoquer la mort. Un seul détail tranchait avec ce laisser-aller : il était fraîchement rasé. Ce n'était pas par coquetterie, mais parce que son barbier personnel, le soldat Otello Montermini, avait tenu à profiter de la halte pour exercer son office et que le Duce n'avait pas voulu lui refuser cet honneur.

Comprenant qu'elle n'obtiendrait pas d'autre réponse, Claretta passa le reste de la matinée aux pieds de son amant, lovée comme un chien injustement réprimandé, silencieuse, immobile et ne quittant Mussolini des yeux que pour lancer des regards meurtriers à sa jeune rivale.

DONGO

Peu après 13 heures, Fallmeyer était de retour à Musso, porteur des ordres que *Pedro* avait lui-même rédigés. Dans l'intervalle, comme ce dernier l'avait escompté, la petite armée des partisans avait grossi et comptait désormais plus d'une centaine de combattants. Avant de partir pour Morbegno, *Pedro* avait ordonné à l'un de ses principaux lieutenants, le commissaire politique *Bill* (Urbano Lazzaro)*, de mettre en place le dispositif tactique de sa brigade et de faire miner le pont de Vallorba, situé à une quinzaine de kilomètres au nord. La destruction de cet ouvrage enjambant la rivière Mera couperait définitivement la route des fuyards en direction de Chiavenna et de la Suisse si tel était – comme le croyaient les chefs de la Résistance – le but de Fallmeyer et de ses hommes.

Les conditions fixées par le chef de la 52e brigade Garibaldi étaient sans indulgence pour les Italiens. Le passage était accordé aux Allemands, à cette réserve près que leurs véhicules devraient s'arrêter à Dongo pour y être contrôlés et soumis à perquisition. Tous les Italiens et les voitures civiles seraient remis aux partisans. Il s'agissait donc bel et bien d'un ultimatum, dont l'exécution répugnait à Fallmeyer. Son honneur d'officier lui interdisait en principe de livrer les prisonniers à l'ennemi, surtout si cet ennemi n'appartenait pas à une armée régulière. Mais la mission dont il avait été chargé consistait à conduire ses hommes jusqu'à Merano, et y avait-il un autre moyen de la remplir que celui imposé par les partisans ? Le cas de conscience était encore plus douloureux pour Birzer, auquel Hitler avait personnellement confié la sécurité de son homologue fasciste et de sa suite. Mais le lieutenant

* Tous les prénoms en italique sont les noms de guerre de combattants engagés dans la Résistance. Le glossaire intitulé « Qui est qui ? », situé en fin d'ouvrage, précise leur identité.

SS, une fois ses compatriotes de la Flak partis vers le nord, disposait tout au plus d'une trentaine d'hommes. Les deux officiers se résolurent donc à accepter les conditions fixées par *Pedro*, en feignant de croire qu'on ne leur demandait « que » de livrer des Italiens à d'autres Italiens, des fascistes, sans doute, mais dont l'adhésion à la RSI ne suffisait pas à leur faire oublier la trahison du 25 juillet.

L'annonce de l'accord entre les Allemands et les maquisards eut tôt fait de se répandre dans le convoi, provoquant la colère de Pavolini et d'Utimpergher, commissaire fédéral de Lucques et son principal lieutenant. Le numéro un du parti n'avait pas attendu ce moment pour s'interroger sur les chances qu'avait son auto blindée de résister à une attaque des partisans. Avec ses huit mètres de long, ses deux mètres de large et ses quatre mètres de haut, elle avait certes de quoi impressionner des adversaires. Équipée d'un canon de vingt millimètres placé à l'intérieur d'une tourelle mobile et de trois mitrailleuses de huit millimètres, elle paraissait de loin à peu près inexpugnable. Vue de près, en revanche, on ne tardait pas à constater que ce formidable engin, offert à Pavolini par les fascistes lucquois, n'avait guère d'autre valeur que dissuasive. Il s'agissait en effet d'un simple autocar Lancia 3RO, qu'un habile artisan de Plaisance avait cuirassé avec des plaques métalliques de neuf millimètres. Sa lourdeur, sa lenteur et son absence de mobilité en faisaient une cible rêvée pour les lanceurs de grenades et autres engins incendiaires.

Les passagers du blindé virent bientôt s'avancer vers eux l'*Obersturmführer* Birzer, flanqué de deux SS. Il tenait à annoncer lui-même à Mussolini que Fallmeyer avait cédé aux exigences des partisans et que l'unité de la Flak qu'il commandait s'apprêtait à reprendre la route sans les Italiens. Sa propre mission n'ayant plus de raison d'être dès lors que ses « protégés » devenaient les prisonniers de *Pedro* et de sa brigade, il devait se résoudre à suivre ses compatriotes dans leur retraite.

Mussolini ne perçut pas tout de suite la gravité de la situation. Il crut comprendre que Birzer venait lui annoncer que le convoi s'apprêtait à repartir. Le lieutenant SS dut s'y reprendre à deux fois pour le ramener à la réalité et lui exposer le stratagème qu'il avait imaginé pour tenter de le sauver. Le dictateur déchu devait se résigner à abandonner ses compagnons de route et à monter dans un camion de la Flak après avoir endossé un uniforme allemand. Peut-être parviendrait-il sous ce travesti guerrier à échapper aux fouilles qui devaient avoir lieu à Dongo ? Les chances de réussite étaient minces et Mussolini répugnait à revêtir un uniforme étranger, fût-il celui d'un pays ami. Il était encouragé par Pavolini : « Restez avec nous, Duce, ne nous abandonnez pas », plaidait le secrétaire du parti fasciste républicain. Le lieutenant SS le fit taire d'un geste de la main avant de poursuivre : « D'ici peu, Duce, les partisans vont perquisitionner la colonne. Sans aucun doute, ils vous reconnaîtront. Vous devez vous décider. »

Tandis que les hommes de la 52e brigade Garibaldi s'apprêtaient effectivement à commencer les fouilles sans attendre le départ pour Dongo, Claretta et Elena se relayaient auprès de Mussolini pour qu'il accepte de prendre la fuite dans les conditions peu honorables qu'on venait de lui exposer. Claretta avait suivi la scène avec beaucoup d'attention, assise sur le marchepied du blindé.

Profitant d'un bref moment de silence et constatant que son amant s'était un instant tourné vers elle, elle prononça, d'une voix aussi affermie qu'elle put, ces quelques paroles : « Duce, faites comme on vous dit. Sauvez-vous. Vous devez vous sauver. »

Au son de cette voix à la fois tendre et impérative, Mussolini sortit brusquement de sa torpeur. Il se leva, adressa à sa compagne un regard qui se voulait rassurant, puis, se tournant vers Birzer, déclara qu'il se résignait à faire ce qu'on exigeait de lui, ajoutant à l'adresse du lieutenant SS qu'il était de son devoir de le défendre. « C'est ce que je fais, Duce, répondit Birzer, et j'ai bien l'intention de vous ramener sain et sauf sur le territoire du Reich. »

La scène qui suivit fut particulièrement pénible. Mussolini dut recourir à l'aide de Claretta et de Birzer pour endosser la lourde capote d'un sergent de la Luftwaffe. Son corps amaigri nageait dans l'épais manteau qui le couvrait de la tête au pied. Le casque qu'on lui tendit n'était pas davantage à sa taille. Mais, surtout – émotion ou simple maladresse –, il commit la bévue de le poser à l'envers sur son crâne. Le drame allait-il tourner à la farce ? Chacun retenait son souffle. Pavolini ne laissa pas le temps aux passagers du blindé de réagir. Le regard glacé, il rejoignit le dictateur devenu objet éventuel de raillerie et replaça d'un geste nerveux le casque sur sa tête.

Jusqu'à ce moment, il semble que Mussolini n'avait pas encore véritablement compris qu'il était en train d'abandonner ses compagnons. Fut-ce l'accoutrement qu'on lui avait fait revêtir, et que complétait une paire de lunettes de soleil, qui le fit tout à coup se révolter ? Pas question, déclara-t-il à Birzer, de faire un pas de plus si ses ministres n'étaient pas autorisés à le suivre. Et si les chefs partisans se montraient intraitables, « qu'au moins on laisse son amie l'accompagner ». Ni l'une ni l'autre de ses requêtes n'étant jugée recevable – à quoi eût-il servi qu'on le déguisât en soldat allemand, si c'était pour le voir débarquer à Dongo accompagné des hiérarques et de la favorite ? – Mussolini entra dans une violente colère, jetant rageusement à terre le casque qu'il avait eu tant de mal à ajuster et déclarant qu'il refusait d'aller plus loin.

Depuis qu'il avait été chargé à Gargnano de le protéger et de le surveiller, Birzer avait appris à gérer les colères du Duce. Il suffisait de laisser passer la tempête, ce qui, à la différence des explosions de rage du Führer, demandait rarement plus de quelques minutes. Il attendit donc que l'ancien maître de l'Italie fasciste se fût calmé, eût remis son casque sur sa tête et se fût déclaré prêt à suivre l'*Obersturmführer*. Au moment où il franchissait le seuil du blindé, Pavolini tenta une dernière fois de le retenir, mais Mussolini l'écarta d'un geste méprisant :

« Que sont devenues, lui lança-t-il, tes fantomatiques brigades noires ? Où sont passés tous les hommes que tu m'avais promis ? » Et d'ajouter, à l'adresse des autres fascistes qui attendaient de cet homme qu'ils avaient tant admiré et adulé un signe de reconnaissance et de compassion, cette phrase qui fit monter les larmes aux yeux des plus fidèles, à commencer par le secrétaire du parti : « Je pars avec les camarades allemands parce que je ne peux plus faire confiance aux Italiens[3]. »

Au moment de monter dans le camion de la Flak immatriculé WH 529527, Mussolini se tourna une fois encore vers Birzer et déclara : « J'accepte à contrecoeur votre idée. Je ne veux pas tomber entre les mains des partisans. J'ai avec moi des documents de première importance. Ce sont les preuves que j'ai tenté de toutes mes forces d'empêcher la guerre. Elles me permettent d'être parfaitement tranquille et confiant dans le jugement des peuples. » Nous examinerons dans la suite de ce récit la teneur de ces « documents de première importance », dont plusieurs témoins ont déclaré avoir pris connaissance après l'arrestation du Duce. Depuis Milan, celui-ci s'était efforcé de ne pas perdre de vue les trois sacoches dans lesquelles ils avaient été rangés. Avant de se séparer de ses compagnons, il en confia une à Vito Casalinuovo, son aide de camp, une autre à Clara Petacci, et garda pour lui la troisième. Propulsé au milieu des hommes de Fallmeyer, il tenait son bagage serré contre lui, tellement inquiet qu'on le lui dérobe qu'il ne vit pas ce qui se passait au même moment sur la route.

Claretta, en larmes, avait suivi son amant jusqu'au camion de la Flak et tenta de monter à bord en se faisant aider par les soldats. Sur un geste de Birzer, deux SS se précipitèrent aussitôt pour saisir la jeune femme à bout de bras et l'expédièrent sans ménagement dans le fossé, où elle roula, bientôt recouverte de poussière. On la releva, on s'assura qu'elle n'avait rien de cassé, après quoi on la reconduisit jusqu'à la voiture de son frère, en queue de colonne.

De Musso à Dongo, la petite ville où devait avoir lieu la visite des camions, il n'y a pas plus de trois ou quatre kilomètres. C'est dire qu'une fois la route dégagée le convoi allemand n'eut besoin que de quelques minutes pour atteindre la place centrale de cette agglomération. Il était très exactement 15 h 30 lorsque les partisans entreprirent de soulever la bâche arrière du premier véhicule. Ils ne trouvèrent rien qui méritât d'être signalé, pas plus que dans les deux suivants. Ce fut seulement en visitant le quatrième camion qu'ils découvrirent, recroquevillé dans sa capote vert-de-gris, coiffé de son casque et le regard caché derrière d'épaisses lunettes noires, le chef du gouvernement de la RSI. Celui-ci avait relevé son col et entrepris, sur le conseil de ses « camarades », de feindre un profond sommeil éthylique. Sans doute l'aurait-on laissé s'échapper si l'un des partisans, Giuseppe Negri (dit *Zocolin*), n'avait cru reconnaître sous l'accoutrement du fugitif l'homme qui avait dirigé l'Italie pendant plus de vingt ans. Negri fit part de ses soupçons à *Bill*, qui commandait en second la 52e brigade Garibaldi, et celui-ci se porta aussitôt sur les lieux.

Ayant lui aussi reconnu l'ancien dictateur, *Bill* grimpa dans le camion et lui toucha l'épaule en l'appelant « camarade ». Le suspect ne bougea pas. *Bill* insista : « Excellence. » Toujours pas de réponse. Le troisième essai fut le bon : « Cavaliere Benito Mussolini. » Ne pouvant plus nier l'évidence, le Duce se leva, ôta le casque dont on l'avait affublé, abaissa son col et se laissa délester sans résistance de la mitraillette que les Allemands lui avaient confiée avant le départ de Musso.

Bill n'arrivait pas à croire qu'il avait eu la chance de mettre la main aussi facilement sur l'homme le plus recherché d'Italie. Son premier réflexe fut d'ordonner aux partisans qui entouraient le camion de braquer leurs armes sur son équipage. Comment imaginer que les Allemands puissent laisser arrêter le chef de la République sociale sans la moindre réaction ? Deux ou trois minutes s'écoulèrent avant qu'il se sentît rassuré. Sa brigade n'était pas tombée dans un piège. Les Allemands embarqués sur les camions de la Flak n'avait nulle envie d'en découdre. Ils étaient pourtant plus nombreux et mieux armés que les maquisards. Mais aucun d'entre eux n'avait l'intention de remettre en cause l'accord passé entre Fallmeyer et *Pedro.* Aucun ne songeait, ne serait-ce que parce que tels étaient les ordres donnés par le lieutenant SS, à lever le petit doigt pour défendre l'ami de Hitler. Bien au contraire, les Allemands abaissèrent le marchepied arrière du camion pour faciliter la descente du prisonnier. *Bill* attendit que celui-ci fût solidement campé sur la terre ferme pour lui signifier son arrestation, « au nom du peuple italien », selon la formule consacrée.

On conduisit ensuite le prisonnier jusqu'à la mairie du village, devenue pour quelques heures le quartier général de la Résistance locale. Durant ce bref déplacement, Mussolini eut tout loisir de mesurer l'impopularité – ou pour mieux dire la haine – qu'avaient suscitée dans la population sa complicité avec Hitler et les atrocités commises en son nom par les miliciens et les brigadistes en chemise noire de Pavolini. De nombreux habitants de Dongo portaient le foulard rouge de la Résistance communiste. On réclamait à grands cris la mise à mort immédiate du tyran. Celui-ci dut beaucoup – mais pour combien de temps, il est vrai ! – au sang-froid de *Bill* et à la discipline qu'il avait imposée à ses hommes. « Tant que vous serez sous ma garde, Duce, déclara-t-il à son prisonnier, votre sécurité personnelle sera assurée. »

À l'hôtel de ville de Dongo, Mussolini fut bientôt rejoint par la plupart de ses compagnons du premier convoi. À peine le dernier camion de la Flak s'était-il éloigné de la barricade édifiée par les partisans que les hommes de la 52e brigade avaient commencé à arrêter les voitures qui tentaient de fuir en direction de Menaggio et de Côme, et à se saisir de leurs occupants. Seul le blindé de Pavolini demeurait sur place, immobilisé. Il avait dû, pour laisser passer les camions de Fallmeyer, se déporter à gauche de la route jusqu'à effleurer la paroi rocheuse. Ce n'était pas la meilleure position pour effectuer une marche arrière et tenter de rebrousser chemin, surtout s'il fallait exécuter cette manœuvre sous la mitraille.

Pourquoi, dans ces conditions, ne pas tenter l'impossible ? Une première tentative avait eu lieu avant même que Mussolini n'eût achevé de se travestir en sergent de l'aviation allemande. Plusieurs jeunes miliciens fascistes s'emparèrent de deux soldats de l'escorte en menaçant de les garder prisonniers si l'on n'autorisait pas le blindé à prendre le large. Un autre que Binzer aurait peut-être cédé, mais le lieutenant n'était pas de ceux qui abandonnent facilement leur prise. Il se saisit d'un lance-roquettes antichar et contraignit, sous la menace de cette arme, les preneurs d'otages à libérer leurs prisonniers.

Pendant ce temps, Barracu, Casalinuovo et Utimpergher avaient réussi à prendre contact avec *Pedro*. Le commandant de la 52e brigade Garibaldi – qui avait servi comme officier dans l'armée italienne – jugeait déshonorante pour un militaire l'attitude consistant à abandonner ses alliés à leur sort, et lui-même savait qu'il ne pourrait éviter le peloton d'exécution à la majorité d'entre eux. Il était d'autant plus enclin à trouver un compromis qu'il éprouvait une certaine sympathie pour le vieux Barracu, avec son bandeau de cuir cachant l'œil perdu en Éthiopie et sa médaille de la valeur militaire fièrement accrochée à sa veste. On décida donc que les fascistes ne s'opposeraient pas au départ des camions allemands pour Dongo, tandis que, de leur côté, les passagers de l'auto blindée et leur suite seraient autorisés à faire demi-tour en direction de Côme.

Dans les deux camps, on se méfiait très fortement de l'adversaire. Tous les hommes de la 52e brigade ne partageaient pas la même compassion que leur chef pour le petit groupe des hiérarques. *Pedro* et *Bill* se savaient largement minoritaires dans une unité comprenant surtout des militants communistes. Aussi l'avocat florentin avait-il annoncé la couleur : « Ne vous hasardez pas à avancer d'un mètre, mes hommes sont prêts à ouvrir le feu. »

À l'intérieur du blindé, c'étaient également les plus intransigeants qui dictaient leur loi. Pavolini avait toujours en tête son « réduit alpin », mais il voyait bien que sa forteresse de métal avait peu de chances de rompre le blocus. Il fallait donc accepter les conditions fixées par *Pedro*. « L'essentiel, déclara-t-il, est de se tirer de là. Après, on verra. » Ce qui voulait dire : marche arrière en direction du sud et, à la première occasion, « on prend la route de la montagne ».

Trois quarts d'heure à peine s'étaient écoulés depuis le moment où avait commencé à Dongo l'inspection des camions de la Flak. Un silence pesant régnait dans le blindé. Les visages étaient crispés. Le doigt sur la détente de leur fusil ou de leur pistolet-mitrailleur, les fascistes attendaient, presque comme une délivrance, que les partisans se manifestent. Il était très précisément 16 h 15 lorsque, conformément aux accords passés avec *Pedro*, Pavolini ordonna au conducteur de démarrer. Le moteur vrombit, à plein régime, mais le véhicule ne bougea pas d'un centimètre. Les roues arrière demeuraient en effet prisonnières de la rigole bordant la route, et pour les libérer le machiniste n'avait pas d'autre possibilité que d'accélérer au maximum. Merano Chiavacci, qui était aux commandes, était un as de la conduite, mais il ne put empêcher qu'en sortant de l'ornière l'engin ne se trouvât précipité au milieu de la route. Le bond en avant, aussitôt bloqué par un énergique coup de frein, ne dépassa pas deux mètres, mais il fut suffisant pour que, dans les rangs adverses, on crie à la trahison et que l'on réplique aussitôt par des tirs d'armes automatiques et des jets de grenades, auxquels répondirent les passagers du blindé.

À l'issue de ce premier accrochage, les fascistes ne purent que constater leur infériorité sur des adversaires qui avaient l'avantage du nombre et de la position sur le terrain. Une grenade avait endommagé la roue avant droite du blindé, interdisant à Chiavacci d'effectuer sa marche arrière. Le véhicule était donc définitivement immobilisé. À bord, deux hommes avaient été mortellement blessés : le squadriste Taiti, dit « le grand-père », et le chauffeur de Claretta, le brigadier Gasperini.

Lorsque le feu reprit, après une pause de peut-être deux ou trois minutes, les fugitifs s'interrogèrent. Devaient-ils se rendre, dans l'espoir d'on ne sait quel miracle, par exemple l'arrivée des avant-gardes alliées ? Ou livrer un combat perdu, sinon pour l'honneur et la fidélité à la cause ? Barracu, favorable à la reddition, se fit rudement rappeler à l'ordre par Pavolini : « Nous devons mourir en fascistes, s'écria le numéro un du parti, non comme des lâches ! » Et, ouvrant la porte du blindé il s'élança, mitraillette en écharpe, à la rencontre des partisans. Il fut suivi par plusieurs de ses affidés : De Benedictis, Porta, Casalinuovo, qui tous seraient capturés avant la fin de l'après-midi.

Pavolini serait le dernier à se rendre, non sans avoir mené la vie dure à ses poursuivants. Caché derrière les roches ou au milieu des broussailles qui bordaient le lac, blessé par un coup de fusil de chasse, le corps à-demi noyé dans l'eau glaciale où il avait séjourné plusieurs heures, le commandant des brigades noires ne consentirait à lever les bras qu'après avoir vidé le dernier chargeur de sa mitraillette. Il fut aussitôt conduit à Dongo, où il échappa lui aussi de peu au lynchage et où il retrouva la plupart de ses compagnons d'infortune. Abreuvé de cognac – c'est tout ce qu'on avait pu trouver pour endormir un peu la douleur et désinfecter les plaies –, il fut enfermé dans une salle de l'hôtel de ville voisine de celle qu'occupait Mussolini. Les deux hommes ne se reverraient pas.

CHAPITRE V

Enjeux et manipulations

La première annonce de l'arrestation de Mussolini par les hommes de la 52e brigade Garibaldi parvint aux représentants du CLNAI, à Milan, le 27 avril à 17 h 30, soit une heure vingt après que le Duce eut été reconnu sous le déguisement d'un sergent de l'aviation allemande. Elle fut suivie d'une pluie de phonogrammes, d'appels téléphoniques et de messages acheminés par des estafettes, tous ayant pour but d'informer de l'événement les organisations de la Résistance, notamment le CVL, la Garde de finance et le commandement des brigades Garibaldi.

Qui veut la tête de Benito Mussolini ?

Il importe, pour qui veut évaluer le rapport des forces dont dépendrait, à bien des égards, le sort du dictateur et de ses ministres, de rappeler quelles sont alors les composantes de la Résistance italienne en Italie du Nord et du Centre. Celle-ci est née de la transformation en mouvements clandestins des « comités antifascistes » fondés après le 25 juillet. À partir de l'automne 1943, au lendemain, donc, de la création de la République sociale, des groupes de partisans se sont constitués dans les régions non libérées par les Alliés. Ils rassemblaient de nombreux officiers et soldats désireux d'échapper à la remobilisation décrétée par Mussolini, des militants fascistes, auxquels se joignirent tous ceux que menaçaient les milices du parti fasciste républicain ou le Service du travail obligatoire en Allemagne. En liaison avec les Anglo-Américains, ces groupes allaient bientôt jouer un rôle d'auxiliaires actifs des Alliés dans la libération de l'Italie du Centre, au cours de l'été 1944, puis de l'Italie du Nord.

Dans les villes, c'est à l'initiative du parti communiste que se formèrent les Gruppi d'azione patriottica (GAP), des organisations étroitement cloisonnées pratiquant une action de guérilla urbaine dirigée contre les Allemands et contre les forces fascistes : attentats à la bombe, exécution de militants fascistes, attaque de miliciens et de soldats de la Wehrmacht, etc. Après la libération de Rome (juin 1944), le Comité de libération nationale (CLN) – créé le 9 septembre 1943 – s'installa dans la capitale et confia au Comité de libération national de haute Italie (CLNAI), qui s'était développé de manière autonome et siégeait à Milan, la mission de coordonner l'ensemble des forces résistantes du territoire occupé. En même temps fut fondé le Corps des volontaires de la liberté (CVL), composé de cinq chefs de partisans représentant les diverses tendances de la Résistance, assistés d'un conseiller militaire, le général d'active Raffaele Cadorna, petit-fils du général qui s'était emparé de Rome en 1870, et fils du chef d'état-major de la Première Guerre mondiale, ainsi que de deux commandants adjoints, le communiste Luigi Longo et le dirigeant du parti d'Action, Ferruccio Parri.

À la fin de 1944, une consécration officielle fut donnée à la Résistance en Italie du Nord et du Centre par la signature d'un accord aux termes duquel l'état-major allié acceptait de collaborer avec le CLNAI, de lui fournir armes, matériel et argent, à charge pour lui d'accepter les directives du haut commandement allié, de protéger les ressources économiques de la région contre les tentatives de destruction de l'ennemi et d'assurer, après le retrait de celui-ci, la loi et l'ordre jusqu'à l'arrivée des troupes anglo-américaines. Quelques jours plus tard, le gouvernement italien (alors présidé par Ivanoe Bonomi) donnait au CLNAI délégation de ses pouvoirs en zone occupée. Ce fut donc en représentant universellement reconnu de l'Italie résistante que cette organisation put déclencher en avril 1945 l'insurrection populaire en Italie du Nord.

Le pluralisme qui caractérise à cette date la composition des organes dirigeants de la Résistance ne doit point faire illusion quant au véritable rapport de force entre les différents partis, qu'il s'agisse de l'adhésion des masses à telle ou telle organisation ou du poids de son appareil militaire. Or, sur ce dernier point, nul ne peut contester la supériorité écrasante du PCI en termes aussi bien d'effectifs que d'encadrement. Les brigades Garibaldi, qui représentent à elles seules près de 80 % du potentiel combattant de la Résistance italienne, sont une émanation directe du parti communiste. Elles n'en comptent pas moins dans leurs rangs un certain nombre de responsables d'unités appartenant à d'autres mouvances et qui s'illustreront par leur courage, leur autorité et leur talent militaire, tels le monarchiste Aldo Gastaldi, l'anarchiste Emilio Canzi ou encore Pier Luigi Bellini Delle Stelle, commandant de la 52e brigade.

Depuis le 12 avril, on s'en souvient, Mussolini était sous le coup d'une décision du CLNAI ordonnant la capture de l'ancien dictateur, dénoncé – avec les autres membres du gouvernement de Salò – comme « traître à la patrie et criminel de guerre ». Une telle déclaration, tout en omettant de préciser à qui il appartiendrait de les juger, fixait implicitement le sort des accusés. Le 25 avril, lors de sa dernière réunion clandestine, le comité milanais précisait, sans la moindre ambiguïté, que les membres du gouvernement républicain et les hiérarques de la RSI encouraient la peine de mort dès lors que leur culpabilité pourrait être établie en matière de suppression des garanties constitutionnelles et des libertés publiques, de création d'un régime dictatorial et de responsabilité directe dans les événements ayant conduit le peuple italien à la catastrophe. Seuls les « cas les moins graves » – on ne précisait pas lesquels – « bénéficieraient » de la réclusion à perpétuité.

Détenteur des fonctions gouvernementales dans les territoires occupés par l'armée allemande et par ses auxiliaires fascistes, le CLNAI était composé des représentants de cinq partis antifascistes : Emilio Sereni et Luigi Longo pour le parti communiste, Sandro Pertini et Rodolfo Morandi pour le parti socialiste, Leo Valiani et Ferruccio Parri pour le parti d'Action (héritier du mouvement Giustizia e Libertà), Giustino Arpesani et Stefano Jacini pour le parti libéral, et enfin Achille Marazza et Augusto De Gasperi (le frère d'Alcide) pour la démocratie chrétienne. Les communistes n'étaient donc pas majoritaires, loin s'en faut, dans cette constellation de formations politiques ayant pour trait commun d'avoir participé à la lutte contre le fascisme. Mais ils étaient seuls à pouvoir revendiquer un soutien populaire et une force insurrectionnelle importants, capables d'exercer une forte pression sur les décideurs milanais, et ils constituaient, avec les socialistes et les « actionnistes », beaucoup moins nombreux et moins influents, une coalition nettement orientée à gauche. Il fallait que Mussolini fût devenu bien naïf, ou qu'il fût bien mal conseillé, pour imaginer qu'à l'heure du second effondrement du fascisme il pourrait obtenir de la direction socialiste qu'elle se désolidarise de ses alliés et reçoive des mains de l'ancien directeur d'*Avantí !* les dernières bribes d'un pouvoir que les amis de Pertini et de Valiani s'apprêtaient à conquérir dans la rue, au coude à coude avec les autres formations de gauche.

De toute façon, au moment où la nouvelle de l'arrestation du Duce par les hommes de *Pedro* et de *Bill* parvint à Milan, le pouvoir était déjà sur le point de tomber entre les mains d'un petit groupe de six ou sept personnes composant un comité insurrectionnel appartenant aux trois formations de la gauche : PCI, PSI et parti d'Action, et qui n'était l'émanation ni du CLNAI ni du CVL. Parmi eux figuraient aux toutes premières places Luigi Longo, Emilio Sereni, Sandro Pertini et Leo Valiani. C'est ce Comité insurrectionnel qui, de son propre chef, ordonna l'exécution de Mussolini et des hiérarques et fit entériner après coup la décision par l'ensemble des membres du Comité de libération national, en totale contradiction avec la mission que celui-ci avait confiée un peu plus tôt au *colonel Valerio* et qui consistait à se saisir de l'ancien dictateur et à le ramener vivant à Milan.

Il est clair que les communistes ont joué dans cette affaire un rôle primordial, à commencer par le numéro un du parti, Palmiro Togliatti, qui revendiqua par la suite, en qualité de secrétaire du PCI et de vice-président du gouvernement, d'avoir lui aussi ordonné d'abattre Mussolini et les autres membres du gouvernement républicain. Mais peut-être ne furent-ils pas les plus acharnés à réclamer la tête du dictateur. En témoignent notamment diverses interventions de Sandro Pertini. C'est en effet au numéro un du parti socialiste – et futur président de la République italienne – que l'on doit ces paroles prononcées le 27 avril à 21 heures à la radio du corso Sempione :

> Le chef de cette association de malfaiteurs, jaune de rancœur et de peur, s'apprêtait à franchir la frontière suisse, lorsqu'il a été arrêté. Il devra être remis à un tribunal du peuple pour être jugé de manière expéditive. Voilà ce que nous voulons, bien que nous pensions que pour cet homme le peloton d'exécution serait un trop grand honneur. Il mériterait d'être tué comme un chien teigneux[1].

Selon l'avocat Achille Marazza, dont le témoignage, publié dans *Oggi illustrato,* date de 1965, la décision d'exécuter le Duce après sa capture par les partisans de la 52e brigade Garibaldi n'aurait donné lieu à aucune délibération collective préalable au sein du CLNAI. Et d'ajouter :

> Dans l'après-midi du 29 avril 1945, il y eut une réunion du CLN à la préfecture. Lors de cette réunion, Pertini évo-

qua la nécessité que le Comité publie un communiqué officiel dans lequel il serait dit que ce dernier avait ordonné la capture et l'exécution de Mussolini, assumant ainsi la responsabilité de ce qui s'était passé[2].

Il apparaît aujourd'hui acquis que, dès le matin du 27 avril, Pertini, Longo, Sereni et Valiani avaient constitué leur Comité insurrectionnel et que cet organisme, dont le but était d'encadrer et d'orienter politiquement le soulèvement milanais, avait déjà décidé que Mussolini, à peine tombé entre les mains des partisans, serait fusillé sans procès. Il fallut ensuite avaliser la mise à mort du chef de la République sociale et de ses compagnons, ce qui impliquait l'approbation du Comité de libération national. Tel fut l'objet de la réunion du 29, laquelle donna lieu à des discussions très vives entre les représentants des trois partis de gauche et ceux des formations modérées, les libéraux et les démocrates-chrétiens. Cette fois encore, Pertini joua les procureurs, en demandant avec fougue à ses collègues les plus hésitants de s'associer aux dirigeants du Comité insurrectionnel et d'offrir ainsi l'image de l'unanimité à tous ceux qui pourraient reprocher au CLNAI sa collusion de fait avec les auteurs du macabre spectacle du piazzale Loreto. C'est donc à la suite d'un vote consensuel que fut adoptée la résolution suivante :

Le CLNAI déclare : que l'exécution de Mussolini et de ses complices, ordonnée par lui, est la conclusion nécessaire d'une phase d'histoire qui laisse notre pays couvert encore de ruines matérielles et morales. Elle est la conclusion d'une lutte insurrectionnelle, prémice pour la patrie d'une renaissance et d'une reconstruction. Le peuple italien n'aurait pu retrouver une vie libre et normale – que le fascisme lui a refusée pendant vingt ans – si le CLNAI n'avait pas en temps opportun montré sa détermination farouche à faire sien un jugement déjà prononcé par l'histoire. Au prix seulement de cette coupure nette avec un passé de honte et de crimes, le peuple pouvait avoir l'assurance que le CLNAI était décidé à poursuivre avec fermeté le renouveau démocratique du pays. À ce prix seulement, l'épuration nécessaire des rémanences fascistes peut et doit venir avec la conclusion de la phase insurrectionnelle dans les formes de la plus stricte légalité. De l'explosion de haine populaire qui, en cette unique occasion, a dégénéré en excès – compréhensibles seulement dans le climat voulu et créé par Mussolini – le fascisme est seul responsable. Le CLNAI, qui a su diriger l'insurrection, admirable de discipline démocratique, communiquant à tous les insurgés le sens de la responsabilité de cette grande heure historique, qui a su faire sans hésitation justice des responsables de la ruine de la patrie, entend qu'en cette nouvelle époque ouverte au libre peuple italien de tels excès ne se renouvellent plus. Aucun excès ne saurait se justifier dans le nouveau climat de liberté et de stricte légalité démocratique que le CLNAI est décidé à rétablir, la lutte insurrectionnelle étant désormais close[3].

Cette déclaration n'était pas seulement destinée à légitimer devant le « tribunal de l'histoire » l'élimination physique du Duce, conformément à l'image que les dirigeants du Comité insurrectionnel entendaient forger dans le feu même de l'action libératrice, celle d'un peuple insurgé et désireux de mettre un terme symbolique à la tyrannie du régime mussolinien. Elle était en même temps adressée indirectement aux Alliés, et plus particulièrement aux Américains.

Il n'entrait pas en effet dans les projets de Roosevelt, ni dans ceux de son successeur à la Maison-Blanche, de favoriser l'exécution du Duce. Quelles que fussent leurs motivations, sur lesquelles nous reviendrons en détail plus loin, dans l'esprit des Américains le chef de la RSI devait être capturé et traduit devant un tribunal international, comme le seraient les dirigeants nazis et japonais, mais sûrement pas fusillé sans jugement.

Churchill ne partageait pas l'opinion de son homologue d'outre-Atlantique. « Certains d'entre nous, avait-il confié à Roosevelt, penseront qu'une exécution sommaire serait opportune, en ce qu'elle limiterait le procès à la simple identité des coupables. D'autres préféreront qu'ils [Mussolini et les hiérarques] soient mis en prison. Personnellement, cette question me laisse plutôt indifférent. » Ce que le vieux lion n'avait pas dit à son interlocuteur, c'est que, traduit devant un tribunal constitué sous l'égide des vainqueurs et respectueux des droits de la défense, la tentation serait forte pour le Duce de mettre en cause des hommes d'État et des gouvernements ayant entretenu avec lui et avec son régime des relations plus ou moins complices. Or, l'habile et éloquent dictateur disposait d'une correspondance secrète avec Churchill que l'on disait fort compromettante pour ce dernier. Le Premier ministre britannique n'était pas aussi « indifférent » à cette question qu'il l'affirmait dans ses conversations avec Roosevelt et, sur ce point comme sur beaucoup d'autres, les deux grands alliés occidentaux ne partageaient pas les mêmes vues.

La position américaine est, en tout cas, sans ambiguïté. Et pour empêcher que l'ancien dictateur ne soit éliminé à la sauvette par les partisans, on a dépêché sur le terrain une nuée d'officiers et d'agents appartenant aux services secrets, principalement au célèbre OSS (Office of Strategic Services), avec pour mission soit de procéder eux-mêmes à l'arrestation et au transfert du Duce derrière les lignes alliées, soit de collaborer – dans un dessein identique – avec les chefs des brigades d'assaut Garibaldi.

Encore fallait-il, pour que Mussolini sauve sa tête, que les hommes de l'OSS se fassent entendre des représentants du CLNAI et du CVL, ou qu'ils infiltrent d'une manière ou d'une autre les formations combattantes. Parmi les tentatives qui eurent lieu avant et après l'annonce de l'arrestation du Duce, celle qui traduit le mieux l'opposition entre les vues des décideurs milanais et le souhait clairement et énergiquement exprimé par le haut commandement allié a pour acteur principal le général Raffaele Cadorna, commandant en chef des forces de la Résistance.

L'affaire commence le 27 avril 1945 à 21 h 30, lorsque le colonel baron Sardagna, en charge du commandement des partisans de la région de Côme et homme de confiance de Cadorna, fait part à ce dernier de l'arrestation du Duce. Pas de réaction immédiate de la part du général, auquel Sardagna transmet une heure plus tard un phonogramme émanant des autorités alliées. Le message est anonyme, mais le ton est impérieux : « Transférez Mussolini à Milan le plus vite possible. Éviter de tirer en cas de fuite. » Deux autres phonogrammes expédiés en cours de soirée exigent des précisions sur « l'exacte situation du Duce » et annoncent que, si l'on est prêt à le livrer, « on enverra un avion pour le prendre ».

L'opération a été montée par l'agent G. McDonough, membre du Counter Intelligence Corps (CIC). Il s'agit de transporter Mussolini jusqu'à Blevio, où l'industriel Cademartori a mis sa villa – située sur l'autre rive du lac – à la disposition du prisonnier. Une barque doit l'y conduire depuis Moltrasio, et de là on pourra rejoindre le petit aéroport de Blesso, où le fondateur du fascisme sera remis aux Alliés.

On ne sait pas très bien ce qui a fait échouer ce projet, sinon probablement la hâte avec laquelle il dut être improvisé. Toujours est-il que le 28, à 1 heure du matin, Sardagna recevait de Cadorna un appel l'informant que l'opération était suspendue et le priant de chercher un refuge pour le prisonnier dans les proches environs de Côme. Le général s'empressa d'autant plus d'entériner ce fiasco qu'il était personnellement hostile à la remise de Mussolini entre les mains des Anglo-Américains. Il s'en explique dans un ouvrage de souvenirs publié en 1975 :

> Devant la nécessité de décider immédiatement, et l'impossibilité de prendre directement contact avec le CLNAI, qui ne siégeait plus en permanence, je m'en remis au principe qui avait conduit tous les actes de ma vie de soldat : je me demandai seulement quelle serait la solution la plus dommageable à l'Italie sans tenir compte de considérations personnelles. Quel bien aurait fait à l'Italie la capture de Mussolini par les Alliés ? Quel bien lui aurait fait le procès spectaculaire qui aurait suivi, et qui serait fatalement devenu le procès de la politique italienne depuis plus de vingt ans, alors qu'il était tellement nécessaire de faire le silence sur des faits et des circonstances où il était bien difficile de séparer les responsabilités d'un peuple de celles d'un chef ? Qui aurait pu penser que, devant ce discrédit, la survie de Mussolini pouvait être encore utile au pays ?

En aucun cas je n'aurais volontairement procédé à la remise de Mussolini aux mains des Alliés pour qu'il fût jugé et exécuté par l'étranger. [...]

Devant un ordre dont l'exécution ne pouvait échapper à ma compétence, non plus qu'à mon appréciation, un acte imposé par des forces inéluctables et des événements dont on ne peut se faire une idée qu'en se reportant à cette époque et à la place de qui devait affronter cette situation d'extrême incertitude et d'exaspération collective, j'ai agi dans les limites d'une responsabilité précise à laquelle je n'entendais pas, et n'entends pas davantage aujourd'hui, me soustraire[4].

Le *colonel Valerio* entre en scène

Décidée par le petit groupe de dirigeants politiques qui ont pris les commandes de l'insurrection milanaise, approuvée par le commandant en chef de la Résistance combattante, incontestablement souhaitée par un peuple qui, après l'avoir porté aux nues, s'estime trahi et victime de la mégalomanie du Duce, la mise à mort de l'homme qui a pendant plus de vingt ans présidé aux destinées de l'Italie apparaît comme d'autant plus inéluctable que, même parmi ceux qui – comme les dirigeants américains – souhaitent le soustraire à une justice expéditive, on ne répugne pas à envisager un procès dont l'issue serait une condamnation à la peine capitale. Il ne reste plus, pour ceux qui réclament l'application immédiate de la décision prise par les instances dirigeantes du mouvement insurrectionnel, qu'à trouver un ou plusieurs exécutants. Ils n'auront pas à chercher longtemps.

La poursuite des fuyards en direction du lac de Côme, puis de la Valteline ou de la Suisse, a en effet commencé aussitôt après que le Comité insurrectionnel eut décidé de faire procéder à l'exécution de Mussolini. Parmi les représentants du comité figure un personnage qui va désormais occuper une place de tout premier plan dans l'opération. Walter Audisio – c'est son véritable nom – s'est fait connaître dans la Résistance sous le pseudonyme de *colonel Valerio*. Comptable de son état, il a dû, pendant les années de la Grande Dépression, travailler dans une fabrique de chapeaux de la marque Borsalino. Tout un programme ! Il s'est en même temps engagé dans la lutte clandestine contre le régime mussolinien, ce qui lui a valu d'être arrêté par l'OVRA, la police politique fasciste, et d'être condamné à une peine de cinq ans de déportation dans l'île de Ponza. Libéré en 1939, on le retrouve après l'armistice de septembre 1943 à la tête de groupes de partisans opérant dans la province de Mantoue et dans la région d'Alexandrie. Audisio-*Valerio* n'est donc pas un communiste de la première heure. Après son adhésion au parti, il a su néanmoins, grâce à ses qualités de meneur d'hommes et de tacticien de la guérilla, se hisser au premier rang de la hiérarchie partisane. Les liens d'amitié et de clientélisme qu'il entretient avec Luigi Longo ne comptent pas non plus pour rien dans son ascension au sein de l'organisation communiste. En 1945, il appartient à la direction du CVL et assume les fonctions d'inspecteur général des brigades Garibaldi.

Lors de la réunion du Comité insurrectionnel qui se déroule le 27 avril à 23 heures au siège du commandement général, réunion au cours de laquelle sera fixé le sort de l'ancien dictateur, *Valerio* est présent. Officiellement, il n'est encore question que d'aller chercher Mussolini à Dongo et de le ramener à Milan avec sa suite. On propose donc à deux des chefs partisans qui assistent à la réunion, Italo Pietra et Luchino Del Verme, de se charger de cette besogne. Ils refusent, craignant de devoir exécuter ensuite un ordre dont ils récusent la légitimité. *Valerio* déclare au contraire que « la question l'intéresse » et finit par se porter volontaire.

Si la question paraît aussi « intéressante » à l'inspecteur des brigades Garibaldi, c'est parce qu'il connaît le dessous des cartes. Peu de temps auparavant, lors d'une réunion du CVL au cours de laquelle on a demandé à Luigi Longo ce qu'il conviendrait de faire au cas où Mussolini serait capturé, le dirigeant communiste a clairement annoncé la couleur : « Il faut le tuer aussitôt, de manière brutale, sans théâtralité, sans phrases historiques. » *Valerio* a assimilé la leçon. Il sait ce qu'il doit faire si la mission lui est confiée.

Chacun connaissant son rôle, on peut passer à la phase exécutoire. Encore faut-il que l'opération soit couverte par un semblant de légalité. Aucune sentence comportant un ordre explicite d'exécution n'ayant été prononcée – elle ne le sera, on l'a dit, que *post mortem*, lors de la réunion du CLNAI du 29 avril –, *Valerio* parvient à coups de bluff à se faire remettre des laissez-passer en bonne et due forme. Accompagné d'un autre haut responsable de la Résistance, l'ouvrier Aldo Lampredi (dit *Guido*), il se rend auprès du général Cadorna et lui déclare qu'il a reçu délégation du Comité de libération national pour procéder à l'élimination de Mussolini, seul moyen d'éviter que ce dernier ne tombe aux mains des Alliés. Le général se laisse d'autant plus aisément convaincre que telle est précisément sa crainte majeure, et il signe sans faire de commentaire. Un autre document, portant la signature d'un officier de liaison entre l'OSS et le CLNAI, est également remis aux deux hommes. Il porte autorisation permanente de circuler dans la région du lac de Côme avec une escorte armée. Munis de ces deux laissez-passer, obtenus par la ruse, et d'un troisième qui leur a été remis par le commandement du CVL, *Valerio* et *Guido* partent vers 7 heures du matin. Leur voiture est suivie par un camion où ont pris place une douzaine de partisans, sous les ordres d'un brigadiste de la guerre d'Espagne, Alfredo Mordini (dit *Riccardo*). Pour les fascistes capturés à Dongo et pour leur chef, le compte à rebours a commencé.

CHAPITRE VI

Interrogatoires

Avant de poursuivre l'exposé des événements qui ont conduit à l'exécution de Mussolini et de Clara Petacci, arrêtons-nous un moment sur les acteurs qui, sur le terrain même où le Duce a vécu ses dernières heures, ont tenu un rôle dans le déroulement des faits.

Quelques-uns d'entre eux, parmi ceux qui ont survécu aux grands règlements de comptes de l'immédiat après-guerre, ont laissé des témoignages qui remettent généralement en cause celui de Walter Audisio. Nous aurons l'occasion d'examiner ces récits dans la suite de cet ouvrage, tout en rappelant que si, pendant plusieurs décennies, celui du *colonel Valerio* – à diverses reprises retouché par son auteur – a constitué la vulgate officielle, il est aujourd'hui abondamment démenti par les historiens, s'agissant notamment de la réponse à cette interrogation fondamentale : Où, comment et par qui l'ancien dictateur et sa compagne ont-ils été abattus ?

Une « brigade internationale » au cœur de la Résistance combattante

Reliée, dans la hiérarchie des formations combattantes contrôlées par le PCI, à la 56e division Garibaldi, opérant dans la région située au nord-ouest du lac de Côme, la 52e brigade d'assaut a pour particularité d'être composée pour une bonne part de militants étrangers, notamment de Polonais. Ce sont d'anciens rescapés de la débâcle de 1939, passés en Angleterre et engagés dans l'armée britannique, puis capturés par les Allemands au cours de la bataille d'Italie et pour finir évadés, ou des militants politiques, communistes pour la plupart, ayant échappé, en Allemagne, en Russie ou en Pologne, à la répression nazie et ayant également réussi à rejoindre Londres.

Le commandant en second de la brigade, Urbano Lazzaro, de son vrai nom Karol Urbaniec, l'homme qui arrêta Mussolini, a beau être d'origine polonaise ou tchèque, il est, lui, né en Italie, à Quinto Vicentino, en 1924. Il était en principe mobilisé dans la Garde de finance, la police douanière et financière italienne, mais, refusant de servir dans l'armée de la RSI, il fut arrêté par les SS et versé dans un contingent de déportés du travail en partance pour l'Allemagne. Évadé, il parvint à gagner la Suisse et de là la région du lac de Côme, où il rejoignit bientôt les premières formations de partisans. On le retrouve en 1944 devenu, bien qu'il soit politiquement plus proche des monarchistes que des communistes, commissaire politique de la 52e brigade Garibaldi, sous le pseudonyme de *Bill*.

Le parcours du chef de cette unité combattante est tout aussi éloigné du cursus habituel. Pier Luigi Bellini Delle Stelle appartient en effet à une famille de l'aristocratie florentine officiellement recensée comme telle dans l'almanach de la noblesse italienne. Il a fait des études classiques au lycée Forteguerri de Pistoia, où la famille a dû se transporter, puis à Florence. C'est un jeune homme rangé, bon élève et étudiant sérieux, peu enclin à tirer orgueil de sa naissance et apparemment peu attiré par le militantisme politique. Il a tout juste vingt-trois ans lorsque, à la suite de la petite révolution de palais du 25 juillet, s'effondre le régime mussolinien. Comme pour beaucoup de jeunes Italiens qui vont rejoindre les formations partisanes, ce sont moins des raisons idéologiques qui le poussent à l'action clandestine que le spectacle des atrocités commises par les occupants allemands et leurs auxiliaires *repubblichini*. Il s'en explique dans un livre publié en 1962 :

> Mussolini et les siens n'étaient rien d'autre que des usurpateurs qui ne se maintenaient au pouvoir que grâce à l'appui des Allemands et à de féroces méthodes de répression. [...] Mon indignation à l'égard des uns et des autres augmentait de jour en jour. [...] Je me convainquis ainsi qu'il me serait impossible de me tourner les pouces dans l'attente du sauvetage et de la libération par autrui, que c'était une question de dignité humaine d'y prendre une part active. [...] L'acquiescement, spécialement dans de tels événements tragiques dans lesquels est en jeu le destin de l'humanité, devient complicité[1].

Ce n'est pas seulement à la suite d'un choix mûrement réfléchi que le jeune Florentin s'est engagé dans la Résistance, mais du fait d'un de ces hasards de la vie qui font que l'on se trouve emporté par une cause qui vous dépasse. Le chemin de Bellini Delle Stelle est passé par une visite à sa sœur Eleonora, enseignante à Gravedona, sur le lac de Côme. C'est par son intermédiaire que celui qui allait désormais répondre au surnom de *Pedro* a rejoint les rangs du CVL pour combattre aux côtés des communistes, sans pour autant partager leurs idées et leurs buts. Après avoir commandé l'un des détachements qui composaient la 52ᵉ brigade Garibaldi, le Giancarlo Puecher Passavalle, et mené, dans des conditions très dures, de nombreuses opérations contre les Allemands et les fascistes dans la région du mont Berlinghera, il se retrouve au printemps 1945 à la tête de cette unité. L'effectif ne dépasse pas la cinquantaine d'hommes et l'armement est des plus sommaires, mais *Pedro*, tout comme *Bill*, son second, se révèle habile manœuvrier. Il parvient, on l'a vu, à bloquer la colonne italo-allemande à l'entrée de Musso le 27 avril, à l'immobiliser pendant plusieurs heures et à maintenir l'illusion d'une force qu'il est loin de pouvoir déployer.

Ajoutons à ces deux nommes Luigi Canali (le *capitaine Neri*), chef d'état-major de la brigade et vice-commandant de l'ensemble des divisions d'assaut Garibaldi pour les régions du Lario et de la Valteline, sa compagne Giuseppina Tuissi (dite *Gianna*) – l'un et l'autre éliminés au cours des règlements de comptes entre partisans communistes qui eurent lieu en mai et juin 1945 – ainsi que le commissaire politique *Pietro Gatti*, de son vrai nom Mario Moretti, l'un des rares survivants de cette épuration interne.

Mussolini à Germasino

La présence du Duce à Dongo préoccupait le commandant de la 52e brigade. *Pedro* avait en effet eu connaissance, par l'intermédiaire de plusieurs personnalités fascistes qui avaient choisi de confier leur sort au curé de Musso – à commencer par Bombacci –, de projets visant à libérer le dictateur. Ceux-ci pouvaient avoir pour exécutants aussi bien des représentants des brigades noires ou des membres de la SS que des agents des services secrets alliés, ou pire des individus envoyés par la direction du CVL, c'est-à-dire par le parti communiste. Or *Pedro*, qui avait une formation de juriste, s'était donné pour mission de remettre son prisonnier à une autorité constituée telle que le CLNAI afin qu'il fût jugé par des Italiens et avec toutes les garanties qu'imposaient les règles de la procédure.

C'est ainsi qu'en l'absence de *Bill*, en route pour Domaso, le commandant de la 52e brigade décida, avec l'aval de *Neri* et de *Pietro* – ce dernier tout juste de retour de Musso où il s'était employé à récupérer des valeurs et des objets précieux dérobés aux prisonniers –, d'accepter la proposition du brigadier de la Garde de finance, Buffelli. Celui-ci conseillait de transférer l'ancien chef du gouvernement fasciste et d'autres prisonniers à Germasino, une localité située à quelques kilomètres de Dongo, où se trouvait précisément une caserne de la police douanière. Il serait plus facile d'y assurer la surveillance et la protection des captifs qu'à l'hôtel de ville de Dongo. D'autant que la rumeur de l'arrestation du Duce n'avait pas tardé à se répandre dans les environs, attirant une foule de curieux de plus en plus nombreux et de plus en plus agités venant des villages et des hameaux voisins.

Il n'était pas tout à fait 19 heures lorsqu'on fit monter l'ancien dictateur dans une voiture où prirent également place *Pedro*, Porta et Buffelli. Tous les témoignages concordent pour souligner l'apparente sérénité de l'homme qui, au moment de son arrestation, était apparu comme privé de tout ressort. La relation que fait de son interrogatoire à l'hôtel de ville de Dongo l'avocat Giuseppe Rubini, récemment désigné comme maire de la ville par le CLN, offre en effet le portrait d'un homme apparemment sûr de lui et confiant dans le jugement de l'histoire :

> J'ai confronté Mussolini avec toute sa vie. Lorsqu'il a été introduit dans l'hôtel de ville, il n'était déjà plus le même qu'une minute plus tôt : il était calme, réfléchi, il comptait se défendre habilement et espérait être jugé. Il parlait à voix basse, pesant et contrôlant parfaitement la polémique. Il me donnait parfois raison. Il parlait avec calme et sans emphase.
>
> Je lui demandai s'il se souvenait du nom de Spillacci, Aldo Spillacci, garibaldien, professeur romagnol, auteur de poésies et d'écrits de grande valeur, titulaire d'une thèse de pédiatrie et ami d'enfance de Mussolini, lequel était jaloux de sa popularité. Spillacci était antifasciste et avait eu des ennuis par la suite.
>
> « Le poète ? répondit Mussolini
>
> – Il ne s'agit pas du poète, mais du patriote, lui répondis-je.
>
> – Pourquoi ? demanda-t-il.
>
> – Parce qu'il s'en est fallu de peu qu'il ne fût tué par les squadristes. [...] »

Mussolini ne nia pas. Je lui parlai alors de la guerre. Je lui dis :

« En déclarant la guerre à l'Angleterre et à l'Amérique, vous avez trahi des millions et des millions de compatriotes résidant à l'étranger, et qui se sont soudain trouvés pris entre le marteau et l'enclume. [...]

« Pourquoi avez-vous déclaré la guerre ? Le traité de Versailles était-il donc un mal assez grave pour justifier une déclaration de guerre et un désastre ?

– Je ne voulais pas la guerre. Ceux qui l'ont voulue étaient les représentants du peuple.

– Non, ce n'étaient pas les représentants du peuple, objectai-je, mais des individus qui ne représentaient personne, car les véritables représentants du peuple sont élus dans des élections libres.

– J'ai toujours gouverné avec le consensus du peuple italien. J'ai rassemblé une grande majorité dans deux élections successives.

– Quelles élections ? Vous les appelez ainsi, mais les élections sont libres quand existe la liberté de la presse, de réunion, de choix ! [...]

– J'ai toujours gouverné en pleine légalité ! répliqua vigoureusement Mussolini.

– Allons donc ! En 1922, vous êtes prudemment resté à Milan. Vous avez dirigé le Marche sur Rome, que moi je qualifierais plutôt de « Marche sur Rome des pourris », parce que ce fut un assaut de gens illégalement associés aux pouvoir constitués ; vous auriez dû être jugé avec tous les vôtres. Au contraire, le roi fit de vous son Premier ministre. Vous êtes arrivé au pouvoir grâce à l'intervention d'un roi. Quand, par la suite, l'opinion publique s'est insurgée contre vous à cause de l'assassinat de Matteotti, c'est le même roi qui vous a autorisé à supprimer la liberté de la presse et de pensée. C'est cela votre légalité. »

Mussolini ne fit aucune objection. Je repris alors l'argument de la guerre. Mussolini me répliqua que non seulement les ministres, mais également le peuple, avaient voulu la guerre[2].

Curieux témoignage – qui doit, on s'en doute, être reçu avec prudence, puisqu'il s'agit de la retranscription par *Bill* d'une conversation qui n'a pas laissé d'autre trace. Rubini a d'ailleurs donné lui-même de cet échange plusieurs versions qui, sans se contredire, n'en sont pas moins différentes. On en retiendra surtout la relative modération de l'accusateur et le sang-froid de l'accusé, ainsi que l'intérêt à peu près exclusif des deux interlocuteurs pour la période de l'entre-deux-guerres.

Nous sommes moins bien renseignés sur ce que se sont dit les passagers de la voiture qui assura le transfert de Mussolini à la caserne de Gervasino. Seul, parmi les accompagnateurs du prisonnier, *Pedro* a laissé filtrer quelques vagues informations qui, dans l'ensemble, vont dans le même sens que le récit du maire de Dongo. Mussolini n'aurait pas cessé de parler, toujours très calme, cherchant à se justifier et à replacer ses choix politiques dans leur contexte. Au commandant de la 52e brigade Garibaldi, qui lui reprochait d'avoir permis à ses collaborateurs, les Pavolini, Farinacci et autres fanatiques de tout poil, de traiter avec la même férocité que les SS les patriotes qui tombaient aux mains des brigadistes en chemise noire, il répondait qu'il n'y était pour rien, qu'il avait fait tout ce qui était en son pouvoir pour empêcher ces pratiques inhumaines.

Du récit à la troisième personne que Bellini Delle Stelle a laissé des événements de Dongo – et que *Bill* publiera en 1948 à la suite de son propre journal – il émane un curieux sentiment de compassion à l'égard de l'ancien maître de l'Italie fasciste :

> Pedro admire le paysage de ces lieux nouveaux pour lui, les belles montagnes du haut Lario, encore recouvertes de neige. [...] Pedro, immergé dans la contemplation du magnifique décor, ne prête pas une attention excessive au dialogue qui se déroule entre les voyageurs assis derrière lui. Il regarde les monts lointains, notamment le Berlinghera, et il songe à la longue année qu'il y a passée, aux privations subies, aux dangers courus, à la vie très dure et pourtant sereine qu'il y a menée.
>
> Et toutes les souffrances qu'il a endurées, il les doit à l'homme qui est assis derrière lui et dont le destin a voulu qu'il tombe entre ses mains. Il tente d'analyser les sentiments qu'il éprouve envers le prisonnier. Il n'y parvient pas. Il n'éprouve rien de bien défini à son égard. Il comprend qu'il devrait le haïr, qu'il serait en droit de prononcer contre lui des paroles acerbes, de lui crier au visage tout le mépris qu'il suscite auprès de tous les Italiens, ou du moins de tous les Italiens qui ont partagé ses propres idéaux et avec lesquels il a souffert et combattu.
>
> Au lieu de cela, maintenant qu'il l'a en son pouvoir, sans défense, alors qu'il pourrait profiter de la situation et lui faire éprouver, après tant d'années de puissance, ce que signifie se sentir impuissant en face d'autres hommes, il éprouve presque un sentiment de pitié. Il est donc là, l'homme puissant, l'homme qui pendant si longtemps a eu l'Italie à ses pieds, qui a gouverné et dominé une nation entière et terrorisé le monde, réduit aux simples proportions d'un malheureux homme ordinaire, qui doit se soumettre passivement à la volonté d'autrui, sujet aux mêmes anxiétés et aux mêmes peurs que n'importe lequel des nombreux

individus qui composaient le troupeau dont il s'était fait le guide[3].

Il reste peut-être encore deux ou trois kilomètres à parcourir lorsque *Pedro*, brusquement tiré de ses pensées, ressent le besoin d'allumer une cigarette. Bon prince, il se retourne et en offre une à son prisonnier. Mussolini le remercie mais déclare qu'il ne fume pas. Suit un bref dialogue :

« Comment, vous ne fumez jamais ?

– Très rarement, seulement quelques cigarettes parfois, et de qualité très légère.

– C'est une grande chance de ne pas avoir ce vice. J'ai toujours envié ceux qui ne l'ont pas. Rien de pire que d'avoir envie de fumer et de ne pas avoir la moindre cigarette.

– Non, moi, vraiment, je n'ai jamais éprouvé un grand désir de fumer. Le peu de fois où je fume, je le fais plus pour passer le temps que par besoin. »

Le ton est presque amical. L'accueil que font à l'ancien dictateur les garibaldiens préposés à la garde de la caserne ne dénote de leur part aucune animosité particulière. Les officiers lui offrent un dîner composé de risotto, de chevreau cuit au four, de salade, et s'entretiennent avec lui jusqu'aux environs de 23 heures. Nous disposons de quelques témoignages, reproduits par la presse italienne peu de temps après l'exécution de Mussolini, concernant les propos qui furent échangés entre le Duce et ses interlocuteurs, tandis que *Pedro*, accompagné de Buffelli et du brigadier commandant la place, procédait à une inspection en règle de la caserne et de ses alentours immédiats.

De quoi ont-ils parlé ? Mussolini s'est refusé à évoquer la situation intérieure de l'Italie, mais n'a pas manqué une occasion de donner son avis sur les événements et sur les principaux acteurs de la vie internationale, distribuant les bons et les mauvais points sans trop se préoccuper de qui il était en principe l'allié et de qui l'adversaire. Il n'a pas caché son admiration pour le peuple russe, dont Hitler n'avait su ni mesurer l'endurance et le courage, ni comprendre les raisons de son adhésion au régime stalinien. Interrogé sur ce qu'il pensait des États-Unis et du rôle que ceux-ci avaient joué dans le déroulement du conflit, Mussolini a répondu que nul ne pouvait contester l'importance qu'avait eue pour les Alliés la formidable puissance industrielle américaine, mais que le véritable vainqueur de la guerre était Staline.

Avant de quitter les lieux, le chef de la 52e brigade a donné consigne aux garibaldiens et aux carabiniers de se montrer particulièrement vigilants. Ce que *Pedro* redoute surtout, c'est une attaque des groupes fascistes du val Cavargna. Si celle-ci devait se produire, il faudrait résister jusqu'à l'arrivée de renforts. Quel que soit le prix à payer, Mussolini doit rester aux mains des défenseurs.

CLARETTA DÉMASQUÉE

L'ultime recommandation de *Pedro* était adressée au Duce en personne. Ce dernier pouvait être assuré qu'on le traiterait avec tous les égards possibles, à condition qu'il ne cherche pas à s'enfuir. Il ajouta que si le prisonnier avait quelque demande à faire, il se ferait un devoir de lui rendre le séjour moins pénible. Mussolini le remercia avec chaleur, ajoutant qu'il n'avait rien de particulier à solliciter de son hôte. Pourtant, à peine celui-ci avait-il commencé à s'éloigner qu'il se ravisa. Il ne demandait pour lui aucune faveur, mais serait reconnaissant à qui voudrait bien saluer de sa part une certaine dame que les hommes de la 52e brigade Garibaldi avait capturée à Dongo et qui voyageait « avec le consul espagnol ».

Des propos échangés à Germasino entre l'ancien dictateur et le jeune partisan florentin, nous ne savons que ce que veut bien en dire ce dernier dans la relation qu'il adressera plus tard à Urbano Lazzaro (*Bill*) et dans son propre livre, publié en 1962[4]. Il n'y avait pas de témoins, et il en est de même pour le long interrogatoire de la Petacci par *Pedro*. C'est dire que nous devons en aborder la lecture avec prudence, s'agissant notamment de la façon dont ce dernier a eu connaissance de l'identité de la prisonnière.

À suivre le compte rendu fourni par Bellini, Mussolini aurait longtemps tergiversé avant de livrer le nom de son amie et la raison qui l'amenait à solliciter le concours de son interlocuteur. « Il suffirait que celui-ci fasse savoir à la personne concernée qu'il la saluait et qu'elle n'avait pas s'inquiéter pour lui. » Bien entendu, ces paroles, prononcées avec gêne et accompagnées d'un regard qui démentait l'indifférence apparente du Duce, ne pouvaient qu'intriguer le commandant de la 52e brigade et l'inciter à pousser Mussolini dans ses retranchements. Ou le prisonnier acceptait de livrer le nom de cette « bonne connaissance », ou celle-ci serait interrogée à Dongo jusqu'à ce qu'elle voulût bien révéler son identité. Aussi, « après avoir jeté un rapide regard sur le petit groupe qui se tenait près de la porte – écrit *Pedro* – comme pour s'assurer qu'on ne pouvait entendre ses paroles, presque dans un souffle, il murmura : "C'est… la Petacci !" ».

En échange de cette confidence, il aurait souhaité que le chef partisan s'engage à n'en rien dire à personne. *Pedro* lui assura qu'il ferait un usage aussi discret que possible de ce qu'il venait d'entendre, mais ne put lui promettre de garder le secret. Après quoi il prit pour la seconde fois congé de l'ancien dictateur : « Soyez tranquille. J'espère que vous avez déjà compris que vous n'étiez pas tombé entre les mains de délinquants. »

Cette version des faits a été fortement contestée par d'autres membres de la 52e brigade, et notamment par son commandant en second, *Bill*. Mussolini ne pouvait pas ignorer que, en révélant le nom de son amie au chef d'une unité de partisans composée majoritairement de communistes, il mettait en péril la vie de la jeune femme. De surcroît, avant de monter dans le camion de la Flak, quelques heures plus tôt, il avait confié à Claretta l'une des trois serviettes pleines de documents d'archives qu'il espérait faire passer en Suisse grâce à elle. En bref, Bellini se donne le beau rôle : celui du chef de guerre qui, sans violence, aurait réussi à faire avouer au Duce le nom de la mystérieuse « bourgeoise » qui était retenue captive à Dongo. Il semblerait qu'en réalité – telle est la thèse soutenue par *Bill* – ce soit au retour de Germasino, ou peut-être même avant, lors de l'arrivée des prisonniers à Dongo, que le commandant de la 52e brigade ait eu vent de l'identité de la dame.

Quoi qu'il en soit, à son retour de Germasino, *Pedro* entreprend aussitôt d'interroger la maîtresse de Mussolini. À cet effet, on a transféré la prisonnière de la salle de l'hôtel de ville où elle était retenue avec les autres fugitifs dans une pièce plus intime, fermée à clé et dont la porte est gardée en permanence par un partisan armé « pour éviter les indiscrétions ». Il est 19 h 10 lorsque *Pedro* et sa prisonnière prennent place dans ce local, et 21 h 30 lorsqu'ils en sortent. *Bill* a raison de se dire surpris qu'en un tel moment, et alors que les affrontements avec les brigades noires étaient loin d'être tout à fait achevées, un commandant d'unité combattante ait pu distraire près de deux heures et demie de son temps pour échanger avec la Petacci des propos dont on voit mal en quoi ils pouvaient modifier le cours des événements.

C'est que Bellini Delle Stelle est passé, au cours de son « interrogatoire », du questionnement abrupt et presque menaçant de qui veut arracher un aveu à un sentiment de bienveillance à l'égard de cette femme qui ne réclame qu'une chose : à défaut de pouvoir sauver l'homme qu'elle aime, mourir avec lui. Pedro n'avait pas *a priori* une opinion très flatteuse de la maîtresse du Duce. Il la considérait comme une aventurière qui s'était liée à un homme puissant par intérêt et ne méritait pas qu'on lui accorde une indulgence excessive. L'interrogatoire commence donc par un bref dialogue de sourds entre la jeune femme, qui prétend ne rien savoir de Clara Petacci et des relations que cette dernière entretient avec le Duce, et le chef partisan qui, agacé par les dénégations de l'ex-favorite, finit par recourir à la menace : « Et maintenant, madame, déclare-t-il, pour éviter que je sois contraint d'user de pratiques qui me répugnent pour obtenir la vérité, pratiques que les impitoyables partisans de votre amant ont utilisé habituellement à l'encontre de mes compagnons de lutte, et je le ferai tout de suite si vous continuez à mentir, il faut me répondre par la vérité, et seulement par la vérité[5]. »

Après que la prisonnière a finalement reconnu qu'elle est bel et bien Clara Petacci, tout en récusant le fait d'avoir, pendant des années, servi d'inspiratrice à la politique mussolinienne, on en vient à évoquer le sort que les partisans réservent à l'ancien dictateur :

> « C'est un prisonnier, clame la Petacci. Désormais il ne peut nuire à personne. Mais jusqu'à quand restera-t-il entre vos mains ? Que voulez-vous en faire ? À qui le remettrez-vous ?
>
> – Je ne sais pas encore quoi vous répondre. J'ai déjà communiqué au commandement de Milan que Mussolini a été capturé avec presque tous les représentants de son gouvernement et j'attends les décisions qui seront prises.
>
> – Mais vous devriez le remettre aux Alliés. Il serait plus en sécurité avec eux.
>
> – Les Alliés ! Mais je suis italien, je suis un soldat appartenant à l'armée italienne. C'est à mon commandement et à mon gouvernement que je dois rendre compte. Les Alliés n'ont rien à voir là-dedans. J'éviterai à tout prix que Mussolini ne tombe entre leurs mains[6]. »

Et à son interlocutrice, qui admet que mieux aurait valu la mort immédiate qu'un procès dans lequel le fondateur du fascisme a toutes les chances de se trouver à la merci d'un public ennemi et exposé à la risée de tous, *Pedro* réplique avec mépris, si l'on se réfère au récit que lui-même a fait de l'entretien :

> « Il aurait pu mourir tout de suite, madame, et même il aurait dû. Quand il a été découvert et arrêté, il était armé,

au milieu d'hommes beaucoup plus nombreux que nous. Pourquoi n'a-t-il pas tiré ? Il n'a pas cherché à se défendre en engageant un combat dont il aurait pu sortir vainqueur et grâce auquel il aurait pu fuir. Dans le pire des cas, il aurait été tué, soit, mais au moins tué en combattant, une mort d'homme courageux, au lieu de se laisser prendre ainsi comme un rat apeuré. Il ne s'est pas comporté en homme, et il a perdu l'occasion de sauver en partie sa réputation aux yeux du monde et de l'histoire[7]. »

Plus l'interrogatoire se prolonge, plus *Pedro* accuse Clara d'avoir été la conseillère de Mussolini, et plus la jeune femme a de peine à tenir bon. Elle finit par craquer et par éclater en sanglots, suppliant le chef partisan de croire qu'elle n'a jamais eu d'autre but, d'autre raison de suivre Mussolini dans ses entreprises, que l'amour qu'elle voue au chef de la République sociale. C'est le tournant de l'interrogatoire :

Pedro commence à se sentir ému : il n'a jamais pu supporter la vue d'une femme qui pleure, et il commence à ressentir de la pitié pour elle. Il a eu d'abord une pensée fugace : « Fais attention ! Elle peut jouer la comédie. Certes, s'il en est ainsi, elle la joue fort bien ! » Mais ensuite, à la manière dont cette femme a parlé, à la vue de son beau visage transfiguré par une douleur indubitablement sincère, à cause de tout un ensemble de choses, les nuances de sa voix et tout son comportement, il s'est rapidement convaincu qu'elle souffrait véritablement et intensément. Il s'approche d'elle, pose une main sur son épaule avec douceur et lui dit : « Allons, madame, calmez-vous. Je vous en prie, cessez de pleurer ! Cela me fait mal et me trouble. Je crois tout ce que vous m'avez dit. Je vous assure que je le crois vraiment. Ne voyez pas en moi un ennemi, même si parfois les circonstances nous ont placés dans la situation de nous considérer comme tels. Je ferai tout ce que je pourrai pour vous, pour rendre votre état moins angoissant. J'ai complètement changé d'avis sur votre compte. Je vous considère davantage comme une infortunée que comme une aventurière. Sincèrement. [...] Calmez-vous et dites-moi plutôt si je peux faire quelque chose pour vous[8]. »

Claretta saisit aussitôt la bouée que lui tend le partisan florentin. Non pour tenter de sauver sa tête, et moins encore celle du dictateur déchu. Elle a compris que, dans le meilleur des cas, Mussolini serait traduit devant un jury populaire, avec les conséquences que l'on peut imaginer. De Bellini Delle Stelle elle ne peut même pas obtenir qu'il s'oppose par la force à une exécution sommaire, opérée par un commando de partisans communistes. Mais il peut lui permettre de rejoindre l'homme qu'elle aime et dont elle s'est juré de partager le sort. Pour cela, il lui faut convaincre son geôlier de l'intensité de ses sentiments. Elle s'y emploie avec fougue, dans un long monologue que *Pedro* écoute presque sans broncher, décidément conquis par cette femme qui lui ouvre son cœur :

« Vous me demanderez certainement, déclare-t-elle, comment on peut à ce point aimer un homme et le suivre, au risque de s'exposer à de graves périls. Mon amour pour Mussolini a été et demeure immense. Vous êtes peut-être trop jeune pour pouvoir me comprendre, mais quand il vous arrivera d'aimer, vous vous souviendrez de mes paroles. »

Suit une évocation des circonstances dans lesquelles Clara a rencontré le Duce, puis est devenue sa maîtresse et pour finir sa confidente, celle à qui l'on peut tout dire et que rien – pas même les trahisons – ne peut détourner de l'adoration qu'elle voue à son héros. Propos de midinette, dira-t-on, mais qui, dans le moment où ils sont prononcés, sont porteurs d'une charge affective à laquelle Bellini n'est pas insensible. Non, poursuit Clara, elle n'a jamais eu l'envie, ni d'ailleurs l'occasion, de jouer un quelconque rôle politique. L'influence qu'elle a pu avoir sur lui était d'une tout autre nature :

> « Il ne me fut pas difficile, poursuit-elle, de le conquérir physiquement. Beaucoup plus difficile de me faire patronne de son âme et de ses sentiments. Mais peu à peu, irrémédiablement, la simplicité de mon affection et la sincérité de mon amour ont modifié son caractère sentimentalement fermé et jaloux. [...] Voilà ce que j'avais souhaité, et que désormais je possédais. La joie intime de me sentir nécessaire à quelqu'un, moi, pauvre petite chose, qui en cela seulement trouvait sa raison d'être et son unique but dans la vie. Je ne cherchais ni puissance, ni gloire, ni richesse. [...] J'ai toujours désiré ne pas me mettre en vue, mener une vie retirée et simple[9]. »

La fin approchant, Clarette a eu peur de la séparation et n'a pu se résoudre à quitter son idole. Déjà, dans son propos, perce la requête qu'elle s'apprête à formuler :

> « Cet amour a fait que j'ai toujours été proche de lui, autant que cela était possible. Dans les moments heureux et dans ces temps de malheur. Quand l'effondrement s'est annoncé, je n'ai jamais eu la pensée, même fugitive, de

l'abandonner. Je sentais que je lui étais nécessaire, d'autant plus nécessaire que plus nombreuses étaient les défections de ses fidèles.

Je l'ai suivi à Milan, à Côme, à Menaggio. Je l'aurais suivi tout au long de son triste voyage de proscrit, m'exposant à tous les dangers, alors qu'il m'eût été si facile, si je ne l'avais pas aimé, de passer seule, inconnue, et de fuir à l'étranger, en sécurité avec ma famille. Ne vous semble-t-il pas que ce soit là la meilleure preuve d'un amour vrai, de mon amour, et non un sordide calcul dicté par l'intérêt[10] ? »

Il est désormais plus de 21 heures. Il est temps pour la prisonnière de préciser ce qu'elle attend de ce jeune commandant qui a écouté sans manifester la moindre impatience son long plaidoyer. Commence alors le dialogue qui marque la fin de l'interrogatoire et qui place le Florentin devant un dilemme imprévu :

« Je vous remercie de m'avoir écoutée avec tant de patience. J'espère qu'au moins cela vous fera comprendre combien est grand mon amour pour Mussolini et combien il m'est douloureux d'être séparée de lui. Et c'est l'espoir d'avoir été comprise qui me donne le courage de vous demander cette faveur que vous pouvez m'accorder, et qui est l'unique chose qui puisse me rendre heureuse.

– Dites, madame. Je* promets que, si la chose est possible, je ferai tout ce qui est en mon pouvoir pour vous satisfaire [...]. »

Claretta Petacci me regarde avec une lueur d'espoir dans les yeux ; elle se tait encore un instant, puis, dans un élan,

* Pour faciliter la compréhension du lecteur, je transcris les propos de Pedro de la troisième à la première personne. (*N.d.A.*)

elle se penche légèrement en avant, me prend la main et, me regardant fixement, implore d'une voix brisée :

« Mettez-moi avec lui ! »

Je sursaute. Je ne m'attendais pas à une telle requête. Je reste un instant interdit et tarde un peu à répondre. La Petacci me serre encore les mains et reprend d'une voix douloureuse :

« Mettez-moi avec lui ! Mettez-moi avec lui ! Qu'y a-t-il de mal à cela ? Ne dites pas que vous ne le pouvez pas.

– Non, madame, ce n'est pas que je ne veux pas [...]. Vous me demandez une chose à laquelle je ne m'attendais pas et qui engagerait ma responsabilité ; je ne voudrais pas qu'il arrive quelque chose. [...] La situation est encore tellement incertaine. On ne sait pas ce qui peut arriver. Il se pourrait que les fascistes veuillent le libérer. Vous pourriez vous trouver en danger, et je ne voudrais pas assumer une telle responsabilité.

– Ce n'est pas vrai ! interrompt violemment la Petacci avec un regard presque méchant. Ce n'est pas vrai ! Maintenant je comprends. Vous voulez le fusiller. C'est cela ! C'est cela ! Je le sais. Mon Dieu ! Vous voulez le fusiller ! [...]

– Mais, madame, je vous dis...

– Ne dites rien, je ne le croirais pas. [...] Vous voulez le fusiller, je le sais, je le sens. Peut-être avez-vous déjà reçu l'ordre de le faire. Mais ce que je vous demande est ceci. Vous ne pourrez me le refuser. [...] Je veux mourir avec lui. Ma vie n'aurait plus aucun sens après sa mort. [...]

– Calmez-vous, madame. Je vous jure que je n'ai aucunement l'intention de fusiller Mussolini. Tant qu'il sera entre mes mains, il ne lui arrivera rien de mal. Soyez tranquille, vous pouvez me croire.

– Vraiment ?

– Je vous donne ma parole [...].

– Mais pourquoi alors ne voulez-vous pas me mettre avec lui ?

– Je n'ai pas dit que je ne voulais pas vous mettre avec Mussolini ; je me demandais seulement si je pouvais le faire. »

L'entretien s'achève. *Pedro* se lève. Claretta s'approche de lui et lui reprend la main. Il se dégage doucement.

« Alors vous me le promettez ?

– J'espère pouvoir vous dire oui. Mais maintenant je dois y aller. Attendez-moi ici. Soyez calme et ayez confiance[11]. »

CHAPITRE VII

Retrouvailles

De retour à l'hôtel de ville de Dongo, où les prisonniers avaient été installés avec les moyens du bord dans le grand salon, *Pedro* s'enquit de l'état de santé de Pavolini et de Barracu. Le premier avait été sérieusement blessé au cours des engagements de l'après-midi, mais sa vie ne paraissait pas en danger. Il reposait sur un brancard dans une salle voisine, un peu à l'écart du brouhaha ambiant. Barracu était moins gravement touché au bras. Lorsque le chef de la 52e brigade fit son apparition, il fumait paisiblement, et c'est apparemment sans le moindre signe de souffrance ou d'inquiétude qu'il accueillit son geôlier. Les deux hommes échangèrent quelques paroles courtoises avant d'être interrompus par l'arrivée de Michele Moretti (*Pietro*), commissaire politique de la brigade, et de Luigi Canali (le *capitaine Neri*), vice-commandant du regroupement des divisions d'assaut Garibaldi de toute la zone Lario-basse Valteline : deux personnages importants dont Bellini souhaitait obtenir l'approbation concernant la promesse qu'il avait faite à Clara Petacci.

Ni l'un ni l'autre, après que le Florentin leur eut expliqué de quelle manière il avait découvert l'identité de la jeune femme voyageant en compagnie du soi-disant « consul espagnol », ne s'opposèrent à ce que les deux amants fussent réunis. *Pedro* en prit acte, remercia ses deux compagnons d'armes et les pria de ne pas divulguer l'information, non plus que la décision qu'il avait prise de transférer le Duce de Germasino, où nul n'ignorait plus sa présence, dans un lieu tenu rigoureusement secret. Mais lequel ?

Ce fut *Neri* qui fit la proposition apparemment la plus convaincante. Il connaissait, disait-il, une maison isolée, située dans une zone relativement déserte et largement contrôlée par les partisans. Le problème, c'est qu'elle se trouvait à une bonne heure et demie de voiture de Dongo, et que pour y accéder il fallait passer par Côme, où les combats n'avaient pas complètement cessé. La route qu'avait empruntée deux jours plus tôt la colonne des fuyards était désormais coupée en divers points par des barrages garibaldiens. Il faudrait donc montrer patte blanche à chaque halte, avec le risque de devoir subir une inspection périlleuse. Cependant, à défaut d'une solution moins hasardeuse, on décida d'adopter celle du *capitaine Neri* et on fixa l'heure du départ aux environs de minuit.

La première chose que fit *Pedro* en quittant ses deux principaux lieutenants fut de rejoindre Clara Petacci pour lui annoncer que sa requête n'avait soulevé aucune objection. La jeune femme se montra d'abord incrédule. Le commandant de la 52e brigade s'était certes montré bienveillant et compréhensif à son égard, mais il ne s'était pas engagé à satisfaire sa demande. Comment avait-il pu, en si peu de temps, convaincre les militants communistes qui formaient l'épine dorsale de sa brigade ? S'agissait-il d'une ruse destinée à la faire craquer, peut-être pour en savoir plus quant au contenu des documents que Mussolini lui avait remis ? Bellini eut tôt fait de la rassurer. Il raconte :

> Une joie presque indescriptible transfigure son visage : une joie plus qu'humaine, mêlée à une gratitude émue et à une reconnaissance sincère. Pendant un instant, elle regarde *Pedro*, les yeux brillants, tandis que tremblent les plis de sa bouche. Elle peut tout juste dire : « Oh ! mon Dieu ! mon Dieu ! » Après quoi elle se penche d'un geste subit, saisit les mains de *Pedro* et les porte à ses lèvres, répétant d'une voix brisée par l'émotion et par l'angoisse : « Oh ! Merci ! Merci ! Vous êtes bon. Oh ! Merci ! Merci ! Merci[1] ! »

Il fallut ensuite expliquer à la prisonnière que la sécurité de Mussolini, et par conséquent la sienne, exigeait qu'ils fussent transférés dans un lieu dont seules quelques personnes dignes de confiance connaissaient l'existence. Le déplacement aurait lieu de nuit. Il faudrait au moins une heure et demie de route, et il n'était pas certain qu'on pût faire monter les deux amants dans le même véhicule. On pouvait craindre, enfin, qu'une sentinelle plus perspicace que les autres ne reconnaisse le chef de la RSI au passage d'un barrage de partisans, ou que le petit convoi ne soit mitraillé par un détachement isolé de miliciens fascistes. Aucune de ces mises en garde ne put cependant gâter la joie de Clara Petacci.

Retour de Mussolini à Dongo

Avant de reprendre la route de Germasino, *Pedro* se rendit à l'hôtel où Marcello Petacci avait commodément installé ses pénates. Personne, en effet, n'avait encore reconnu sous l'identité du « consul espagnol » le frère de la compagne de Mussolini. Se croyant protégé par son titre d'emprunt et par les documents falsifiés en sa possession, le *professore* accueillit le commandant de la 52e brigade avec une morgue qui déplut fort à son interlocuteur. Sur le ton du commandement, il formula le souhait d'entrer en contact avec le consulat d'Espagne à Milan et de « se faire donner des informations sur le compte de don Juan Muñez y Castillo ». Il était, disait-il, « chargé d'une mission importante et attendu en Suisse ». *Pedro* se garda bien de céder à cette tentative d'intimidation et de satisfaire la demande de celui qui n'était pas encore son prisonnier, mais qui, à ses yeux, était déjà un suspect. Il répondit qu'il ferait tout ce qui devait être fait, mais qu'il n'était pas question de le laisser partir avant qu'on ne sût très exactement qui il était.

Il était près de 23 heures lorsque *Pedro* quitta Dongo pour se rendre à la caserne de Germasino. Il pleuvait à torrents. La nuit était sombre, coupée de quelques éclairs qui, pour un bref instant, illuminaient un paysage aussi sinistre à cette heure qu'il avait pu paraître enchanteur en plein jour. Le chauffeur connaissait mal la route. Aucun village, aucune habitation isolée qui permît aux deux passagers de la voiture de se repérer. Après maintes hésitations, ils s'apprêtaient à rebrousser chemin lorsqu'ils aperçurent enfin un groupe de maisons rustiques d'où n'émanait aucune lumière. Pendant une trentaine de minutes, ils errèrent d'une habitation à l'autre, frappant vainement à chaque porte, jusqu'à ce que l'une d'elles finît par s'ouvrir, laissant apparaître un personnage hirsute, barbu et coiffé d'un couvre-chef crasseux. *Pedro* se fit connaître du bonhomme, qui avait eu en les voyant un mouvement de recul mais qui se montra vite rassuré par les paroles amicales de son interlocuteur et par le foulard rouge que les deux hommes portaient autour du cou, signe de leur appartenance à la Résistance armée. Il se proposa même de les accompagner jusqu'à la route conduisant à Germasino, ce qu'ils acceptèrent, soulagés de pouvoir enfin rejoindre le lieu où Mussolini était détenu.

Selon la relation que *Bill* fait de cet épisode, *Pedro* aurait été accompagné à Germasino par un troisième homme, le *capitaine Neri*, signe de la méfiance que suscitait l'aristocrate florentin dans les rangs des dirigeants communistes. Rien n'est moins avéré. J'aurais tendance à juger plus crédible le récit du commandant de la 52e brigade Garibaldi, mais le doute n'en subsiste pas moins sur ce qui s'est réellement passé à Dongo et à Germasino au cours de la nuit du 27 au 28 avril.

Pedro arriva à la caserne de la Garde de finance un peu après minuit, soit avec une bonne heure de retard sur l'horaire prévu. Il constata que ses consignes avaient été scrupuleusement observées. Plusieurs sentinelles se trouvaient en faction dans la cour et à la porte de l'édifice. D'autres gardes avaient été envoyés en patrouille dans les environs pour vérifier qu'aucune attaque n'était en préparation. Au premier étage, le brigadier Buffelli était également à son poste. *Pedro* le félicita et lui fit aussitôt part de l'objet de sa venue. Buffelli ne pouvait que se réjouir d'être ainsi déchargé d'une responsabilité dont l'enjeu dépassait de beaucoup sa propre compétence militaire et le maigre effectif de sa garnison. Il accompagna ensuite Bellini au deuxième étage, où se trouvait la pièce dans laquelle l'ancien dictateur était couché : une sorte de débarras qui avait été vidé pour la circonstance de son fatras habituel de couvertures, de capotes et autres effets militaires. Avant d'ouvrir la porte fermée par un simple cadenas, Buffelli résuma en quelques phrases le déroulement de la soirée. Mussolini avait mangé de bon appétit le dîner qu'on lui avait servi, puis s'était entretenu avec ses geôliers, avant de rejoindre sa cellule aux environs de 23 heures.

Le Duce était couché sur le dos, les couvertures relevées jusqu'aux yeux. Buffelli s'approcha du lit et lui demanda s'il dormait. Le prisonnier répondit que non, qu'il s'était à peine assoupi un instant. Que lui voulait-on ? *Pedro,* se tenant un peu un retrait, laissa au brigadier le soin d'expliquer que le commandant de la 52e brigade arrivait de Dongo pour le conduire dans un autre refuge. Durant un bref instant, le visage de Mussolini trahit une vive inquiétude. « Déjà ! Je m'y attendais », déclara-t-il en se tournant vers *Pedro* qui s'était avancé de quelques pas. « Je me lève tout de suite. »

Il ne lui fallut pas plus de quelques minutes pour se préparer. Lorsqu'il sortit de la pièce, ses traits avaient recouvré une apparente sérénité. Il tremblait un peu, mais de froid. Aussi Buffelli lui proposa-t-il de revêtir le manteau dont il ne s'était pas séparé depuis son arrestation. Mussolini refusa tout net : « Non ! Non ! s'exclama-t-il. Je ne veux plus de cette capote allemande ! » On alla donc lui chercher un manteau de la Garde de finance, qu'il enfila sans broncher avec l'aide du brigadier, ainsi qu'une couverture.

Au moment de quitter les lieux, *Pedro* expliqua au Duce qu'on avait prévu de masquer son visage avec des bandages, de telle façon qu'il ne fût pas reconnu par les sentinelles en faction devant les barrages qui ne manqueraient pas de surgir sur la route de Côme. Le prisonnier ayant acquiescé d'un signe de tête, *Pedro* et Buffelli se mirent aussitôt à entourer son crâne et son visage de longues bandes de tissu. Lorsque l'opération fut achevée, seuls demeuraient à découvert les yeux, le nez et la bouche. Bien malin qui aurait su, à l'occasion d'une inspection nocturne devant un poste de garde, reconnaître sous ce masque de grand blessé l'ancien maître de l'Italie fasciste !

Le retour à Dongo fut aussi aisé et rapide que l'aller avait été laborieux. La pluie avait diminué d'intensité et le chauffeur, conduisant désormais en terrain connu, pouvait donner libre cours à sa hardiesse et à son habileté. *Pedro* et son prisonnier, assis côte à côte sur le siège arrière de la voiture, eurent tout juste le temps d'échanger quelques phrases. Brève et étrange séquence, dont on peut imaginer le caractère surréaliste : le jeune partisan florentin, foulard rouge autour du cou et pistolet-mitrailleur sur les genoux, dialoguant avec l'homme invisible. Leurs propos méritent toutefois d'être rapportés pour ce qu'ils nous permettent de saisir – dans la version qu'en donne Bellini – du rapport, passablement ambigu, que Mussolini entretient avec sa maîtresse.

Mussolini tourna sa tête bandée vers *Pedro* et interrogea d'une voix un peu hésitante :

« Dites-moi, s'il vous plaît, avez-vous réussi à parler avec cette dame ?

– Oui. Je lui ai parlé et elle a été heureuse de savoir que l'on vous a bien traité.

– Et comment va la dame ?

– Oh ! elle ne va pas mal. Nous l'avons traitée avec tous les égards possibles. Simplement, elle est très abattue et inquiète du futur. »

Mussolini resta silencieux. Peu de temps après, *Pedro* poursuivit :

« Par contre, je peux vous donner une nouvelle qui, je crois, vous fera plaisir. La dame m'a instamment prié de la réunir avec vous et nous avons cru pouvoir la satisfaire...

– Comment ? s'exclama Mussolini stupéfait.

– Pour l'instant, nous allons la retrouver à Dongo, où elle nous attend. Ensuite nous poursuivrons le voyage, ensemble, jusqu'à la nouvelle destination.

– Mais pourquoi a-t-elle voulu cela ?

– Oh ! cela, vous devriez le savoir mieux que moi[2]. »

Comment interpréter cette froideur apparente du Duce en apprenant que la femme avec laquelle il entretenait depuis douze ans des rapports amoureux avait choisi de partager son sort ? Était-ce indifférence feinte, destinée à tromper Bellini sur la véritable nature de ses sentiments et à sauver Clara ? S'agissait-il d'une réelle lassitude ? L'ancien dictateur n'en était pas à sa première tentative de rupture avec une maîtresse dont l'attachement ostensible avait fini par l'ennuyer. Après sa libération et son retour au pouvoir, en septembre 1943, il avait superbement ignoré l'existence de la jeune femme, emprisonnée pendant plusieurs semaines à Novare, puis libérée sur ordre du général Wolf, sans que son amant se fût précipité pour la revoir. On l'a vu, ce n'est pas à sa demande que le chef de la police allemande avait fait libérer puis conduire Claretta à Gardone, mais à la suite d'une intervention personnelle du Führer. Cette dérobade n'avait pas empêché le chef de la RSI de courir ensuite à la villa Fiordaliso.

À Gargnano, alors que se profilait le spectre de la débâcle, Mussolini ne s'était pas préoccupé outre mesure de ce qu'il adviendrait de Clara une fois les Alliés et les partisans maîtres de la péninsule. Sans doute estimait-il que sa maîtresse avait suffisamment de cartes dans son jeu pour échapper à l'inévitable « épuration ». À Milan, où se jouait le dernier acte de l'histoire de la République sociale, le Duce n'avait pratiquement eu de contact avec la jeune femme que par téléphone. Lorsque, le 25 avril, il avait pris la route avec sa caravane de dignitaires fascistes et son escorte allemande, celle-ci n'avait pas cherché à prendre place dans l'un des véhicules occupés par les officiels et les proches collaborateurs du Duce. Elle était montée dans la voiture de son frère Marcello et avait prié ce dernier de se tenir en queue de convoi. C'est à peine si elle avait pu échanger quelques mots avec Mussolini.

Peut-être est-ce ce souci de retenue, bien dérisoire si l'on songe que la plupart des Italiens étaient depuis longtemps au courant des échappées sentimentales de leur « guide », qui explique le peu d'enthousiasme manifesté par Mussolini à l'annonce que lui a faite *Pedro*. Pas plus que devant ses ministres, pas plus que devant Birzer ou Fallmeyer, il ne souhaite faire figure de collégien amoureux retrouvant sa petite amie après une longue période de vacances.

Mais peut-être y a-t-il une autre raison, liée à l'hypothétique relation que la maîtresse du Duce aurait entretenue avec certains services secrets étrangers, notamment allemands et britanniques.

Nous ne connaissons aujourd'hui des *diari* (journaux intimes) rédigés au jour le jour par Clara Petacci que la partie émergée, telle qu'elle apparaît dans divers écrits, le plus souvent journalistiques, et notamment dans un ouvrage publié récemment par l'éditeur italien Rizzoli, mais qui ne porte – et pour cause – que sur la période antérieure à la guerre[3]. Accompagnés de nombreux documents personnels (correspondance échangée entre Clara et le Duce, transcriptions de conversations téléphoniques, etc.), ces « journaux » constituent un fonds d'un intérêt exceptionnel, et pas seulement parce qu'ils nous font entrer dans l'intimité des deux amants. Or, cette mine d'or se trouve aujourd'hui encore fermée à la recherche pour tout ce qui a trait à l'immédiat avant-guerre et aux années 1940-1945, suite à une décision de la Cour de cassation italienne prise en 1956. Conservés et répertoriés à l'Archivio centrale dello Stato, ils ne seront pas consultables avant 2015. Nombreux sont les historiens qui, comme l'auteur de ces lignes, ont tenté d'obtenir des dérogations, fussent-elles limitées à des questions ou à des séquences précises, sans parvenir à émouvoir le Moloch administratif et politique. Attendons par conséquent la date fixée par la Cour pour en savoir peut-être un peu plus sur les relations de Claretta avec le petit monde du renseignement.

En dépit des obstacles mis depuis bientôt soixante-dix ans à la consultation de cette source, bien des choses ont filtré qui ne pouvaient être connues que grâce à des visites discrètes dans les archives romaines. Elles sont venues tantôt confirmer, tantôt démentir, des hypothèses avancées au regard d'autres sources, ou de témoignages directs ou indirects dont le moins qu'on puisse dire est qu'ils sont multiples et combien contradictoires ! Il est vrai qu'un tel sujet ne pouvait qu'attirer les convoitises éditoriales. Ne s'agissait-il pas en effet de faire un sort à l'image – majoritairement acceptée – de la femme aimante que sa passion aurait poussée au sacrifice suprême, et ce afin d'accréditer celle d'une espionne que les services secrets nazis auraient réintroduite à l'automne 1943 auprès de Mussolini ? Ce qui n'aurait pas empêché l'ex-favorite, rentrée en grâce avec l'appui personnel du Führer, d'entretenir des rapports avec les « agents de Churchill » en utilisant les réseaux que son frère Marcello avait constitués au cours des derniers mois de la guerre, avec pour principal objectif de préparer l'exil en Suisse du clan Petacci.

Nous examinerons, dans un chapitre ultérieur, la question du rôle attribué aux services secrets étrangers dans la mise à mort de Mussolini, en même temps que nous nous interrogerons sur le crédit qu'il convient d'accorder à la thèse qui fait de Claretta une espionne que ses commanditaires auraient chargée de glaner des informations confidentielles et des documents compromettants. Retenons pour l'instant que le Duce a vraisemblablement eu connaissance des indiscrétions, réelles ou supposées, de sa compagne, et que la confiance qu'il accordait à la jeune femme en a sans doute été temporairement ébranlée. Ce que nous savons des rapports, épistolaires ou téléphoniques, entre les deux amants au cours des derniers mois de la guerre nous incline à imaginer une relation faite de fâcheries et de réconciliations auxquelles ne sont probablement pas étrangères les imprudences de Clara. Il n'est pas impossible que celles-ci aient fini par nourrir un doute dans l'esprit du dictateur, mais rien n'est moins sûr. N'oublions pas qu'il lui a confié une partie des documents devant servir, s'il est jugé, à assurer sa défense devant ses ennemis comme devant l'histoire. Après tout, son indifférence apparente aux révélations de *Pedro* n'est peut-être que le fruit de l'angoisse qui, depuis le départ de Milan, s'est emparée de ce mort vivant qui fut le maître de l'Italie fasciste.

De Dongo à Bonzanigo

Avant de partir pour Germasino, *Pedro* (selon la version qu'il donne des faits et qui diverge de celle de *Bill*[4]) avait donné rendez-vous à ses deux lieutenants au pont de la forge, à quelques kilomètres de Dongo, de manière à assurer un minimum de discrétion à l'opération projetée. Lorsqu'il arriva à proximité du pont, il aperçut de loin *Pietro* qui, pour tromper l'attente, faisait quelques pas sur la route. Une autre voiture était stationnée, tous feux éteints, sur le côté de la chaussée ; y avaient pris place Clara Petacci, *Neri* et sa compagne, la partisane *Gianna*, ainsi que deux autres garibaldiens qu'on avait prévu de laisser à Brunate avec pour mission de garder les prisonniers. L'un d'eux était Guglielmo Cantoni, dit *Sandrino* ou encore *Menefrego*[5], l'autre Giuseppe Frangi, alias *Lino*. *Bill* n'était pas du voyage : *Pietro* avait laissé un ordre écrit à Dongo le priant de prendre le commandement de la brigade.

Croyant qu'elle devait changer de véhicule, Clara Petacci descendit de voiture et s'avança vers celle qui transportait *Pedro* et Mussolini. À la vue de ce dernier, le visage et le crâne entortillé de bandages, la jeune femme parut effrayée. Elle crut qu'on avait attenté à la vie du Duce et que celui-ci avait été grièvement blessé. *Pedro* lui expliqua en quelques mots les motifs de cette mise en scène et indiqua d'un geste à ses compagnons qu'on pouvait laisser les amants quelques instants en tête à tête. Brève rencontre. À peine le temps d'échanger quelques paroles convenues :

« Bonsoir, madame.

– Bonsoir, Excellence.

– Pourquoi avez-vous désiré me suivre ?

– Je préfère qu'il en soit ainsi. Que vous est-il arrivé ? Pourquoi ces bandages ?

– Soyez tranquille. Il ne m'est rien arrivé. »

Pedro fit monter dans la première voiture, à côté du chauffeur, le garibaldien *Lino,* et sur la banquette arrière, entre *Neri* et *Pietro,* la Petacci. Mussolini prit place dans la seconde voiture, entre *Pedro* et *Gianna*, *Menefrego* occupant le siège voisin de celui du conducteur. Aux environs de 2 h 30 du matin, après s'être assuré que tout était en ordre, le Florentin donna le signal du départ en direction de Côme.

La présence au sein de ce groupe de partisans aguerris d'une jeune femme a de quoi surprendre. Âgée de vingt-deux ans, d'un physique agréable – les témoins ne manquent pas de s'attarder sur ses yeux bleus et sa silhouette élancée –, Giuseppina Tuissi, dite *Gianna*, était un authentique produit du prolétariat rural. Son père était forgeron et sa mère ouvrière agricole. Engagée dans les rangs des garibaldiens, elle fut profondément meurtrie par la mort de son fiancé, Gianni Alpini, fusillé sous ses yeux par les fascistes de la brigade mobile Ettore Muti. En septembre 1944, elle fut affectée comme assistante à la personne de Luigi Canali (*Neri*), alors commandant de la 52e brigade Garibaldi. De leur rencontre et de leur action commune dans la lutte naquit une vive passion qui ne fut pas sans éveiller la jalousie des soupirants éconduits par la belle *Gianna*. Celle-ci fut arrêtée en compagnie de *Neri* en janvier 1945 et soumise aux pires tortures. Libérée en mars, elle rejoignit son compagnon. Cette proximité à la fois militante et sentimentale explique que *Neri* ait tenu à ce que son assistante – désormais promue aux fonctions d'agent de liaison – fût à ses côtés dans une opération exigeant la plus grande discrétion.

Lorsqu'il avait été décidé de transférer Mussolini et la Petacci dans un lieu inconnu des dirigeants du mouvement insurrectionnel, *Pedro* avait manifesté quelque réticence à l'idée d'associer une femme à l'entreprise. *Neri* avait toutefois réussi à le convaincre qu'il s'agissait d'une militante n'ayant plus à faire ses preuves et jouissant de sa totale confiance. Le commandant de la 52e brigade, qui savait que la jeune femme avait de lourds comptes à régler avec le fascisme, n'en décida pas moins de garder un œil sur elle. C'est pourquoi il la fit asseoir sur la banquette arrière de la seconde voiture, où lui-même prit place aux côtés de Mussolini. « Si vous bougez, je tire, menaça *Gianna,* son pistolet braqué sur l'ancien dictateur. Vous avez largement de quoi justifier les comptes que nous avons à demander aux fascistes et aux Allemands. – Regarde d'abord s'il n'y a pas mieux à faire, ordonna *Pedro*. Reste calme. S'il devait survenir quelque chose pendant le trajet, alors tire ! Mais seulement dans ce cas. »

Les deux Fiat 1100 noires – on avait choisi des modèles discrets – roulaient à bonne vitesse, sous une pluie battante qui rendait la chaussée glissante et les virages dangereux, lorsque la voiture de tête essuya près de Menaggio le feu d'un groupe de partisans descendus de la montagne. *Pedro*, qui suivait dans l'autre véhicule, ordonna aussitôt au chauffeur de s'arrêter et admonesta copieusement leur commandant. À Cadenabbia, il fallut de nouveau s'arrêter devant un barrage de résistants. L'un deux, qui avait appartenu à la même unité combattante que *Pedro,* se pencha pour voir qui occupait le siège arrière de la 1100. Ayant reconnu son ancien compagnon d'armes, il lui demanda, en désignant du doigt le personnage emmailloté de bandages assis à ses côtés : « Qu'est-ce que c'est que cette momie ? – C'est un de nos garibaldiens qui est blessé, répondit *Pedro*, et plutôt gravement. Laisse-nous passer. »

Le convoi franchit ainsi sans encombre les dix-huit barrages installés par les partisans sur la route menant de Dongo à Moltrasio, avec à chaque poste un arrêt d'une ou deux minutes qui ajoutaient au retard accumulé depuis le départ de *Pedro* pour Germasino. À Moltrasio, à seulement quelques kilomètres de Côme, on s'arrêta pour faire le point sur la situation ; une bataille semblait engagée ; pouvait-on prendre le risque de se retrouver face aux soldats alliés ou aux fascistes ? Dans le bar où discutaient *Pedro* et *Neri*, la rumeur disait que les Américains étaient entrés dans Côme, mais qu'ils avaient rencontré une vive résistance de la part des fascistes et des Allemands. Il devenait donc hautement aléatoire de traverser la ville pour gagner le lieu – Brunate – où l'on avait projeté de transporter Mussolini et sa compagne. Il fallait trouver un autre refuge, d'autant que le plan Cadorna-Sardagna-Cademartori avait fait long feu. Un message téléphonique de Sardagna destiné aux deux responsables garibaldiens était arrivé au bar Sport de Moltrasio : l'opération était annulée, Cadorna demandait que l'on cherche un refuge pour le Duce dans le voisinage de Côme.

Il ne semble pas que *Pedro* et *Neri* aient eu connaissance de ce contrordre, mais ils ne purent que constater, en longeant le lac sur quelques centaines de mètres, qu'aucune embarcation n'était mouillée dans l'attente de l'ancien dictateur. Bellini Delle Stelle décida donc d'ordonner le repli en direction du nord. Il dut batailler ferme avec son commissaire politique, *Pietro*, qui redoutait de tomber dans un piège. *Neri* aurait souhaité pour sa part qu'on s'en tienne à son projet initial, sans tenir compte du risque qu'il y avait à vouloir traverser Côme en pleine bataille. Finalement, après s'être rallié aux arguments du commandant de la 52e brigade, il proposa une autre solution qui parut acceptable à ses deux collègues. Il connaissait, à une quinzaine de kilomètres de Moltrasio, un petit village situé à mi-colline, Bonzanigo di Mezzegra, où se trouvait la maison de Lia et Giacomo De Maria, de simples paysans amis des partisans auprès de qui *Neri* avait souvent trouvé refuge lorsqu'il était pourchassé par les miliciens fascistes. Des liens étroits s'étaient créés entre la famille De Maria et celle de Luigi Canali. Celui-ci, au cours de ses inspections sur le lac, avait eu tout le temps d'apprécier la loyauté et la discrétion des époux De Maria. Leur demeure était une solide construction rurale, facile à défendre contre une meute d'assaillants et assez vaste pour accueillir plusieurs hôtes. On y accédait depuis Avezzano par une route étroite et un chemin muletier. Pas d'autre bâtiment en vue dans un rayon de plusieurs centaines de mètres : le site était idéal pour qui tenait à passer inaperçu d'éventuels curieux.

Les deux voitures reprirent donc la route en direction du nord. À chaque poste de contrôle tenu par les garibaldiens, il fallut comme au départ répondre aux questions des responsables du poste, à ceux notamment qui, se souvenant du premier passage, manifestaient une certaine surprise de voir le petit convoi rebrousser chemin. On leur expliqua qu'il n'avait pas été possible de conduire le blessé jusqu'à Côme et qu'il était désormais urgent de le ramener chez lui. Durant tout le trajet de retour, Mussolini se tint silencieux, apparemment inquiet de ce que présageait l'abandon par les chefs partisans de leur projet initial, ou de ce qu'il en savait.

Il ne fallut pas plus de quinze ou vingt minutes aux deux voitures pour arriver à Avezzano, là où la route du lac (la via Regina) s'ouvre sur la voie carrossable qui mène à Bonzanigo. Arrivés à l'étroit chemin conduisant à Mezzegra, on décida de laisser les deux Fiat 1100 en stationnement au bas de la colline et de monter à pied jusqu'à la demeure des De Maria, *Neri* le premier, parti en éclaireur pour avertir ses amis de l'arrivée de leurs hôtes. Ne restèrent, pour garder les véhicules, que les deux chauffeurs.

Il est plus de 3 heures du matin ce 28 avril 1945. Le chemin qui conduit Mussolini et sa compagne à leur dernier refuge est escarpé, mal empierré et boueux. Les deux amants le gravissent difficilement, lui toujours entortillé dans ses bandages, elle au bord de l'épuisement. Clara n'a ni mangé ni dormi, et le mince bagage qu'elle a emporté paraît sur le point de lui tomber des mains à chaque pas. Une fois encore, c'est du jeune comte florentin que vient le geste compatissant. *Pedro* lui prend son balluchon et le tend à *Menefrego*. Puis il passe un bras sous celui de la jeune femme pour l'aider à marcher et finit par ordonner une halte. Quand on reprend la marche, après deux minutes d'arrêt, Mussolini vient à son tour soutenir sa maîtresse. L'a-t-il fait par simple réflexe masculin, ou parce qu'il a brusquement pris conscience de sa faiblesse et de sa propre incapacité à tenir le rôle qui aurait dû être le sien ? En allant le premier au secours de Clara, Bellini Delle Stelle ne s'est pas seulement comporté en gentleman, il a mis son prisonnier en face de sa propre déchéance.

CHAPITRE VIII

La mission du *colonel Valerio*

À ce moment du récit, l'histoire s'embrouille singulièrement, car au moins deux versions contradictoires s'opposent. La relation de sa « mission » par le *colonel Valerio* a constitué pendant près de quarante la version officielle. Walter Audisio a lui-même travaillé à sa diffusion en publiant plusieurs récits qui serviront, en 1975, à la rédaction d'un ouvrage intitulé *In nome del popolo italiano*[1]. On dispose, à cet égard, d'une masse de témoignages où l'on trouve le meilleur et le pire et qui, sur bien des points, à commencer par l'exécution du Duce et de sa compagne, contredisent la vulgate qu'ont voulu imposer les dirigeants du parti communiste.

Walter Audisio a fourni, dès 1945, trois versions différentes de sa mission : la première dans un rapport dicté à Milan le 29 avril, la deuxième dans une série d'articles « basés sur le rapport du *colonel Valerio* et d'autres documents » parus dans *L'Unità*, l'organe du PCI, en novembre-décembre 1945 sous le titre « *Come giustiziai Mussolini* (Comment j'ai exécuté Mussolini) », la troisième enfin dans une autre série d'articles, également publiés dans *L'Unità*, mais cette fois sous la signature d'Audisio. Dans ces divers documents, l'identité de l'ancien comptable devenu inspecteur général des brigades Garibaldi n'est pas révélée au public. Tout ce que l'on sait, c'est que Mussolini et Clara Petacci sont tombés sous les balles d'un certain *colonel Valerio* désormais élevé à la dignité de héros national. Mais deux ans plus tard, le 3 mars 1947, dans l'entretien que l'auteur supposé de l'exécution accorde au journaliste américain John Pasetti, il déclare en français : « Oui, moi, le comptable Walter Audisio, je suis le *colonel Valerio*. C'est moi qui ai fusillé personnellement Mussolini. »

Selon Urbano Lazzaro (*Bill*), cette surprenante confession fut enregistrée et transmise à Radio Lausanne, dont Pasetti était le correspondant à Rome, mais le gouvernement helvète en interdit la transmission pour des motifs politiques[2]. Le scoop n'était cependant pas tombé dans des oreilles de sourds. Moins d'une semaine après cet entretien, le quotidien romain *Il Tempo*, le premier, rendit publique la déclaration d'Audisio dans une série de huit articles portant la signature du journaliste Alberto Rossi et intitulée « *Il mistero di Dongo è crollato, il Colonello Valerio è Walter Audisio* (Le mystère de Dongo s'écroule, le colonel Valerio est Walter Audisio) ».

La direction du parti communiste, qui avait tenu jusqu'alors à se servir du mythe incarné par le *colonel Valerio* – nous verrons plus loin pourquoi –, ne pouvait plus différer l'aveu de l'identité réelle de « l'héroïque dirigeant » à qui avait été confiée la mission d'éliminer l'ancien dictateur. Dès le 22 mars, un communiqué publié par le secrétariat du PCI reconnaissait que *Valerio* n'était autre que Walter Audisio. Aveu confirmé le lendemain par un article signé Marino et intitulé « *Colui che fece giustizia per tutti* (Celui qui a fait justice pour tous) », et le 27 août dans un entretien accordé par le « justicier » au journaliste Vitantonio Napolitano. La réalité était cependant plus compliquée.

Préparatifs

Revenons aux événements qui ont précédé le départ depuis Dongo du commando chargé de l'exécution du Duce et de sa compagne. Ce sont les moins contestés. Les témoignages ultérieurs apportent surtout des compléments d'information qui ne modifient pas radicalement le schéma d'ensemble, à l'exception notable de celui de *Bill*, qui est le premier à considérer la version Audisio – entérinée par la direction communiste – comme une imposture.

À Milan, l'annonce de la capture de Mussolini par les hommes de la 52e division Garibaldi a provoqué surprise et affolement, chacun voulant, selon la place qu'il occupe dans l'organigramme de l'insurrection, et selon son appartenance à telle ou telle organisation, faire valoir sa propre solution au problème posé par l'ex-dictateur. Doit-il être fusillé, et avec qui ? Ou jugé par un « tribunal populaire », ce qui ne pourrait que conduire au même résultat ? Ou encore livré aux Alliés, lesquels n'ont pas nécessairement le même avis quant au sort à reserver au principal dirigeant fasciste ? On a vu que le Comité insurrectionnel a décidé de le faire abattre par les partisans sur le lieu même où il est détenu. C'est également ce que veut l'état-major du CVL, alors que le CLNAI entend qu'il soit ramené à Milan et jugé selon les règles de la procédure légale.

En quittant la métropole lombarde, *Valerio* ne dispose donc pas d'un mandat précis, signé par les représentants des principales autorités de la Résistance. Il n'en connaît pas moins, grâce à Longo, les véritables sentiments des membres de la direction communiste. Il sait en décrypter les messages. Celui par exemple que le secrétaire du parti, Palmiro Togliatti, a fait diffuser par radio le 26 avril : « Pour Mussolini et ses complices immédiats, une seule chose doit suffire pour leur faire payer de leur vie l'interrogatoire d'identité. Et cela devra se faire à Milan, nous en sommes certains, si n'interviennent pas au dernier moment des forces étrangères à la volonté de la nation. » Voilà qui revient à donner carte blanche au chargé de mission, que l'on sait suffisamment inventif pour trouver une bonne raison de faire un sort aux prisonniers.

Avant de quitter Milan pour Côme, *Valerio* connaissait sa véritable mission. En témoigne son insistance auprès du général Cadorna pour obtenir qu'on mette à sa disposition un détachement d'une douzaine d'hommes destiné à constituer le peloton d'exécution. Les formations de la division Gramsci de l'outre-Pô (*Oltrepò*) de Pavie venaient précisément d'arriver à Milan. Le premier souci du commandant général en second des brigades Garibaldi, Pietro Vergani, fut de les conduire en fin d'après-midi sur le piazzale Loreto, où quinze détenus politiques avaient été exécutés le 9 août 1944 par un détachement de la brigade fasciste Ettore Muti puis exposés pour l'exemple à la population milanaise. Vergani prononça devant les 500 partisans ainsi rassemblés un discours véhément dans lequel il réclamait la remise immédiate de Mussolini à un tribunal populaire et son exécution publique, en mémoire des martyrs du piazzale Loreto.

Le ton était donné. Encore fallait-il que le général Cadorna donne son accord, ce qu'il fit lorsque *Valerio*, accompagné de Lampredi-*Guido*, lui en présenta la demande. Le commandant en chef des forces partisanes le niera plus tard avec force, déclarant qu'il avait tout de suite pensé « à l'un de ces coups de main habituels des communistes ». Peut-être, présumant que le détachement demandé par *Valerio* aurait pour seule tâche de servir d'escorte aux envoyés du CLNAI, a-t-il cru que la mission ne consistait qu'à ramener à Milan Mussolini et les autres dirigeants fascistes ? Les témoignages sur cette question restent contradictoires, mais celui d'Italo Pietra, futur directeur du *Giorno* et du *Messagero*, ne laisse guère de doute :

> Cadorna, écrit-il, mit immédiatement à disposition les éléments nécessaires à l'opération quand ils furent réclamés par celui auquel avait été attribuée la tâche d'aller à Dongo. La personne en question se trouvait dans la même pièce, sans que personne sût qui elle était ni prêtât attention à elle au milieu de la confusion et de l'excitation générales. C'était un homme de taille moyenne, avec des moustaches noires, un visage long et épanoui, un béret basque sur la tête et un imperméable clair sur le dos. On apprit par la suite qu'il s'appelait « colonel Valerio ». […] Il avait auparavant rencontré Cadorna en compagnie du communiste Lampredi, et il soutenait qu'il avait reçu ordre du Comité de libération d'exécuter Mussolini[3].

Il fallut ensuite choisir des exécutants d'une fidélité et d'une discrétion à toute épreuve. Orfeo Landini, commandant en second du détachement, rapporte qu'aux environs de 22 h 30 le commandant de son unité fut saisi d'une demande portant sur la constitution d'un peloton d'exécution composé des meilleurs combattants. Pour obtenir satisfaction, *Valerio* n'avait pas hésité à se déplacer en personne. « Moi-même, explique Landini, avec le camarade *Albero* (Alberto Cavallotti) et l'inspecteur de zone *Riccardo* (Alfredo Mordini), nous choisîmes les éléments qui, parce qu'ils appartenaient aux brigades Crespi et Capettini, ainsi qu'au Sip [Servizio informazioni partigiani], jouissaient majoritairement de notre confiance. En tout quatorze hommes, plus *Riccardo* et moi. Une voiture et un petit camion furent mis à notre disposition. Dans la voiture prirent place le *colonel Valerio,* l'inspecteur *Riccardo*, *Guido* et le chauffeur ; dans le petit camion les quatorze hommes, le chauffeur et moi[4]. »

Témoignage que confirme celui d'*Albero :* « Une fois les hommes choisis, nous les avons réunis dans le vestibule des écoles de la via Romagna et, sans préciser les objectifs de l'expédition, nous leur avons seulement dit ceci : “Vous avez à accomplir une mission très délicate ; c'est le *colonel Valerio* qui vous commandera, mais *Riccardo* sera avec vous.” »

La référence à *Riccardo*-Mordini n'est pas fortuite. Ce n'est pas lui qui a la responsabilité de l'opération, mais il possède un charisme qui tient à son passé de garibaldien. Il a combattu en Espagne dans les rangs des brigades internationales, puis en France occupée aux côtés des FTP. De retour en Italie après le 8 septembre, il a acquis auprès des partisans une réputation de combattant valeureux, proche de ses hommes et politiquement sûr. Comparé à lui, *Valerio* fait pâle figure. Cavallotti-*Albero* ne se privera pas de le dire : « La mission à Dongo n'eut pas pour chef l'un d'entre nous [de Pavie]. Elle échut à Audisio, qui ne savait même pas, paix à son âme, se servir des armes. Bien que ce fût un grand patriote, qu'il eût été en prison, qu'il fût une personne très respectable, avec les armes il ne savait que faire. »

Parti de Milan le 28 avril à 7 heures du matin, le petit groupe composé des chefs de l'expédition et de leur escorte arriva une heure plus tard à Côme. *Valerio* avait pris place dans une Fiat 1100 dont on avait peint les garde-boue en blanc et avait revêtu une tenue kaki, avec les insignes de lieutenant-colonel. Son premier soin fut de se rendre auprès du lieutenant-colonel Sardagna, aide de camp du général Cadorna, auquel il présenta les deux laissez-passer qui lui avaient été remis par ce dernier et par le capitaine américain Daddario, après quoi il demanda qu'on mette à sa disposition un véhicule assez grand pour y loger les garibaldiens et les prisonniers qu'il devait en principe ramener à Milan. Sardagna lui ayant répondu qu'il ne possédait pas l'autorité suffisante pour satisfaire sa requête, il exigea de rencontrer le préfet Bertinelli, lequel signifia à son interlocuteur passablement énervé qu'il ne disposait d'aucun camion. S'ensuivit une vive discussion entre le chef de l'expédition et les représentants du CLN local, ces derniers ayant décidé de transférer Mussolini et ses proches collaborateurs à la prison de Côme, escortés par les partisans de la 52e brigade, puis de les remettre aux Alliés.

Inquiet de l'absence à ses côtés de Lampredi et de Mordini, *Valerio* se précipita au-dehors et constata que ceux-ci étaient partis une heure plus tôt pour une destination inconnue avec voiture et chauffeur. Dans son ouvrage *Gli Ultimi Cinque Secondi di Mussolini*, le journaliste Giorgio Pisanò s'interroge sur les raisons qui ont incité les deux hommes à lâcher le « colonel » et à retarder son départ. Il pense que, des trois personnes qui avaient reçu officiellement mission de se rendre à Dongo et de se faire livrer les prisonniers, Lampredi était seul à savoir que Mussolini devait être exécuté, la décision ayant été prise tard dans l'après-midi du 27, à l'insu du CLNAI et du CVL, par le Comité insurrectionnel composé de Longo, Pertini, Valiani et Sereni, c'est-à-dire par les représentants de la tendance la plus dure du mouvement antifasciste. Que *Valerio* ait interprété dans le même sens la consigne qui lui avait été donnée de se saisir du Duce et de le ramener à Milan, *Guido*-Lampredi ne pouvait pas le savoir. À Milan, il n'avait été mis en contact avec *Valerio* qu'au moment de quitter la ville, avec peut-être pour consigne de le surveiller et d'empêcher qu'il ne fasse obstacle aux camarades chargés d'exécuter la « sentence »[5].

De nombreuses interrogations subsistent sur ce qu'ont fait, entre le début de la matinée et leur arrivée à Dongo en début d'après-midi, d'un côté le *colonel Valerio*, de l'autre *Guido* et son compère *Riccardo*. Le premier a passé le plus clair de son temps à rechercher une voiture pour lui-même et un camion pour son escorte, tout en ferraillant avec les modérés du CLN. Il a fini par ordonner l'arrestation et le transfert à Dongo de son président, le républicain Oscar Sforni, et du commandant militaire de la place, Cosimo De Angelis. Enfin, il a réquisitionné, pistolet en main, voiture et fourgon.

Pendant ce temps, il paraît vraisemblable que Lampredi et Mordini, avant de poursuivre leur route en direction de Dongo, aient bifurqué à Mezzegra pour se rendre à Bonzanigo afin de reconnaître les lieux où Mussolini et Clara Petacci étaient prisonniers. Ils avaient eu connaissance de leur présence à Bonzanigo avant de quitter Côme, en passant tout au début de la matinée au siège de la fédération du PCI, déjà en possession de l'information. « Tandis qu'à la préfecture, reconnaîtra plus tard *Guido*, les tractations de *Valerio* traînaient en longueur, Lampredi chercha le moyen le plus simple d'arriver à Dongo : il se rendit au siège du parti communiste, où il eut l'occasion de rencontrer le secrétaire Aglietto, lequel, peu de temps auparavant, avait été mis au courant de ce qui s'était passé de mon côté et du côté de *Neri* [6]. »

Ainsi s'expliquerait que, parti de Côme plusieurs heures après *Guido* et *Riccardo*, le « colonel » n'ait à aucun moment doublé, sur la via Regina quasi déserte, la voiture qui lui avait été « empruntée » par ses deux collègues. Il arriva en effet à Dongo dix minutes avant eux.

Valerio exige, Pedro résiste

C'est un homme pressé et de mauvaise humeur qui descend de voiture, aux environs de 14 heures, sur la place de Dongo, peu de temps avant l'arrivée du fourgon réquisitionné à Côme et transportant les garibaldiens préposés à l'exécution du Duce et d'une quinzaine d'autres prisonniers. Encore quelques minutes et voici que débarque, flanqué du chef du peloton *Riccardo*, ce

Lampredi qu'on lui a pratiquement imposé comme adjoint et qui ne manifeste aucun signe de repentir pour le bon tour qu'il lui a joué à Côme.

Pedro n'est guère plus accueillant. Ni *Bill*, ni le *capitaine Neri,* ni lui-même n'ont sollicité de renfort. Que viennent faire ces garibaldiens armés jusqu'aux dents qui, dès leur descente du fourgon, se sont déployés en arc de cercle pour couvrir leur chef ? Lorsque *Valerio* demande à parler au commandant de la 52e brigade, ce dernier lui propose de se rendre à son bureau. « Eh bien, allons-y », dit le « colonel », sans chercher à dissimuler sa mauvaise humeur et tout en faisant discrètement signe à ses hommes de le suivre.

Le geste n'a pas échappé à *Pedro,* dont la crainte de voir surgir un commando de miliciens fascistes camouflés en partisans n'a cessé de grandir depuis la veille. Aussi lui paraît-il opportun de trouver une riposte pour le cas où lui et ses hommes se trouveraient brusquement en face d'ennemis. Pour commencer, il faut séparer le détachement de cet inconnu qui se dit colonel. « Mais tes hommes ne peuvent rester en bas », déclare-t-il (la place se trouve en contrebas de l'édifice municipal). « Non, répond *Valerio*, ils resteront pour monter la garde à la porte du bureau. »

Toujours méfiant, *Pedro* a la bonne idée de demander aux hommes s'ils ont déjeuné. L'un d'eux répond qu'ils n'ont rien avalé depuis le matin, aussi leur propose-t-il de se rendre à la cuisine et de se faire servir de quoi apaiser leur faim, ce qu'ils font sans trop se préoccuper des réactions de *Valerio*, contraint de suivre *Pedro* jusqu'à l'hôtel de ville. Avant d'entrer, il ordonne à l'un de ses hommes de se tenir en faction devant la porte : « Tu ne dois laisser entrer absolument personne, clame-t-il assez fort pour que toute la 52e brigade l'entende. Je veux parler seul à seul avec le commandant. Malheur à qui entre ! »

Une fois les deux hommes assis face à face dans l'étroit bureau de *Pedro*, *Valerio* tire de sa poche les deux documents qui attestent son identité et l'autorité qui lui est conférée par les organes milanais de la Résistance. Celui qui porte la signature d'un certain Pieri et le timbre du commandement général du CVL énonce que « tout représentant de cette organisation, comme tout membre du CLN, doit appui, assistance et obéissance au porteur du document ».

« Et que voulez-vous de moi ? » interroge *Pedro*. La réponse est cinglante, et inaugure un débat animé entre l'ancien comptable et le comte florentin : « Je veux que tu me remettes Mussolini et les autres prisonnier capturés à Dongo dans la colonne allemande. Je dois les conduire avant ce soir à Milan. Si tu as une liste, donne-la-moi. »

Que peut faire Bellini Delle Stelle ? Comment s'opposer à cet ordre, même s'il considère qu'il s'agit d'un abus de pouvoir ? Il ne peut qu'obéir à celui que les dirigeants du mouvement insurrectionnel ont désigné comme son supérieur. D'autant que *Valerio* enfonce le clou : « Tu auras compris désormais, déclare-t-il sur un ton arrogant, que je suis venu ici avec les pleins pouvoirs, et que par conséquent tu me dois obéissance. Je te demande de me remettre les prisonniers ! » Suit un bref dialogue au cours duquel le chargé de mission va révéler la véritable raison de sa présence à Dongo.

« Pourquoi ? interroge *Pedro.* Que veux-tu en faire ?
– Je veux les fusiller
– Les fusiller ? Ce n'est pas possible. Absolument pas.
– Comment donc ? Et toi, que veux-tu en faire ?
– Les remettre. C'est logique.
– Les remettre ? À qui ? Aux Alliés ?
– Non. Je veux les remettre au gouvernement italien, à notre commandement général.
– Ici c'est moi qui représente le commandement général, et j'ai les pleins pouvoirs. C'est donc moi qui décide. [...] Et je n'admets aucune discussion, et encore moins qu'on me mette des bâtons dans les roues. »

Ces dernières paroles sont prononcées sur un ton particulièrement agressif et menaçant. *Valerio* accepte néanmoins que son interlocuteur s'entretienne quelques instants avec les autres membres présents de l'état-major de la brigade, *Pietro*, *Neri* et *Gianna*, qui attendent avec impatience, au bas des marches de l'hôtel de ville, qu'on veuille bien les éclairer sur ce qui se passe. *Pedro* leur fait part en quelques mots des exigences de Milan et du dilemme devant lequel il se trouve, comme d'ailleurs ses subordonnés. Ou l'on obéit aux ordres transmis par *Valerio*, et l'on se fait complice d'un déni de justice, ou l'on résiste, avec le risque de représailles que comporte ce refus d'obtempérer.

Lorsque *Pedro* rejoint l'envoyé de Milan, c'est pour lui annoncer qu'il a décidé de se soumettre au *diktat* imposé par les organes dirigeants de l'insurrection, mais que « lui-même, aussi bien que ses collègues et que la 52e brigade Garibaldi tout entière, n'assument aucune responsabilité dans ce que *Valerio* a ordonné de faire », ajoutant que « pas un seul garibaldien ne prendra part à l'exécution ».

Cette abdication forcée ne suffit pas à apaiser *Valerio.* C'est que l'ancien comptable a des comptes personnels à régler avec le jeune aristocrate florentin. Ils n'appartiennent ni au même monde ni à la même famille politique. *Pedro* est monarchiste et il n'a pas manqué, au cours de l'entretien qui a précédé, de marquer sa distance à l'égard de son interlocuteur. Celui-ci a beau jeu de faire valoir son avantage. N'a-t-il pas gardé en réserve une annonce qui va plonger dans la stupeur *Pedro* et même *Guido*-Lampredi, alors que ce dernier est coresponsable de l'opération ? Après avoir lancé à la cantonade un « Bon, ça va ! » venimeux, et tiré de sa poche la liste des prisonniers, il lit à haute voix :

« Benito Mussolini : à mort ! » et il trace une croix à côté du nom de l'ex-dictateur. L'assistance est figée. L'air, écrit Bellini Delle Stelle – c'est de sa « relation originale » que nous tirons le récit de cette séquence[7] –, devient irrespirable. On attend la suite, comme si chacun se sentait directement menacé par l'irascible chargé de mission.

« Clara Petacci : à mort ! » et il dessine une autre croix, mais *Pedro* cette fois intervient avec vigueur. « *Valerio*, dit-il, je ne trouve pas juste que tu condamnes à mort une femme au seul motif qu'elle a été l'amante du Duce.
– C'est moi et moi seul, s'exclame *Valerio* hors de lui, qui décide qui doit ou non être fusillé. Barracu : à mort ! » Nouvelle croix sur le papier et nouvelle intervention du Florentin : « Mais Barracu est un soldat, un médaillé de 1915. Tu ne peux pas le fusiller. Et puis il me semble qu'il n'a jamais fait de mal. »

« Il était, poursuit le chargé de mission, secrétaire à la présidence du Conseil de la République de Salò, et cela suffit pour effacer même le plus pur et le plus valeureux passé ! Liverani : à mort ! Coppola : à mort ! Utimpergher : à mort ! Daquanno : à mort ! Capitaine Calistri : à mort ! Mario Nudi…

– Un moment, intervient *Pedro*. Je te signale que le capitaine Calistri n'a pas été capturé dans la colonne ou l'auto blindée, mais qu'il s'est présenté spontanément à nous […]. Et puis il ne faisait pas partie du gouvernement de Salò ! – Il était dans la colonne et cela suffit », réplique *Valerio*, ce qui a pour effet de faire éclater d'indignation son interlocuteur. « Mais alors, s'exclame ce dernier, fusille également les conducteurs, les femmes, les enfants, les épouses des ministres, au seul motif qu'ils étaient dans la colonne ! Tout ceci est inconcevable ! »

Sans laisser au commandement de la 52e brigade le temps de reprendre souffle, *Valerio* s'est levé. Rouge de colère et frappant du poing sur la table, il hurle : « Je te répète que je suis le seul à décider ici ! C'en est assez de ces ingérences et de ces observations ! Je ne veux plus entendre un mot. C'est compris ? […] Mario Nudi : à mort ! poursuit-il. Pavolini : à mort ! Mezzasoma : à mort ! Romano : à mort ! Bombacci : à mort ! Paolo Porta : à mort ! » Et, à la suite de chaque nom, il trace une croix sur la liste à l'aide d'un crayon noir.

Il est difficile de savoir si, dans ce récit rédigé plusieurs années après les événements dont il a été le témoin et l'acteur, *Pedro* ne noircit pas le tableau et ne se donne pas le beau rôle. « La voix de *Valerio*, écrit-il, était pleine de hargne et recelait un léger accent de satisfaction. *Pedro* avait l'impression de vivre les journées de terreur de la

Révolution française. Il ne parvenait pas à se calmer. Mais il avait compris qu'il ne pouvait rien faire. » *Valerio* aurait nécessairement le dernier mot. « Tous ceux-là sont à fusiller, déclara-t-il, pressé d'en finir. Rassemble-les tous et prépare-toi à me les livrer immédiatement. »

Tous ne sont pas à Dongo. *Pedro* explique au représentant du Comité insurrectionnel que cinq ou six des ministres et autres hiérarques promis au peloton d'exécution se trouvent à Germasino, à une demi-heure de route, tandis que Mussolini et sa compagne ont été conduits par ses soins dans un lointain refuge. *Valerio* ordonne qu'on aille aussitôt rechercher les dirigeants fascistes à Germasino. « Après quoi, annonce-t-il triomphant au Florentin, nous irons ensemble prendre Mussolini et la Petacci. »

Tout aussi impatient de mettre fin au cauchemar, et craignant peut-être que ses hommes ne fassent un sort à l'escorte du « colonel », *Pedro* n'attend pas que celui-ci en dise davantage. Il sort de l'édifice communal, descend sur la place, appelle quatre garibaldiens et, avec deux voitures, prend la route de Germasino.

CHAPITRE IX

Dernière nuit, dernier matin

Il était un peu plus de 3 heures du matin lorsque les prisonniers et leur escorte étaient arrivés sur le site que *Neri* avait décrit comme difficilement repérable pour qui n'y serait pas, comme lui, allé maintes fois. Étant un habitué des lieux, il entra le premier dans la cour, accompagné de *Pietro*, et vint frapper à la porte des De Maria. Trois coups très peu espacés, suivis, après une courte pause, d'un quatrième : un code depuis longtemps employé par les partisans en quête d'un refuge. Ce fut le maître de maison, Giacomo, qui vint leur ouvrir, une chandelle à la main. En voyant qu'un groupe de plusieurs personnes, dont certaines armées, attendait devant le portail extérieur lui vint un soupçon qui disparut dès qu'il eut reconnu le commandant adjoint des brigades Garibaldi. « Ah, c'est toi, dit-il. Viens, entre ! – J'ai avec moi, répondit *Neri*, des gens à loger chez toi. » Giacomo ayant acquiescé d'un signe, le capitaine héla ses compagnons, qui entrèrent à leur tour dans la demeure des De Maria.

Lia n'avait pas attendu qu'on l'appelle pour allumer une ou deux chandelles et une lampe à huile au premier étage et pour jeter une brassée de fagots dans la cheminée de la cuisine. Quand les visiteurs y firent leur entrée, quelques instants plus tard, une grande flamme avait déjà jailli. Tous, partisans et prisonniers réunis, se précipitèrent autour du foyer. *Neri* s'adressa à son hôte, désignant du doigt Mussolini et Clara : « As-tu une chambre pour ces deux-là ? J'ai besoin qu'on les garde ici pendant vingt-quatre heures, et dans un secret absolu. »

Giacomo répondit avec empressement qu'il hébergerait les deux inconnus aussi longtemps que *Pedro* le jugerait utile. Il fallait juste un peu de temps pour qu'on les installe décemment. Il allait donc réveiller ses deux fils et les expédier sur l'alpage où les De Maria possédaient une étable qui leur servirait d'abri pour la nuit.

Après que les deux fils se furent levés et eurent quitté leur chambre, qui se trouvait au deuxième étage, pour prendre en pleine nuit et sans maugréer le chemin de la montagne, il ne fallut pas plus de dix minutes à Lia pour changer les draps, mettre un peu d'ordre dans la pièce et redescendre à la cuisine, où elle fit chauffer une pleine bouilloire de succédané de café (il y avait bien longtemps qu'en Italie le « vrai café » avait disparu de l'ordinaire des ménages), que les hôtes absorbèrent avec délice.

Neri, *Pedro* et *Pietro* procédèrent ensuite à une inspection des lieux. Non par méfiance à l'égard des propriétaires, mais parce qu'ils tenaient – comme Bellini l'avait fait à Germasino – à s'assurer que les prisonniers ne pouvaient ni prendre la fuite à l'insu de leurs gardiens, ni être délivrés en douceur par un commando fasciste. La chambre qu'on avait mise à leur disposition était de petites dimensions, avec en son centre un lit « matrimonial », et à droite de l'entrée une fenêtre sans barreaux que *Pedro* ouvrit pour découvrir qu'elle se trouvait à au moins huit mètres du sol et était donc inutilisable par des candidats à l'évasion, surtout s'agissant d'une femme épuisée et d'un sexagénaire depuis longtemps déshabitué des exercices physiques. Le sanitaire était réduit au minimum : un trépied avec une cuvette et une serviette de toilette. Le mobilier comportait en tout et pour tout deux chaises, un porte-manteau, une image pieuse à la tête du lit représentant la Madone de Pompei, la photographie d'un chasseur alpin remontant à la Grande Guerre, deux tables de nuit et un petit coffre.

Leur inspection terminée, *Pedro* et *Neri* descendirent chercher leurs hôtes. Ils s'apprêtaient à prendre congé lorsque la Petacci retint le commandant de la 52e brigade pour lui demander s'il était possible d'avoir un autre oreiller. Bellini ayant promis de s'en occuper, Clara formula une seconde demande. Elle possédait, déclara-t-elle, une mallette contenant un petit « nécessaire » de voyage qui lui avait été enlevée à Dongo et qu'elle n'avait pas revue. Il y avait dans cette mallette « des choses qui lui seraient très utiles » et d'autres « petites choses » qui lui étaient particulièrement chères. Elle serait très reconnaissante à *Pedro* d'en retrouver la trace et de la lui faire restituer. Le Florentin répondit qu'il ferait tout son possible et salua ses hôtes avant de se retirer. Il retourna quelques instants plus tard au deuxième étage, donna lui-même l'oreiller manquant à la Petacci, puis, rejoignant ses compagnons d'armes à la cuisine, il avala avec eux une dernière tasse de café. Il ne restait plus qu'à remercier les

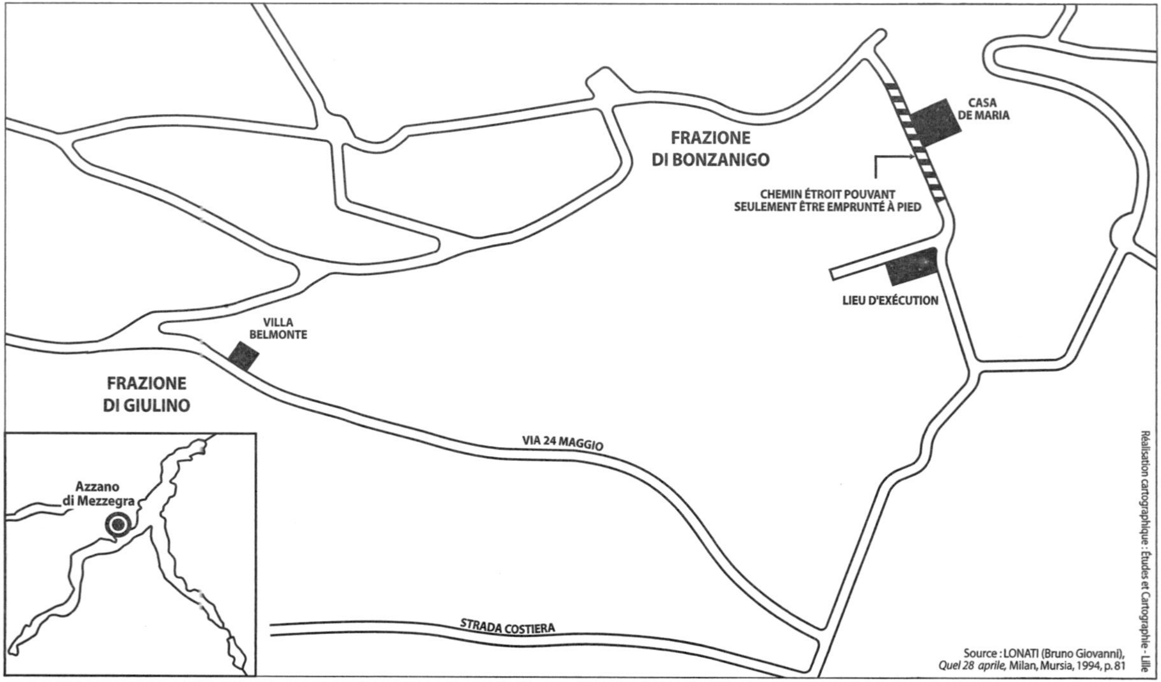

Azzano di Mezzegra : lieux où se sont déroulées les dernières 24 heures de la vie de Mussolini et de Clara Petacci

maîtres du lieu de leur accueil et à prendre congé. Il était 5 h 15 du matin lorsque les trois compères, accompagnés de *Gianna*, quittèrent la maison des De Maria.

ENFIN SEULS

Commença alors la « dernière nuit » de Mussolini et Claretta, qui serait en même temps la première. En effet, au cours des douze années qu'avait duré leur liaison, ils n'avaient pas eu une seule fois la possibilité de passer ensemble une nuit entière. Bien que sa relation charnelle et sentimentale avec la Petacci fût connue de tous, ou presque, le Duce entendait préserver les apparences et l'image que donnait de lui l'iconographie officielle. Ce n'était nullement indifférence de sa part. Mussolini pouvait difficilement se passer plus d'un jour de sa présence, mais il s'agissait presque toujours de rencontres brèves au palazzo Venezia, où le maître de l'Italie avait installé son bureau et où Clara avait ses habitudes. Elle y arrivait généralement aux environs de 15 heures, s'installait pour lire, écouter des disques ou bavarder avec le valet de chambre Navarra dans l'appartement privé du dictateur. Celui-ci n'apparaissait pratiquement jamais avant 18 heures, presque toujours fatigué et pressé. « Lorsqu'il s'était mis en retard, précise Navarra, ce qui repoussait de beaucoup son retour à la villa Torlonia [sa demeure officielle], leurs amours du "jour" en étaient réduites à une brève demi-heure prise de nuit sur l'horaire du chauffeur qui attendait à la porte, et des policiers échelonnés le long du parcours[1] ». Pendant l'épisode de la République de Salò, ils avaient dû se contenter de rencontres à la sauvette à

Fiordaliso puis à Mirabella. Et, depuis deux jours, de quelques mots.

Et voilà qu'ils se retrouvaient en tête à tête – pour combien de temps ? – dans une chambre éclairée à la chandelle et sans chauffage. Les nuits sont encore froides à la fin d'avril au pied de la montagne, et ils n'avaient pour se réchauffer qu'une vieille couverture grise de l'armée italienne, que Mussolini étendit sur sa compagne lorsqu'elle déclara avoir froid, et la capote qu'on lui avait prêtée à la Garde de finance de Germasino.

En arrivant à la maison des De Maria, Mussolini avait toujours la tête enveloppée de bandages. Ni le maître de maison ni son épouse ne s'étaient permis la moindre remarque à ce sujet. Ce fut seulement lorsque, passant devant la porte de la chambre restée entrouverte, il aperçut son hôte en train de se débarrasser de son masque de toile que Giacomo le reconnut. La propagande par l'image que le régime fasciste avait développée depuis la fin des années vingt avait atteint un degré tel, s'agissant notamment de la personne du « guide », que nul n'avait pu, jusque dans la plus lointaine campagne, échapper complètement à son emprise. De Maria ne dit rien, pas même à sa femme. Il préférait rester en dehors d'une affaire qui le dépassait et éviter toute initiative qui nuirait à ses amis partisans.

En quittant la maison, *Neri*-Canali et ses compagnons avaient confié la garde des prisonniers aux deux garibaldiens qui avaient pris part à l'expédition de la journée : Giuseppe Frangi (*Lino*) et Guglielmo Cantoni (*Sandrino* ou *Menefrego*). Ces derniers devaient se tenir alternativement en faction à l'entrée de la chambre où se trouvaient Mussolini et Claretta. On avait laissé la porte entrouverte afin que le gardien chargé de la surveillance de la pièce pût observer les faits et gestes du couple et intervenir au premier bruit suspect. Cela revenait à supprimer toute intimité dans leurs rapports. Les deux hommes expliquèrent après coup que les captifs avaient passé toute une partie de la nuit à parler, ou plutôt à chuchoter, si bien qu'à aucun moment ils n'étaient parvenus à déchiffrer leur propos. *Sandrino* indiqua, dans un entretien avec le journaliste Ferruccio Lanfranchi, qu'il avait dû intervenir pendant la nuit pour « interrompre les effusions » entre les deux amants, sans autre précision quant à la nature de ces effusions.

Qu'ont-ils fait de cette « dernière nuit » ? Que se sont-ils dit ? Sommeil et veille alternés, quelles ont été leurs pensées, leurs espoirs, leurs angoisses ? Ni l'un ni l'autre n'eurent le loisir de laisser un témoignage écrit ou de se confier à quiconque. Et à qui, de *Sandrino*, de *Lino* ou des époux De Maria, auraient-ils pu s'adresser pour faire connaître leurs sentiments ? Quelles images d'un passé tumultueux, tantôt glorieux, tantôt pitoyable, ont défilé dans la tête de l'ancien maître de l'Italie fasciste ? Quelle lecture l'ancienne favorite faisait-elle de ses douze années de « règne » ? La réponse relève de la fiction, pas de l'histoire.

Mussolini et Clara dormirent jusqu'à une heure avancée de la matinée. Lia De Maria les aperçut depuis la cour, plantés devant la fenêtre grande ouverte, contemplant le grandiose panorama du lac et de la montagne. Il avait cessé de pleuvoir et le soleil avait fait sa réapparition, baignant de sa lumière encore timide l'un des plus beaux paysages du monde.

La fermière s'étant enquise de ce dont ses hôtes avaient besoin, la Petacci réclama un plat de polenta et un pot de lait. Lia en apporta deux portions, accompagnées d'une assiette de salami et d'un morceau de pain (une denrée rare et rationnée dans l'Italie de 1945). Claretta mangea de bon appétit. Mussolini se contenta de deux tranches de salami, d'un peu de pain et d'un verre d'eau, refusant le lait qui avait longtemps constitué l'essentiel de son alimentation, mais que le docteur Zachiarae, le médecin miracle que lui avait envoyé Hitler, lui avait strictement interdit. Les restes de cette frugale collation demeurèrent sur la table plusieurs jours après que le couple eut quitté les lieux.

Il fallait que Mussolini n'eût pas perdu tout espoir d'échapper à la mort pour qu'on le retrouve à son lever reposé et ragaillardi. Peut-être croyait-il qu'un commando fasciste parviendrait à le délivrer – éventualité fort improbable –, ou que les pourparlers secrets avec les éléments les plus modérés de la Résistance aboutiraient finalement à la remise des prisonniers aux Alliés et à la tenue d'un procès en bonne et due forme. Quoi quil en soit, il fit un brin de toilette, sans toutefois se raser, parlant peu, répondant à quiconque s'adressait à lui « *Bene, bene* », apparemment indifférent à ce qui se passait autour de lui. *Sandrino* et *Lino* avaient bien essayé d'entreprendre une conversation suivie avec l'ancien dictateur : peine perdue. Celui-ci n'était sorti de son rêve que pendant un bref instant : quand il avait entendu une voix dans la maison – sans doute un curieux ayant appris que les De Maria hébergeaient une personnalité importante – qui annonçait que les Alliés occupaient Côme. Mussolini ouvrit la porte de la chambre et demanda si la nouvelle était avérée. On lui répondit que oui, ce qui eut pour effet de le plonger dans une sombre méditation.

Côme était la ville où le fascisme triomphant avait édifié, dans le courant des années trente, une « Maison du Parti » dont l'architecture, en partie inspirée des principes de l'école fonctionnaliste, tranchait avec la lourdeur monumentale des édifices destinés à la même fonction dans la plupart des villes italiennes. Peut-être Mussolini se souvenait-il des propos de l'architecte Terragni faisant état des objectifs idéologiques de son projet, en un temps où l'ancien instituteur socialiste ne faisait pas encore figure de dieu vivant ?

> Aujourd'hui, et grâce à la volonté du Duce, a été créée la nouvelle conscience, qui inspire la pensée et qui donnera une forme impérissable au mouvement fasciste.
>
> Il s'agit du mythe solaire dans sa progression lumineuse. Il s'agit de concentrer l'expression dans une idée fondamentale, inspiratrice de toute la nouvelle vie italienne : l'adoration du Chef [...]. La conception des deux projets que nous présentons est fondée sur cette idée principale : créer un cadre digne du grand chef. Le programme est de montrer Mussolini aux Italiens tels que les Italiens le voient, l'entendent, l'adorent[2].

Le temps qu'il lui restait à vivre, quelques heures à peine, Mussolini le passa ainsi à rêvasser, le plus souvent assis sur le lit « matrimonial », ne prenant la parole que pour tenter de rassurer sa compagne, de plus en plus inquiète et nerveuse. Il présumait que quelque chose d'important allait se passer, mais quoi ? Verrait-il *Pedro* et *Neri* revenir pour annoncer aux prisonniers qu'on allait les remettre aux Alliés ? Ou seraient-ce d'autres partisans, envoyés pour les assassiner ? Pendant ce temps, *Lino* et *Sandrino* battaient la semelle dans le couloir du premier étage, se demandant pourquoi on avait omis de les relever.

Au village voisin, les rumeurs allaient bon train. D'aucuns avaient aperçu, durant la nuit, deux voitures parquées sur la via Regina d'où étaient descendues plusieurs personnes qui avaient aussitôt pris le chemin conduisant à la maison des De Maria. D'autres avaient vu que l'une d'entre elles – un homme qui paraissait à bout de forces – avait le visage et le crâne entortillés dans un bandage. Un grand blessé ? Un personnage important dont on souhaitait garder l'anonymat ? En avait-on déduit que ce pouvait être l'ancien maître de l'Italie fasciste, que l'on disait en fuite vers la Suisse, ou quelqu'un avait-il vendu la mèche à Côme ou à Dongo ? Si fuite il y avait, elle ne venait assurément pas de Giacomo. Celui-ci s'était rendu au village dans la matinée, mais il s'était bien gardé de lâcher un mot qui pût mettre un curieux sur la piste de ses hôtes. Quant à Lia De Maria, elle ne quitta pas un instant le périmètre de sa demeure, vaquant aux travaux domestiques comme si aucun incident n'était venu troubler la vie de la maisonnée. On attendait le retour de *Neri* : ce fut *Valerio* qui survint.

CHAPITRE X

L'exécution

LE VERBATIM INCERTAIN DU *COLONEL VALERIO*

Nous avons laissé le *colonel Valerio,* à la fois incapable de maîtriser sa nervosité et jubilant d'avoir imposé sa loi à l'orgueilleux gentilhomme florentin, sur la place de Dongo, tandis que le chef de la 52e brigade roulait en direction de Germasino où étaient détenus six hiérarques – Barracu, Pavolini, Porta, Casalinuovo, Bombacci et Utimpergher – sur les quinze dont l'envoyé du CVL avait inscrit les noms, assortis d'une croix, sur la liste des condamnés à mort. À son arrivée à Germasino, *Pedro* trouva ces derniers devisant plutôt gaiement, indifférents semblait-il au sort qui leur était réservé. Pavolini, notamment, quoique sérieusement blessé, paraissait d'humeur joyeuse, et s'extasiait sur la beauté du paysage. Casalinuovo, qui demandait pourquoi Mussolini avait eu la mauvaise idée de passer par une route dont il connaissait les dangers, s'entendit répondre ironiquement par l'ancien secrétaire général du parti : « Que veux-tu ? Mussolini a toujours raison » – allusion au slogan qui avait, pendant des années, figuré sur les espaces muraux réservés dans les villes à la propagande fasciste. Sans perdre un instant – il redoutait que la morgue de *Valerio* ne produise un affrontement entre ses hommes et ceux de l'irritable « colonel » –, *Pedro* fit monter les prisonniers dans les deux voitures destinées à assurer leur transfert, et en route pour Dongo !

Il était 15 h 10, selon le témoignage de *Bill*-Lazzaro, lorsque, de son côté, *Valerio* quitta Dongo en direction de Giulino di Mezzegra. Il était accompagné de *Guido*-Lampredi, de Michel Moretti (*Pietro*) et peut-être – leur présence est contestée – du *capitaine Neri* (Luigi Canali) et de *Riccardo* (Alfredo Mordini). *Valerio* prétend que, arrivé à proximité de la demeure des De Maria, il se sépara de ses collègues pour s'avancer seul jusqu'à la maison, se faire ouvrir la porte par la maîtresse des lieux, puis – toujours seul et la mitraillette braquée – faire irruption dans la chambre où étaient retenus les deux prisonniers.

À partir de ce moment les relations divergent, y compris celles d'Audisio lui-même. N'affirme-t-il pas, dans sa version du 29 avril dictée à sa cousine Franca De Tomasi, à l'époque dactylographe du CVL de Milan, qu'il est monté au deuxième étage par un escalier de bois et qu'il a fait irruption dans une pièce sans fenêtre ? Dans ses propres souvenirs, *Bill* a beau jeu de rappeler que l'escalier était en fait taillé à même la roche, que la chambre était bel et bien pourvue d'une fenêtre et que *Valerio*, s'il s'était avisé d'arriver seul, mitraillette au poing, dans le couloir où *Lino* et

Sandrino montaient la garde, avec consigne de tirer à vue sur tout inconnu non accompagné de *Pedro*, de *Bill*, de *Pietro* ou du *capitaine Neri*, aurait inévitablement été accueilli par des rafales d'armes automatiques[1]. Il aurait donc fallu que l'envoyé des dirigeants de la Résistance milanaise, qui de surcroît n'était pas un foudre de guerre, se fît accompagner par au moins l'un de ses collègues dont le visage n'était pas inconnu des deux factionnaires garibaldiens.

Audisio rapporte ensuite que, ayant fait irruption dans la chambre où étaient détenus l'ancien dictateur et sa compagne, il découvrit debout devant le lit un Mussolini terrorisé, les yeux hors des orbites, la lèvre inférieure tremblante, dont la première réaction fut de demander : « Que se passe-t-il ? » Le Duce portait une capote marron foncé, un béret de la Garde nationale républicaine sans insigne et une paire de bottes déchirées dans leur partie supérieure.

J'avais planifié, poursuit *Valerio*, de l'exécuter dans un lieu peu éloigné de la maison. Pour l'y conduire, il me fallut user d'un stratagème. Je lui répondis :

« Je suis venu pour vous libérer.

– Vraiment ?

– Vite, vite, nous devons nous déplacer. Il n'y a pas de temps à perdre.

– Où allons-nous ?

– Êtes-vous armé ? lui demandai-je comme si je voulais lui proposer une arme.

– Non, non, je n'ai pas d'arme », répondit le Duce, indiquant par l'intonation de sa voix qu'il avait compris la situation.

Mussolini s'avança pour sortir de la chambre, mais je l'arrêtai :

« D'abord la dame. »

La Petacci ne comprenait pas ce qui se passait, mais elle rassembla promptement ses effets personnels.

« Vite, dépêchez-vous », repris-je.

À cet instant, incapable de maîtriser son impatience, Mussolini se dirigea vers la porte. Ce fut néanmoins la Petacci qui fut la première à sortir. À peine eut-elle franchi le seuil de la chambre que Mussolini se métamorphosa du tout au tout.

« Je savais bien qu'on ne m'abandonnerait pas, déclara-t-il. Je t'offrirai un empire. »

Nous étions encore à l'entrée. Au lieu de lui répondre, je dis à la Petacci : « Allons, allons ! » et je la poussai au-dehors. Elle rejoignit Mussolini, et les deux me suivirent.

Nous parcourûmes le sentier allant de la maison au lieu où une voiture était garée. Pendant que nous marchions, Mussolini me lança un regard reconnaissant. Je lui murmurai :

« J'ai également libéré votre fils, Vittorio. »

Grâce à sa réponse, je voulais savoir où se trouvait Vittorio.

« Merci, de tout cœur. Et où sont Zerbino et Mezzasoma ? demanda-t-il.

– Nous sommes également en train de les libérer, répondis-je.

– Ah ! » et il cessa de se tourner vers moi.

Quand les prisonniers et les partisans qui les accompagnaient arrivèrent à la voiture, Mussolini était persuadé d'être redevenu un homme libre. Du moins est-ce ce que soutient *Valerio*, dont le récit paraît s'éloigner de plus en plus de la vérité. Le Duce fit un geste à l'intention de Claretta, l'invitant en quelque sorte à monter la première dans la voiture, et fut aussitôt rappelé à l'ordre par le chef de l'expédition. « C'est vous qui montez, déclara ce dernier, vous serez mieux protégé. Mais avec ce béret fasciste vous pouvez nous créer des désagréments. » Mussolini obtempéra et, tâtant d'une main sa tête nue, s'exclama : « Et ça ? » *Valerio* n'était pas d'humeur à plaisanter. « Eh bien, s'écria-t-il, enfoncez donc votre béret jusqu'aux yeux ! »

La pluie avait recommencé à tomber. Mussolini et Claretta avaient pris place sur la banquette arrière de la *millecento*, tandis que Lampredi et le conducteur occupaient le siège avant et que *Valerio* se tenait sur le marchepied, à la fois pour guider le véhicule et pour surveiller ses prisonniers. Moretti suivait à pied, mitraillette pointée sur on ne sait quelle cible.

Il n'y avait pas plus d'une centaine de mètres entre la maison des De Maria et la villa Belmonte, le lieu choisi à l'aller par Audisio pour procéder à la mise à mort. On emprunta néanmoins un itinéraire compliqué de façon à décourager d'éventuels curieux. La villa était une coquette résidence secondaire appartenant à un ingénieur du nom de Bellini. Elle était entourée d'un mur bas et s'ouvrait sur la route par une épaisse grille de fer dont *Valerio* avait immédiatement conçu qu'elle remplacerait opportunément un poteau d'exécution. Lorsque la Fiat s'immobilisa à quelques mètres de la grille, l'envoyé du CVL milanais fit descendre les condamnés et les garibaldiens mais pas le chauffeur, Geninazza. Il ordonna à Lampredi et à Moretti de bloquer la route de part et d'autre de la villa, puis fit signe à Mussolini et à sa compagne de s'avancer en direction du portail.

Le Duce n'avait pas tardé à saisir que *Valerio* l'avait sciemment trompé sur ses véritables intentions. Il avait le regard perdu de quelqu'un qui a compris, comme il l'avait écrit à Rachele quelques jours auparavant, que « l'ultime page de sa vie » allait être tournée. Claretta pleurait. Avant de quitter la maison des De Maria, elle avait revêtu son manteau de fourrure et chaussé des escarpins vernis à talons hauts peu adaptés à la circonstance. S'adressant à Mussolini, elle murmura : « Es-tu content que je t'aie suivi jusqu'au bout ? » Il n'entendit pas, ou du moins ne réagit pas. *Valerio* les aurait ensuite poussés vers la grille avant de prononcer la sentence de mort : « Par ordre du commandement général du Corps des volontaires de la liberté, j'ai été chargé de faire justice au nom du peuple italien. »

Du moins est-ce ainsi que l'envoyé du Comité insurrectionnel présente les faits. Il décrit dans la première version de son récit une Claretta se précipitant vers son arme pointée pour l'empêcher de tirer, puis se jetant au cou de son amant en criant : « Lui ne doit pas mourir ! » Et de mettre en scène pour la postérité un Mussolini tremblant de peur, lui-même appuyant sur la détente de sa mitraillette qui s'enraye, puis saisissant un pistolet qui se bloque également et s'emparant pour finir de l'arme de *Pietro*, un PM Mas 38 de fabrication française, avec lequel il réussit enfin à accomplir sa besogne. Tandis que le Duce, frappé de cinq projectiles, tombe à genoux foudroyé, la tête penchée sur la poitrine, Claretta, qui a refusé de s'éloigner de celui dont elle a choisi de partager le destin « jusqu'au bout », est abattue à son tour.

Cette relation, publiée dans *L'Unità* du 30 avril 1945, a subi un premier « toilettage » avant de paraître à nouveau, sous forme d'une série d'articles, à partir du 18 novembre 1945 dans le quotidien officiel du parti communiste. La façon dont *Valerio* y évoque son arrivée à la maison des De Maria et son premier contact avec les prisonniers diffère sensiblement du récit précédent, tant par les informations données que par le ton prêté au « justicier ». Arrêtons-nous sur un point qui peut paraître anodin, voire un peu scabreux, mais qui est sans doute révélateur de la rusticité, voire de la brutalité, du personnage :

> La Petacci ne parvenait pas à se rendre exactement compte de ce qui se passait. Mais à mon regard inquisiteur elle se dépêcha de chercher ses objets personnels, s'attardant à la recherche de sa petite culotte, qu'elle ne réussissait pas à dénicher.
>
> « Fais vite, dépêche-toi. »
>
> Et elle :
>
> « Mais je ne trouve pas ma culotte.
>
> – Tire-toi de là ! N'y pense pas. »

Pour Urbano Lazzaro (*Bill*), qui, pas plus que Bellini Delle Stelle, ne porte *Valerio* dans son cœur, la scène rapportée par ce dernier ne peut être que pure invention de sa part. Il en veut pour preuve le témoignage que lui-même et l'agent américain Lada-Mocarski (OSS 441) ont recueilli auprès de Giacomo De Maria. Celui-ci avait lui-même appris de son épouse Lia que, lorsqu'elle avait accompagné Mussolini et sa compagne jusqu'à la chambre de ses fils, et tandis que le Duce se débarrassait de ses bandages, Claretta lui avait demandé à voix basse de la conduire aux toilettes. À quoi la fermière lui avait répondu qu'il y avait une cuvette pleine d'eau et un vase de nuit dans la chambre et que par conséquent il n'était pas nécessaire de se rendre aux lieux d'aisance, lesquels se trouvaient dans la cour et manquaient du minimum de confort. De plus en plus gênée, la jeune femme avait dû expliquer à Lia, en baissant encore la voix, que ni la cuvette ni le vase de nuit ne pouvaient lui être d'un quelconque secours, car elle avait ses règles et devait changer de serviette hygiénique.

Confrontée à cette exigence, la maîtresse des lieux ne pouvait qu'accéder à la demande de la Petacci. Et c'est à *Sandrino-Menefrego* qu'échut la corvée d'escorter l'ancienne favorite du dictateur jusqu'au fond de la cour, avec pour tout éclairage la pâle lumière d'une minuscule lampe à huile de colza. Pour *Bill*, il ressort clairement de cet épisode que la Petacci ne pouvait rester sans culotte ni debout ni au lit, et que le dialogue rapporté par *Valerio* relevait par conséquent du fantasme.

Il reste – et le fait est troublant – que lorsque le cadavre de la malheureuse Claretta fut exposé, pendu par les pieds, sur le piazzale Loreto le 29 avril, aucun sous-vêtement ne recouvrait le pubis de la jeune suppliciée. Il fallut d'ailleurs l'intervention d'un prêtre, don Pollarolo, qui attacha la jupe de la Petacci autour de sa jambe à l'aide de sa propre ceinture, pour que la macabre exposition ne devînt plus obscène et plus indigne encore d'une société civilisée.

Valerio CONTESTÉ

Le « feuilleton » en vingt-quatre épisodes, paru dans le principal organe du parti communiste en novembre-décembre 1945 sous le titre « Comment j'ai exécuté Mussolini (*Come giustiziai Mussolini*) », était précédé d'un texte de présentation signé par Luigi Longo, à cette date secrétaire général adjoint du PCI, qui se voulait définitif :

> Dans ces pages, ce sont les témoins oculaires et les acteurs de la capture et de l'exécution de Mussolini et de ses acolytes qui parlent, ainsi que les patriotes ayant reçu du commandement général du Corps des volontaires de la liberté les missions officielles qu'ils ont menées à bien et auxquelles nous nous référons ici. Aussi, pas de récits romancés, pas de mystifications, rien que la réalité, rapportée sans fioritures par qui l'a vécue et pour une bonne part créée[2].

Or si, dans les grandes lignes, le récit reprend celui que *Valerio*-Audisio a dicté quelques mois plus tôt à sa cousine, et qui a fait l'objet d'une publication dans *L'Unità* du 30 avril, il n'en comporte pas moins des incohérences et des contradictions assez nombreuses pour qu'on se demande si l'auteur a véritablement été le témoin, et plus encore l'acteur principal, des événements qu'il relate.

Nous ne citerons ici que quelques-uns des « trous de mémoire », des confusions ou des scènes manifestement inventées par l'envoyé des dirigeants de la Résistance milanaise. *Bill* a beau jeu, par exemple, de s'étonner que

Valerio le compte parmi ses collègues présents à Giulino di Mezzegra alors que, pendant toute la durée de l'expédition, il n'a pas bougé de Dongo. Il était en effet occupé, avec huit autres garibaldiens et comme l'ordre leur en avait été donné, à préparer l'exécution de Marcello Petacci. Le commandant en second de la 52e brigade s'étonne encore plus que *Valerio* ait pu le confondre avec *Pietro* – qui, lui, faisait effectivement partie du commando des exécuteurs –, alors qu'à Dongo il s'est adressé à lui à plusieurs reprises en le désignant par son nom de bataille.

Parmi les épisodes inventés, tronqués ou clairement falsifiés de l'ancien comptable, le même *Bill*-Lazzaro a retenu tout ce que Valerio écrit concernant son arrivée à la maison des De Maria : il l'a notamment vue petite, alors qu'il s'agit d'une vaste bâtisse comportant trois niveaux, et il s'y serait rendu seul, s'offrant ainsi à bon compte une réputation de bravoure assez largement usurpée.

Ajoutons qu'une quatrième version, parue dans *L'Unità* le 26 mars 1947 et rendue publique deux jours plus tard, à l'occasion d'un comice communiste réunissant 40 000 personnes dans la basilique de Massenzio, recèle tout autant de détails erronés. Elle sera pourtant examinée et authentifiée par Emilio Sereni et Luigi Longo, en attendant la publication posthume du livre de Walter Audisio en 1975. Près de deux ans se sont écoulés, il est vrai, depuis l'exécution du Duce et de sa maîtresse, mais l'événement était assez considérable pour que chacun de ceux qui l'ont « vécu et pour une bonne part créé », *dixit* Longo, ait en mémoire chaque plan du film dont il a été l'acteur. Or le catalogue des confusions de lieux et de personnes s'est enrichi. Le camion que *Valerio* a réquisitionné à Côme pour conduire à Dongo les membres du peloton d'exécution est devenu un « petit autocar ». En réalité, ce n'est pas dans ce véhicule que les chefs partisans se sont rendus à Mezzegra, mais dans une ou deux Fiat 1100, le camion restant à Dongo jusqu'au retour de *Valerio* et de ses collègues. Personne n'a exigé de Mussolini et de Clara qu'ils prennent place sur un banc de pierre avant d'être fusillés pour la bonne raison qu'il n'y a jamais eu de banc de pierre devant la grille de la villa Belmonte. De même, la Petacci ne pouvait pas « tomber raide morte sur l'herbe humide », étant donné qu'il n'y avait à l'époque, sur le terre-plein situé à l'entrée de la villa, que des cailloux et de la terre.

Particulièrement confuses et contradictoires sont les allégations d'Audisio concernant la dernière séquence de l'exécution. Elles n'en constituent pas moins l'épisode principal de la légende, celui qui, pendant des décennies, est resté gravé dans la tête des Italiens avant d'être exporté hors de la péninsule et de faire le bonheur de biographes et de « documentaristes » en quête d'un sujet juteux.

Selon son propre récit, donc, à l'arrivée de la voiture devant le portail de la villa Belmonte Audisio fait descendre Mussolini et le pousse contre le mur de la propriété. Invitée à le suivre, la Petacci vient se ranger auprès de son amant, à droite de la grille. Le chef du commando ordonne à Moretti et à Lampredi de s'éloigner d'une cinquantaine de mètres sur la route, de part et d'autre du lieu choisi pour l'exécution, pour éviter qu'un curieux ne vienne troubler le scénario prévu. Il donne ensuite lecture de la sentence aux deux condamnés, puis lance à Claretta, qui s'agrippe au cou de Mussolini : « Retire-toi de là si tu ne veux pas mourir toi aussi. » La jeune femme s'éloigne de quelques centimètres tandis qu'Audisio appuie sur la détente de son arme, une mitraillette dont on ignore la provenance et qui s'enraye, provoquant la colère du tireur. Cavallotti lui avait confié une mitraillette américaine Thomson fraîchement parachutée, mais ce n'est pas cette arme, semble-t-il, qu'Audisio a utilisée. Nouvelle tentative de sa part, cette fois à l'aide d'un pistolet de calibre 9 mm qui lui aussi refuse de fonctionner. Il ne reste d'autre choix au « justicier » que d'appeler à la rescousse *Pietro*-Moretti (qui, ne l'oublions pas, est censé se tenir à 50 mètres de là) et de lui emprunter son arme, un MAS 38 de calibre 7,65 mm, non sans avoir durement apostrophé un Mussolini qu'il décrit comme « tremblant de peur ». Il tire ensuite une rafale de cinq coups qui tuent non seulement le dictateur déchu mais aussi sa compagne. Il est très exactement 16 h 10, selon la version des faits communiste ainsi rapportée par l'envoyé du CLNAI et du CVL :

> Je tirai cinq coups au cœur contre Mussolini [...]. Il n'était pas mort, je tirai encore une rafale furieuse de quatre coups. La Petacci, qui était à ses côtés, pétrifiée, et qui en même temps avait perdu conscience d'elle-même, tomba elle aussi, rigide comme un morceau de bois, et resta ainsi, raide morte sur l'herbe humide[3].

Les fusillés de Dongo

Laissons de côté pour l'instant les diverses versions de la mise à mort du Duce et de Clara Petacci, telles qu'elles ressortent des écrits et des déclarations publiques de Walter Audisio et des principaux dirigeants du PCI, et celles qui relèvent d'autres sources, la plupart du temps en opposition formelle avec la vulgate diffusée par les organes communistes. Nous reprendrons cette question dans un chapitre ultérieur. En attendant, revenons à Dongo, où *Valerio*, *Pietro, Guido* et peut-être *Neri* sont de retour aux environs de 17 heures, après avoir laissé les deux cadavres à la garde de *Lino* et de *Menefrego*.

Valerio est le premier à descendre de voiture, le béret enfoncé sur les oreilles, l'air radieux et content de soi de qui vient de réaliser une action héroïque. À peine le chauffeur a-t-il immobilisé son véhicule que déjà il se précipite vers *Pedro* pour lui faire part de son exploit et le gratifier d'une accolade qui laisse pantois le commandant de la 52e brigade Garibaldi : « Victoire, camarade ! » lance-t-il, assez fort pour que tous les garibaldiens présents sur la place de l'hôtel de ville, aussi bien que les fascistes en instance d'être fusillés, dressent l'oreille et entendent la suite : « Justice est faite ! »

Pedro, stupéfait, commence par se dégager des embrassades de son inquiétant collègue, puis réplique, mi-sceptique mi-effaré : « Comment ? Tu les as fusillés ? – J'ai fait justice, dit *Valerio*. Oui, j'ai fait justice ! »

C'est le dialogue du début de l'après-midi qui reprend : *Pedro* scandalisé et humilié de devoir obéir à qui confond autorité et abus de pouvoir, *Valerio* promu par on ne sait quel tour de passe-passe au grade de colonel et aux fonctions d'exécuteur des hautes œuvres par les décideurs milanais.

« Mais n'étions-nous pas d'accord, interroge le premier, pour que les prisonniers soient ramenés ici ? – Je sais, répond son interlocuteur, furieux qu'on puisse ainsi lui résister. Mais en procédant de la sorte, j'ai gagné du temps. »

S'élever de la fonction de petit comptable au rang de liquidateur en chef d'un ancien dictateur et d'une partie de son gouvernement, avec droit de vie et de mort sur tel ou tel, voilà qui a de quoi flatter l'ego démesuré de Walter Audisio. Il est désormais chez lui à Dongo. Il peut ordonner, humilier, condamner sans avoir à en référer préalablement aux dirigeants du CLNAI et du CVL ni à ceux du parti communiste (ce sont souvent les mêmes). N'a-t-il pas profité de l'absence de Bellini, parti pour Germasino à la recherche des six hiérarques détenus à la caserne de la Garde de finance, pour faire arrêter par les hommes de son escorte deux représentants du CVL de Côme, Oscar Sforni et Cosimo De Angelis, qu'il suspectait de vouloir transférer Mussolini à la prison San Donnino de Côme afin qu'il soit ensuite remis aux Alliés ?

> À peine arrivé à Dongo, rapporte Sforni dans un « mémoire » rédigé à l'occasion du procès de Padoue [cf. le chapitre sur le « trésor de Dongo »], je demandai explicitement au *colonel Valerio* – qui manifestait par des signes évidents sa volonté d'agir de façon indépendante et arbitraire – comment il entendait régler la question des prisonniers et des valeurs, lui faisant comprendre à mon tour que, au nom du CLN de Côme, je me proposais de rendre effective notre mission particulière à caractère strictement légal.
>
> *Valerio*, au vu de mon attitude ferme, ordonna *ex abrupto* mon arrestation. Trois partisans m'escortèrent, les mains en l'air et la mitraillette à l'épaule, dans une pièce de l'hôtel de ville local. [...]

Par la faute du *colonel Valerio*, le nouvel ordre démocratique commença ainsi par un épisode bruyant de violence et de mépris du droit[4].

C'est également sur ordre de *Valerio* que fut condamné à mort et exécuté Marcello Petacci. Le frère de Claretta était porteur, on s'en souvient, d'un passeport attestant sa fausse identité de « consul espagnol ». Lors de l'interrogatoire qu'il lui avait fait subir avant de partir pour Germasino, *Pedro* avait bien senti que quelque chose clochait dans les déclarations du conducteur de la voiture où la Petacci avait accompli le trajet de Milan à Dongo. Marcello lui avait parlé de documents extrêmement importants qui devaient absolument être remis aux autorités suisses. Il n'avait pas précisé que lui-même s'était rendu en Suisse quelques jours plus tôt pour négocier le passage de Mussolini et de sa sœur Claretta. Le commandant de la 52e brigade n'avait pas eu le temps de pousser plus avant l'interrogatoire, mais il s'était juré de le reprendre une fois le Duce et sa compagne conduits à leur nouvelle cachette. Il était persuadé que la mission du « consul espagnol » consistait au bout du compte à obtenir du gouvernement de Londres, et par l'intermédiaire des Suisses, la vie sauve pour Mussolini en échange de documents compromettants pour le Premier ministre britannique.

C'est seulement à l'arrivée d'Audisio à Dongo que « l'Espagnol » fut identifié. Par *Valerio* en personne. Sauf que celui-ci crut d'abord, et de bonne foi, reconnaître Vittorio Mussolini. La veille au soir, la radio du CLNAI avait annoncé que le fils aîné du Duce voyageait dans la région au volant d'une automobile, qu'il était porteur de documents espagnols et tenterait sans doute de passer en Suisse. Bien sûr, le « diplomate » qui avait pris de haut le commandant de la 52e brigade Garibaldi commença par nier, si bien que *Valerio* chargea *Bill,* tandis que lui-même se rendrait à Bonzanigo pour remplir sa mission d'exécuteur, de faire parler le prisonnier, et en cas de refus de sa part de le fusiller. Marcello n'avait pas l'étoffe d'un héros. À quoi aurait servi, d'ailleurs, qu'il se sacrifie pour ne pas dévoiler un secret que les partisans n'allaient pas tarder à découvrir ? Il confessa donc à ses geôliers que les vrais documents se trouvaient soigneusement cachés dans la chambre de l'hôtel de Dongo, où il avait dormi la nuit précédente, et où on les retrouva sans difficulté. Le nom de Petacci, révélé à *Valerio* à son retour de Bonzanigo, fut ajouté à la liste des quinze dignitaires fascistes précédemment sélectionnés par l'envoyé de Milan.

Il restait à accomplir la macabre besogne consistant à éliminer les seize condamnés à mort. Elle fut précédée d'une nouvelle passe d'armes entre *Pedro* et *Valerio.* Ce dernier ayant ordonné qu'on lui envoie sans tarder les hiérarques et autres familiers du dictateur défunt, son interlocuteur refusa tout net d'obtempérer : « C'est à toi de t'occuper de ça, lui lança-t-il. Tu as tes hommes. Je ne veux assumer aucune responsabilité dans cette affaire. – Dans ce cas, répondit *Valerio,* fais accompagner chaque condamné par l'un de tes garibaldiens, et ce jusqu'à la place. Ensuite, mes hommes formeront le peloton d'exécution. Ça ira comme ça ? »

Le commandant de la 52e brigade se montra aussi peu coopératif lorsqu'il lui fut demandé d'assister à l'exécution. *Valerio* eut beau lui faire valoir qu'en qualité de commandant de la zone il ne pouvait se soustraire à cette obligation, il n'obtint pour toute réponse qu'un haussement d'épaules et un pâle sourire méprisant.

Il est encore un terrain sur lequel les deux hommes devaient s'affronter. *Pedro* s'apprêtait à quitter les lieux lorsqu'un de ses hommes l'arrêta pour lui annoncer qu'un religieux désirait lui parler. Il s'agissait du frère tourier des capucins de Dongo, lequel sollicitait de pouvoir confesser ceux qui, parmi les condamnés, désiraient recevoir l'extrême-onction. Les ministres Romano et Liverani avaient déjà fait savoir qu'ils souhaitaient mourir avec le secours d'un ecclésiastique, mais *Valerio* se déclara pressé de rentrer à Milan, les « exigences militaires » primant, selon lui, celles de la religion. Il n'accorderait donc que trois minutes au père Accursio pour accomplir son devoir, ce qui interdisait à celui-ci de confesser individuellement les prisonniers. Et il commença, sans autre commentaire, l'appel des condamnés à mort, chacun étant ensuite accompagné jusqu'au lieu du supplice par un garibaldien.

Le père capucin n'eut pas d'autre choix que de prononcer une absolution collective, ce qui n'est pas tout à fait conforme à la règle de l'Église catholique, sauf il est vrai dans des cas jugés exceptionnels. Bellini Delle Stelle, qui à ce moment tenta une fois encore de fléchir la volonté exterminatrice de l'envoyé de Milan, a décrit la scène :

> Alors le père s'avance vers les condamnés. Sur la place, la foule qui se presse pour assister à l'exécution a fait silence. Quelqu'un, plus proche du père que les autres, se met à genoux. Le ciel est bleu, le soleil resplendit, le lac est calme. La voix du père, claire et solennelle, passe comme un souffle

sur la place. L'un des condamnés a incliné la tête et écoute : « Demandez pardon à Dieu pour vos erreurs, ayez foi dans Sa grande miséricorde, dans la bonté divine ; ce que vous ne pouvez plus désormais espérer des hommes. Et priez, priez[5]… »

Apparemment peu ému par la scène qui se déroulait sous ses yeux, *Valerio* regarda sa montre d'un air excédé. Les trois minutes étaient écoulées. Pas question d'accorder un délai supplémentaire. Le père capucin leva les bras au ciel et, tandis que les condamnés s'agenouillaient, imités par une partie de la foule, il donna l'absolution générale.

C'est alors que, se souvenant qu'on avait reconnu dans le pseudo- « consul espagnol », non le fils aîné du Duce mais le frère de la Petacci, *Pedro* s'approcha de son collègue et lui expliqua pourquoi *Bill* ne l'avait pas fait fusiller. Pas de quartier. « Fais-le venir jusqu'ici, s'exclama *Valerio*, et mets-le avec les autres condamnés. Lui aussi doit être fusillé. »

En fait, lorsque Marcello sortit de l'hôtel de ville, où il était détenu dans une autre pièce que les hiérarques, incapable de faire un pas en avant et soutenu par deux garibaldiens, les condamnés furent unanimes à crier qu'ils ne voulaient pas être fusillés aux côtés du « traître » Petacci, accusé par eux d'avoir négocié secrètement avec l'ennemi britannique. Pressé par *Pedro* d'accéder à leur demande, *Valerio* voulut bien donner son accord. Marcello serait bien fusillé, mais après l'exécution des quinze compagnons de Mussolini.

Barracu avait demandé, eu égard à son passé d'ancien combattant de la Grande Guerre deux fois décoré, le privilège de faire face au peloton d'exécution. *Valerio* refusa, en dépit d'un nouvel accrochage avec le commandant de la 52e brigade. « Il sera fusillé dans le dos, comme tous les autres ! » Puis, se tournant vers l'homme qu'il avait désigné comme chef du peloton : « Répétez les ordres ! Je veux qu'ils soient exécutés à la perfection ! » Il fallut deux répétitions pour que la scène pût enfin se dérouler selon les désirs, plus ou moins névrotiques, de Walter Audisio. Puis, l'ordre d'ouvrir le feu ayant été donné par le commandant du peloton, les quinze condamnés furent abattus dans le dos, à la mitraillette, le visage tourné vers le lac, après avoir crié à trois reprises « Vive l'Italie ! » Eurent-ils une pensée, au cours de cette cérémonie expiatoire, pour l'homme qui les avait précédés dans la mort après les avoir couverts d'honneurs et de profits ?

Il n'était pas tout à fait 17 h 20 lorsque tombèrent ainsi Barracu, l'ancien communiste Bombacci, Gatti, Mezzasoma, le dernier secrétaire du parti fasciste Alessandro Pavolini, Zerbino, Ruggero Romano, Paolo Porta, chef du parti fasciste de Lombardie, Goffredo Coppola, recteur de l'université de Bologne, Daquanno, directeur de l'agence de presse Stefani, Augusto Liverani, Mario Nudi, le colonel Vito Casalinuovo, aide de camp de Mussolini, Utimpergher et le malheureux pilote militaire Pietro Calistri, embarqué malgré lui dans une aventure politique qui le dépassait.

La besogne n'était pas tout à fait achevée. Il manquait encore un cadavre : celui de Marcello Petacci. Celui-ci n'était pas arrivé seul à Dongo. Outre sa sœur Claretta, qu'il pensait pouvoir sauver grâce à son statut de faux consul espagnol, il avait emmené avec lui sa concubine,

Zita Ritossa, et leurs deux enfants, qui assistèrent à la tentative de fuite de leur père et à sa mise à mort.

À l'instant même où *Valerio* s'écriait « Et maintenant, qu'on amène Marcello Petacci ! » celui-ci s'élança en direction du lac, dans le fol espoir d'échapper aux garibaldiens qui venaient le chercher pour le conduire sur le lieu de l'exécution. Mais la place était pleine de monde : de partisans armés, bien sûr, mais aussi de paysans venus des villages et des hameaux voisins pour assister au spectacle. Arrêté dans son élan, maîtrisé, frappé, porté jusqu'au terre-plein dominant le lac où gisaient les corps criblés de balles des suppliciés, il parvint une deuxième fois à se dégager, puis une troisième. Dévalant les quelques marches menant au lac, il plongea dans l'eau glacée et se mit à nager vigoureusement. Derrière lui, accoudés au parapet, les partisans vidèrent dans sa direction les chargeurs de leurs mitraillettes. Il n'y eut pas de miracle pour le « traître Petacci ». Atteint par plusieurs balles, le corps de Marcello disparut sous les eaux. Une barque fut aussitôt envoyée pour récupérer sa dépouille, qui alla rejoindre celles des autres fusillés, mises en tas en attendant leur transfert à Milan.

CHAPITRE XI

Post mortem

Les cadavres du Duce et de Claretta Petacci restèrent deux heures sous la pluie avant qu'une voiture vînt les prendre à Giulino di Mezzegra pour les transporter à Dongo, où *Valerio*-Audisio les fit jeter dans un camion avec ceux des autres fusillés de l'après-midi. Il était environ 1 h 30 du matin le dimanche 29 avril lorsque le funèbre convoi s'ébranla en direction de Milan. Une demi-heure plus tard, le camion et son escorte furent arrêtés à un poste de contrôle tenu par les partisans de la 110e brigade Garibaldi et soumis à une inspection qui eut pour effet de réveiller la mauvaise humeur de *Valerio*. Celui-ci menaça le chef de poste d'adresser un rapport pour abus de pouvoir au commandement général du CVL. Le reste du trajet s'effectua ensuite sans problème jusqu'à Milan, où les « justiciers » du dictateur arrivèrent un peu après 3 heures du matin. Et pas n'importe où.

Piazzale Loreto

Valerio avait en effet choisi de déposer les corps des dignitaires fascistes sur le piazzale Loreto, le lieu même où avaient été exposés ceux des victimes de la tuerie du 10 août 1944. Décision personnelle et longuement méditée, à en croire *Valerio*, qui s'était juré de venger les suppliciés du 10 août, exécutés devant ses yeux. Encore une fois, la réalité semble différente. Si l'on se réfère au témoignage de Lampredi – l'un des moins sujets à caution parmi ceux des personnages qui eurent à connaître directement des « événements de Dongo » –, la décision fut prise au cours du trajet de retour, et elle le fut collectivement. Il n'en reste pas moins qu'il s'agissait bien d'une vengeance. « Vengeance logique, écrit l'historien Sergio Luzzatto, presque scolastique. Vengeance logique, parce que la Résistance avait trop souffert des exhibitions mortuaires du fascisme de Salò pour renoncer à la tentation du contrepoids. Vengeance scolastique d'autre part, parce que l'imaginaire partisan avait fait du piazzale Loreto le symbole de la *nemesis* résistancielle[1]. » Rachele Mussolini n'avait-elle pas reçu à Gargnano une lettre anonyme contenant cette menace : « Nous les porterons tous piazza Loreto[2] » ? Symbole aussi, ajouterai-je, de l'histoire du fascisme italien, né le 21 mars 1919 à Milan, lors de la réunion constitutive du premier faisceau de combat piazza San Sepolcro, et livré, *post mortem*, à la vindicte populaire à quelques centaines de mètres de son lieu de naissance.

Les cadavres de Mussolini, de Claretta Petacci et des seize fusillés de Dongo furent laissés à la garde de plusieurs partisans. Celui d'Achille Starace, ancien secrétaire général du parti et grand ordonnateur à la fin des années trente de la « révolution culturelle » fasciste, c'est-à-dire de la radicalisation totalitaire du régime, les rejoignit en début de matinée. Ignorant tout des exécutions de la veille, Starace avait quitté son domicile aux environs de 7 heures pour effectuer son footing quotidien. Reconnu et aussitôt arrêté puis battu, on le traîna jusqu'au lieu où *Valerio* avait déposé ses victimes. Devant le cadavre de Mussolini il salua « à la romaine » avant de tomber, fusillé dans le dos par une rafale de mitraillette.

À peu près à la même heure, alors que les garibaldiens préposés à la garde des suppliciés s'étaient endormis, les premiers passants aperçurent les corps alignés sur l'esplanade. Une heure plus tard, la foule commençait à s'agglutiner, appelée à venir constater que « justice avait été faite », par une voiture à haut-parleur qui sillonna la ville pendant toute une partie de la matinée.

Les cadavres avaient été jetés à même le sol, offerts en quelque sorte à la fureur vengeresse d'une population venue pour se convaincre de la chute, définitive cette fois, de la dictature. Rien n'avait été prévu pour contenir la foule et empêcher que l'exposition des corps ne tourne à la catharsis barbare. D'heure en heure, la masse des « curieux » et des « justiciers » s'enfla, hurlante et se livrant à divers sévices sur les dépouilles du Duce et de sa compagne. Quelqu'un plaça dans la main du dictateur, sceptre dérisoire, la hampe d'un fanion fasciste. Un autre fit glisser son corps sur celui de Claretta, lui-même posé sur les jambes de Marcello Petacci. Un autre encore cria à l'adresse du Duce : « Fais-le donc ton discours, maintenant, allez, fais-le ! » Une femme tira cinq coups sur la dépouille de Mussolini « pour venger ses cinq fils morts ». Les premiers rangs de spectateurs, irrésistiblement poussés vers les cadavres, les foulaient aux pieds, leur écrasant le visage à coups de talon, crachant sur ce qui devenait, au fil des minutes, d'horribles tas de chair dont on pouvait de plus en plus difficilement distinguer les traits. Des ménagères de Milan jetaient sur eux de maigres légumes et du pain noir, menu fixe des cinq années de guerre. Quelqu'un urina sur la dépouille de la Petacci, geste suivi d'actes de même nature, voire plus avilissants encore, accomplis souvent par des personnes dont nul n'aurait pu deviner les penchants sadiques.

Pour faire reculer la foule et empêcher que les restes des fusillés ne fussent complètement piétinés, des partisans finirent par tirer en l'air, vidant les chargeurs de leurs mitraillettes, ou aspergèrent l'assistance à l'aide de lances à incendie. Peine perdue : une sorte de géant aux bras musclés et couverts de sang soulevait l'un après l'autre les cadavres, tandis que la foule scandait leurs noms.

Il était 11 heures lorsqu'une équipe de pompiers surgit à un angle de la place et parvint à repousser la foule avant de procéder à un lessivage des cadavres barbouillés de sang et de crachats. En arrivant sur les lieux, les hommes de *Valerio* avaient déposé les fusillés à proximité d'un distributeur d'essence en construction, surmonté d'un treillage métallique sur lequel les « vigiles du feu » hissèrent, accrochées par les pieds, les dépouilles de sept suppliciés : Mussolini, Claretta Petacci, Zerbino, Marcello Petacci, Pavolini, Bombacci et Barracu, dont le corps mal fixé finirait par tomber et serait remplacé par celui de Starace.

Le cadavre de Clara Petacci, en ce 29 avril 1945, offre aux milliers de Milanais venus crier vengeance sur le piazzale Loreto le spectacle obscène de son pubis dénudé. Il faudra qu'un inconnu emprunte à une vieille femme présente au premier rang une épingle à nourrice, avec laquelle il s'efforcera tant bien que mal de fixer les deux pans de la jupe, puis qu'un prêtre de passage, don Pollarolo, attache celle-ci autour des jambes de Clara avec sa propre ceinture, pour que la jeune femme retrouve un peu de décence posthume. L'épisode serait anecdotiquement macabre s'il ne confirmait au passsage les réserves déjà mentionnées sur le témoignage de *Valerio*, voire sa présence à Giulino di Mezzegra. Comme le note Urbano Lazzarro, alias *Bill*, sur la foi d'une déclaration de Giacomo De Maria parlant au nom de son épouse Lia, il paraissait évident que Claretta n'avait pu se passer de sous-vêtement « ni au lit ni debout ». *Bill* en conclut que la phrase attribuée à la compagne de Mussolini – « *Ma non ho le mutandine !* » – était une invention de *Valerio*, conçue au moment où il avait eu loisir de constater que l'ancienne favorite, accrochée à son treillage et la jupe pendante, ne portait pas de culotte.

Débat autour d'un tyrannicide

On se souvient de la résolution adoptée par le CLNAI le jour même où s'accomplissait le rituel macabre du piazzale Loreto. Y était évoquée la « détermination farouche » de l'organe dirigeant de la Résistance « à faire sien un jugement déjà prononcé par l'histoire ». On reconnaissait que « l'explosion de haine populaire avait dégénéré en excès », mais que les seuls responsables en étaient le fascisme et son chef. Par cette déclaration, que Sandro Pertini avait soufflée à ses collègues, les hauts responsables de la Résistance marquaient solidairement leur volonté de rupture avec le fascisme, l'exécution du Duce et de plusieurs de ses ministres symbolisant en quelque sorte la fin d'une époque et l'émergence d'une Italie nouvelle, fondée sur l'alliance des forces qui avaient participé à la lutte contre la dictature.

L'accent mis sur le « caractère unique » des « excès » commis par la foule milanaise visait à souligner le rôle central que le gouvernement de la République sociale, et au premier chef Mussolini, avait joué dans la tragédie dont le peuple italien avait été acteur et victime. Comme si l'élimination physique du dictateur et la cérémonie barbare du piazzale Loreto pouvaient d'un coup effacer les atrocités de la guerre civile et réconcilier les Italiens avec eux-mêmes. Depuis, le débat n'a cessé d'opposer ceux qui, en Italie mais aussi ailleurs, ont tendance soit à excuser, avec plus ou moins de conviction, non seulement les « excès » perpétrés par quelques milliers de Milanais, mais également les dirigeants du mouvement insurrectionnel, soit au contraire à les condamner au nom de principes humanitaires qui ne sont pas toujours exempts, il est vrai, de présupposés idéologiques.

Commençons par les chefs de la Résistance. Tous ne sont pas communistes. Pertini, qui a mené tambour battant la réunion du 29 avril et à qui l'on doit pour l'essentiel le texte de la proclamation du CLNAI et son adoption par les membres présents, est socialiste. Leo Valiani a quitté le PCI à la suite du pacte germano-soviétique pour adhérer au mouvement Giustizia e Libertà, puis au parti d'Action. Mais l'un et l'autre sont proches des communistes, et parfois encore plus intransigeants qu'eux. Surtout lorsqu'il s'agit d'examiner la question de la mise à mort, immédiate ou reportée à un avenir indéterminé, de l'ancien dictateur. Leur attitude s'explique largement par le souci qu'ils ont de « coller » au parti communiste, au moins sur le terrain de l'« épuration » au plus haut niveau, et de le concurrencer en matière d'influence auprès des masses. Le message que Pertini délivre à ses collègues non affiliés au « parti de la classe ouvrière » est clair : il serait suicidaire de se démarquer des communistes en condamnant trop sévèrement les égarements d'une foule ramenée pendant quelques heures à l'état sauvage.

Est-ce pure manœuvre électoraliste, dans un pays qui va connaître une forte montée en puissance de l'extrême gauche marxiste ? L'ancien parti socialiste s'est reconstitué en 1942-1943 sous le nom de parti socialiste italien d'unité prolétarienne (PSIUP), en fusionnant avec la tendance maximaliste d'orientation léniniste de Lelio Basso et l'aile réformiste animée par Giuseppe Saragat. La direction comprend, rassemblée autour de Pietro Nenni, des personnalités qui, à l'instar de Sandro Pertini, ont joué un rôle important dans l'exil politique. Le 4 août 1943, le PSIUP a signé avec le PCI un pacte d'unité d'action qui a pu apparaître comme l'amorce de la réunification du mouvement ouvrier italien. En fait, les positions des deux partis étaient trop éloignées pour que ce projet aboutisse.

Sur de nombreux points, le PSIUP est plus proche en 1945 du parti d'Action, voire du parti républicain, que de son homologue marxiste. Cette situation exige des socialistes – s'ils veulent profiter sur le plan électoral de la vague révolutionnaire qui déferle sur l'Italie – qu'ils s'appliquent à concurrencer le parti communiste aussi bien sur le terrain des luttes sociales que sur des questions pouvant aisément faire consensus. La condamnation et l'exécution clandestine de Mussolini s'inscrivent dans cette perspective, non exempte d'un certain populisme. Le peuple a parlé ; il a fait justice, il a châtié à sa manière l'acteur principal et les seconds rôles de la tragédie que fut pour les masses italiennes la dictature fasciste. Il a certes commis des « excès », mais à qui la faute ?

Le message est clair. Dans *Avantí !*, le spectacle du piazzale Loreto est déclaré « horrible » mais « nécessaire ». « Le peuple a été contraint, écrit ce journal, d'exécuter son tyran pour se libérer du cauchemar d'une offense irréparable[3]. » On a donc laissé faire pendant plusieurs heures. Pas d'intervention des brigades garibaldiennes, ni d'envoi sur les lieux de responsables dépêchés par le CLNAI ou le CVL pour tenter d'arrêter la boucherie. Le mal était « nécessaire ». Le peuple était « contraint ». Le peuple ? Mais n'était-ce pas du peuple que se réclamaient les squadristes de la Marche sur Rome, les fascistes des années vingt et trente, les *repubblichini* aux ordres de Pavolini… et de Mussolini ? Et ce *colonel Valerio* qui se pose en seul exécuteur du Duce, n'est-ce pas « au nom du peuple italien » qu'il prononce la sentence de mort ?

Il serait néanmoins abusif de faire porter la responsabilité exclusive de la scène qui s'est déroulée au cœur même de la métropole milanaise sur les dirigeants du mouvement insurrectionnel. La guerre n'est pas finie et la révolution menace : une révolution partie de la base et que les chefs de la Résistance, y compris les plus intransigeants, risquent d'avoir beaucoup de mal à canaliser. Et puisqu'il faut des victimes expiatoires aux crimes dont se sont rendus coupables, ou complices, les partisans de la République de Salò, qu'on laisse la vengeance populaire accomplir sa fonction de catharsis, de « purification », fût-ce au prix d'un désaveu universel.

Au-delà de la surenchère dans la violence qui accompagne classiquement toute guerre civile, l'épisode du piazzale Loreto présente, aux yeux de l'historien, une autre signification. En piétinant le corps et le visage du Duce, en le rendant méconnaissable, en réduisant son cadavre à l'état de pantin grotesque et obscène, n'est-ce pas un peu sur eux-mêmes que les profanateurs ont exercé leurs sévices ? Certes, ce n'étaient pas obligatoirement les mêmes qui, présents ce 29 avril – hasard ? nécessité ? – sur le piazzale Loreto, avaient acclamé Mussolini au sortir du théâtre Loreto quatre mois plus tôt. Qu'il y ait eu parmi eux nombre d'antifascistes convaincus de longue date de la perversité du régime, soit. Et aussi des victimes plus récentes de la sauvagerie nazie et républicaine. Mais qui dans cette foule composite n'a pas à quelque moment, trois, cinq ou dix ans plut tôt, vibré aux discours triomphalistes du dictateur ? Avant de devenir – avec Ciano et Starace, ou encore Pavolini – « l'homme le plus haï d'Italie », n'a-t-il pas été celui que les Italiens ont le plus aimé ? Ce corps et ce visage sur lesquels se sont acharnés les justiciers du piazzale Loreto n'ont-ils pas, pendant au moins quinze ans, été objets de culte et d'adoration dans toutes les couches de la société ? N'est-ce pas le charisme personnel de Mussolini qui a constitué la clé de voûte du consensus de masse ? Et faut-il s'étonner dans ces conditions, le césar thaumaturge ayant trahi les espérances de son peuple et conduit celui-ci à la débâcle, que les gestes profanateurs se soient focalisés sur l'image concrète, palpable, du héros défaillant ?

Il faut dire que, dans ce renversement de l'image du « guide » de l'Italie fasciste, les médias de l'époque – journaux, principalement de gauche et surtout d'extrême gauche, mais aussi émissions radiophoniques et *cinegiornali* cinématographiques – ont joué un rôle majeur, accompagnant ou suscitant la haine, et peut-être davantage encore le mépris, de nombreux Italiens pour la personne même du Duce. La propagande du régime avait fait ses beaux jours de l'exaltation quasi obsessionnelle du « surhomme » que la Providence avait mis à la tête du pays. Sportif accompli, excellant dans toutes les disciplines du muscle, pilote intrépide au volant de sa voiture de course ou de son avion personnel, ouvrier et paysan d'élite, capable à la fois de façonner le métal sur l'enclume de la forge paternelle et de moissonner le blé lors des célèbres « batailles du grain », c'était aussi un combattant indomptable, héros de la Grande Guerre. Sans parler du charme irrésistible du « séducteur » botté. Combien de femmes italiennes, à l'instar de l'héroïne incarnée par Sofia Loren dans le film d'Ettore Scola *Une journée particulière*, n'ont-elles pas affiché au mur de leur cuisine, ou pieusement rangé dans un album – comme la jeune Clara Petacci –, au moins une photographie du Duce découpée dans un magazine fasciste ?

C'est cette image dont il s'agit d'assurer la destruction – la guerre et la férocité des supplétifs de la SS ont fait le reste – auprès d'une population qui est loin d'être universellement acquise à l'antifascisme militant. Il faut notamment détruire le mythe du combattant courageux qui a frôlé la mort sur le Carso en février 1917. *Valerio* se chargera de donner le ton dans ses relations de l'exécution du Duce, et ce dès la version parue dans *L'Unità* du 30 avril 1945, deux jours seulement après la mort de Mussolini. Peu importe qu'il en ait pris l'initiative ou qu'il ait agi sur ordre des plus hauts dirigeants du parti. S'il est une leçon que *Valerio* a tirée de sa participation à la guerre d'Espagne dans les rangs des brigades internationales, c'est bien qu'il n'y a pas d'arme plus efficace pour se débarrasser d'un ennemi, ou d'un concurrent devenu gênant (anarchiste, trotskiste, socialiste révolutionnaire), que de le diffamer auprès des masses, en l'accusant soit d'avoir trahi, soit d'avoir fait preuve de lâcheté. Il n'était donc pas nécessaire d'inciter le « justicier » de Mussolini à donner du comportement de ce dernier à Giulino di Mezzegra une représentation infamante. Il savait par expérience ce qu'il devait dire pour que la direction du PCI, dont il n'entendait évidemment pas se démarquer, pût faire de son récit la base d'un article de foi offert aux militants et à la masse du peuple italien. Sous sa plume, ou plutôt sous sa dictée, le Duce devenait un couard terrorisé par l'approche soudaine de la mort. Il faudra des décennies avant que le témoignage tardif de Lampredi (1972) autorise les historiens à rectifier l'image d'un Duce tremblant de peur devant ses exécuteurs, un véritable « chiffon humain », selon l'expression employée par Togliatti, numéro un du parti, dans sa revue *Rinascita*. Nous y reviendrons.

Il est un dernier point qui mérite d'être souligné s'agissant des mobiles qui ont pu inciter de nombreux

Milanais à se rendre sur le piazzale Loreto ce 29 avril 1945, alors que les combats de la libération sont à peine achevés. N'est-ce pas le moyen le plus sûr et le plus immédiat pour chacun de s'assurer de la mort du tyran ? Afin d'en juger, il faut se replacer dans le contexte des derniers jours de la guerre. Est-il aberrant d'imaginer que, prisonnier des partisans, comme l'annonce depuis plusieurs jours la radio contrôlée par les résistants, Mussolini ait pu échapper au châtiment promis par les dirigeants du mouvement insurrectionnel ? Il faut avoir vu, j'oserais presque dire qu'il faut avoir touché son corps sans vie, pour être certain qu'on ne verra pas réapparaître un jour ou l'autre le dictateur déchu, miraculeusement sauvé de la mort par une intervention de dernière minute des Alliés ou de quelque détachement isolé de miliciens fascistes. Sergio Luzzatto a raison d'écrire que « la disparition du cadavre de Hitler, organisée par les services secrets soviétiques comme arme pour la guerre froide en train de naître, aurait eu tôt fait de nourrir le mythe de la survivance du Führer[4] ». En décidant d'exhiber le cadavre du Duce à la foule milanaise, les partisans ont cherché à se prémunir contre l'élaboration d'un tel mythe, d'autant plus concevable en Italie que susceptible de trouver un écho dans une population fortement imprégnée de superstition et de surnaturel.

Seuls quelques centaines, quelques milliers peut-être de Milanais « privilégiés », ceux qui parvinrent à se glisser aux premiers rangs et à y rester assez longtemps pour fixer dans leur mémoire l'image du dictateur supplicié, ont pu porter un témoignage direct sur ce qu'ils avaient vu sur le piazzale Loreto. Ce témoignage fut toutefois relayé par la diffusion dans toute l'Italie des clichés pris le 29 avril par des meutes de journalistes, parmi lesquels figuraient les meilleurs photographes de presse de la métropole lombarde, à commencer par Loreto Fedele Toscani, de l'agence Publifoto. Sans doute les journaux de l'époque se prêtaient-ils assez mal à l'impression des clichés, mais, dès le lendemain de l'exposition des cadavres, des reproductions des photos circulèrent dans tout le pays, dont deux séries sous la forme de cartes postales publiées avec l'autorisation explicite du bureau du Corps des volontaires de la liberté. Ce marché des images ne tarda pas à s'élargir aux pays alliés, puis aux neutres.

Autopsie et tribulations du cadavre de Mussolini

Une fois détruite l'image vivante du guide égaré et vaincu, une fois sa mort attestée par des dizaines et des dizaines de milliers de photos – sans parler du documentaire de seize minutes qui fut tourné à chaud par l'opérateur italien Carlo Nebbiolo et dont l'existence a été révélée récemment, grâce à un article publié le 26 février 2005 dans *La Repubblica* –, que faire de sa dépouille désarticulée et souillée ? L'heure n'était-elle pas venue de troquer l'image du tyran exposé à la fureur vengeresse du peuple contre celle du tyran caché, hier adulé, aujourd'hui haï par ses sujets ? Autre grand classique dans l'histoire mondiale des monarques et des dictateurs. Si l'exposition publique du corps de Mussolini avait entre autres fins celle de témoigner aux yeux de tous que le despote était bien mort, et avec lui le système qui avait abouti à la guerre et à la ruine de l'Italie, il fallait maintenant le faire disparaître, ou du moins faire en sorte que sa dernière demeure ne devînt pas trop tôt un lieu de mémoire pour les nostalgiques de l'ordre mussolinien.

Il restait à accomplir une formalité à la fois légale et symbolique : l'autopsie du dictateur mort. Celle-ci ne fut entreprise par les médecins légistes de l'université de Milan que le 30 avril à 7 h 30, soit près de dix-huit heures après que les pompiers, assistés par quelques hommes de la brigade garibaldienne Crespi, eurent décroché les cadavres du Duce, de la Petacci et de Starace puis les eurent transportés dans le salon de l'institut médico-légal de l'université, via Ponzio, tandis que les dépouilles des autres fusillés étaient déposées dans la chambre frigorifique située au sous-sol.

La mise en scène n'était pas terminée. Durant toute la soirée et une partie de la nuit, nombre de personnes qui n'avaient rien à voir avec la médecine légale défilèrent devant les corps, s'attardant, on s'en doute, sur celui du Duce. On pouvait rencontrer, dans ce décor macabre, des partisans en armes, des journalistes, de simples curieux, les uns détenteurs d'un vague laissez-passer délivré par quelque commandant de brigade, ou par un représentant autoproclamé ou non des organismes dirigeants de l'insurrection, les autres ayant simplement réussi à se glisser dans l'antre de la mort à la faveur d'une bousculade. On parlait fort, on proférait sans retenue quolibets et propos graveleux. Les plus audacieux s'étaient avancés jusqu'à la table de marbre où gisait le « guide » de l'Italie fasciste, en attente du scalpel des médecins légistes. On nota même la présence d'un opérateur américain, appartenant à l'équipe chargée de recueillir au profit des services de propagande des États-Unis des séquences filmées des principaux événements de la guerre. Passant d'une table à l'autre, celui-ci n'hésitait pas à déplacer les corps, à tourner les visages vers le peu de lumière qui régnait dans la pièce afin d'accroître l'effet spectaculaire d'une scène qui allait se poursuivre pendant l'autopsie. Curzio Malaparte, toujours en quête d'épisodes à sensation, évoquera quelques années plus tard la sinistre « partie de ping-pong » à laquelle les infirmiers se seraient livrés pendant une pause de l'autopsie, se jetant au visage les viscères de Mussolini[5]. Peu importe alors que, fondé sur le témoignage hautement suspect d'un obscur fonctionnaire à la retraite présent sur les lieux, l'épisode soit très douteux.

Sous la surveillance du médecin général Guido, membre du commandement général du CVL, la nécroscopie fut conduite par le docteur Mario Cattabeni, assisté des professeurs D'Abundo, Enea et Scolari. Le corps dénudé de Mussolini avait été préparé sur une table anatomique. Il pesait 72 kilos pour une taille approximative de 166 centimètres (on n'avait pas pu la mesurer avec précision du fait de l'importante déformation traumatique du crâne). Du procès-verbal de la première autopsie du cadavre, rédigé à chaud et sous le contrôle de ses collègues par le docteur Cattabeni, nous ne retiendrons ici que les conclusions principales, telles qu'elles ont été présentées au public quelques semaines plus tard[6].

La première concerne le crâne et le visage, très endommagés, de l'homme qui s'était enorgueilli pendant des années de posséder une « tête de *panzer* ». Lorsqu'on l'avait détaché sans ménagement du treillage où il était pendu, le cadavre était tombé lourdement sur la plate-forme du camion où gisaient les autres fusillés. D'où l'écrasement partiel de la boîte crânienne et les nombreuses fractures dont il n'était pas facile de savoir si elles étaient dues à ce choc final, au déferlement préalable des coups de pied, de bâton ou de crosse généreusement distribués par la foule, ou aux balles de quelques justiciers de la dernière heure.

On pouvait au moins être assuré que les uniques lésions ayant entraîné la mort résultaient des tirs d'armes à feu. Sept trous d'entrée furent ainsi identifiés comme produits à coup sûr du vivant du Duce, chacun accompagné de son trou de sortie. Aucun n'avait été infligé à la victime préalablement à l'exécution. Le légiste affirmait d'autre part que les coups mortels avaient été portés au thorax, le condamné faisant face à ses justiciers, que la mort avait été immédiate et que, selon toute probabilité, Mussolini avait fait un geste du bras droit pour tenter de se protéger.

Les lésions postmortelles révélaient de la part de ceux qui les avaient provoquées une véritable furie meurtrière, comme si, dans la précipitation de la déposition du cadavre, on avait voulu réduire à néant la personne même du dictateur en tirant au visage, en faisant éclater les chairs et se répandre la matière cérébrale.

Des conclusions que le praticien a tirées de l'examen des viscères de Benito Mussolini, il ressort – et ce n'est pas le moins surprenant – que ce dernier pouvait être considéré à la veille de sa mort comme un individu parfaitement sain, et même « exceptionnellement sain ». Cœur de volume normal, artères coronaires et aorte en excellent état. Rien à signaler du côté des poumons, de l'intestin, de la rate ni du foie. Estomac et voies urinaires ne présentaient aucun signe apparent de pathologie. Ces deux dernières mentions étaient d'autant plus inattendues qu'elles démentaient toutes les rumeurs qui avaient couru sur l'état de santé du « guide », et ce depuis des décennies, alors qu'il n'était encore qu'un dirigeant local du parti socialiste. Depuis l'âge de vingt ans, Mussolini avait en effet souffert de coliques gastriques extrêmement douloureuses et qui pouvaient interrompre son activité pendant plusieurs jours. Persuadé d'être atteint pour le moins d'un ulcère à l'estomac, il avait tâté de toutes les thérapies possibles, épuisé des dizaines de médecins de réputation nationale et internationale, prêté une oreille complaisante à tous ceux qui, familiers ou admirateurs lointains, affirmaient pouvoir le soulager, voire le guérir, mais n'était pas parvenu à se débarrasser de ce mal récurrent, sans doute d'origine psychosomatique, dont les accès les plus violents avaient coïncidé avec des moments de stress important liés aux aléas de sa vie personnelle et de son activité gouvernementale. Toujours est-il que, à défaut d'un diagnostic relevant de connaissances psychophysiologiques très peu répandues à l'époque, le Duce observait un régime draconien. Il avait troqué les alcools forts et le café pour la camomille, les orangeades et le lait – du moins jusqu'à ce que le docteur Zachiarae lui interdise aussi cette dernière boisson. Il mangeait relativement peu, faisait un usage immodéré de la magnésie effervescente, et avait banni la cigarette de son existence.

L'un des atouts utilisés par Mussolini pour bâtir sa légende fut non de cacher son mal – connu de tous, *urbi et orbi*, depuis les toutes premières années du règne – mais de l'instrumentaliser pour conforter son image d'homme fort insensible à la fatigue et à la douleur, menant une vie ascétique, celle-là même qu'il offrirait au peuple italien lorsque serait venu le temps de l'austérité et du rationnement. L'« ulcère » du guide de la nation était devenu dans l'Italie des années trente un véritable *topos*. On trouve dans les archives de son secrétariat particulier des centaines de lettres et de messages émanant de personnes appartenant à tous les milieux, résidant dans toutes les régions de la péninsule, et qui, à un moment ou à un autre, ont éprouvé le besoin de s'adresser au Duce pour lui faire part de l'intérêt qu'elles portaient à sa santé, pour lui indiquer l'adresse d'un praticien réputé ou d'un guérisseur, ou pour lui conseiller un remède susceptible de le débarrasser de son « ulcère à l'estomac ». La plupart de ces lettres viennent de petites gens, souvent originaires du monde rural, familiers des apparitions miraculeuses, et elles témoignent d'une authentique dévotion envers leur destinataire.

Or, l'autopsie révélait que les troubles gastriques dont Mussolini avait souffert avant même d'accéder au pouvoir ne relevaient pas d'une lésion grave de la paroi stomacale. L'« ulcère » du Duce n'aura donc été qu'un mythe de plus dans la construction de la légende mussolinienne. Pas d'ulcère, mais pas davantage de traces d'une maladie vénérienne que Mussolini aurait contractée dans sa jeunesse, et notamment de la syphilis. Le problème est différent en ce sens que la rumeur est ici de pure invention, ce qui ne veut pas dire que la victime n'ait pas prêté la main à sa diffusion, ne serait-ce que par les confidences faites à certains de ses amis à la suite de crises dépressives dont le futur Duce attribuait l'origine à des rapports sexuels précoces avec une prostituée de Forlì.

Mussolini a donc cru, pendant toute une partie de sa vie, qu'il était atteint de syphilis, mal considéré à l'époque comme à peu près incurable. Peut-être, lorsque jeune maître d'école il se trouvait en poste à Tolmezzo, dans le Frioul, n'a-t-il échappé au suicide que grâce à la sollicitude d'un de ses compagnons de beuverie, l'étudiant Dante Marpillero. En proie – ce n'était pas la première fois – à l'angoisse de la maladie incurable, il aurait en effet projeté de mettre fin à ses jours, et Marpillero, lui rendant visite à la pension où il avait élu domicile, l'aurait trouvé dans sa chambre manipulant un pistolet chargé après avoir rédigé plusieurs lettres expliquant son geste. Il l'aurait ainsi empêché de passer à l'acte et convaincu de se rendre à l'hôpital où il serait soigné, comme un peu plus tard à Bologne, non pour la syphilis, comme il le redoutait, mais pour une forme aiguë de blennorragie[7].

Comment est-on passé de cet épisode de la vie privée de deux jeunes gens passablement dissipés à la rumeur publique ? Il semble que le premier à diffuser, dans un cercle il est vrai très restreint, des informations concernant la maladie dont aurait souffert le fondateur du fascisme fut l'inspecteur général de la Sûreté Giovanni Gasti, dans un rapport au ministère de l'Intérieur sur les activités du premier *fascio italiano di combattimento*. Dans une fiche biographique jointe à ce document, Gasti décrivait le chef de cette organisation comme « de forte constitution physique, bien qu'il fût affecté de syphilis ». Il ne faisait en cela que reproduire les dires en circulation dans une Italie en pleine ébullition, où tous les coups étaient permis et où nul ne se souciait de citer, ni surtout de vérifier, ses sources. Le *la* était donné pour la confection d'une légende contre laquelle Mussolini, bien que disposant de pouvoirs considérables, ne pouvait pas grand-chose, sinon tenter de se convaincre lui-même qu'il n'avait pas contracté un mal irréversible.

C'est ainsi qu'en 1925 il demanda à être soumis au test connu sous le nom de « réaction de Bordet-Wassermann », dont l'objet était de rechercher les anticorps de la syphilis. Le résultat ne laissa aucun doute au dictateur : il n'était pas atteint d'une affection luétique – ce qui n'empêcha pas les bruits de couloir de circuler jusqu'au plus haut niveau de l'État. En 1942, lorsque les maux dont souffrait Mussolini l'obligèrent à garder la chambre, villa Torlonia, et à cesser pratiquement toute activité, le chef de la police Arturo Bocchini suggéra à Ciano, gendre du Duce et son successeur désigné, de le soumettre à « une intense cure antiluétique ».

Pendant toute la durée de l'autopsie, plusieurs officiers, tous médecins et membres du service de santé de l'armée américaine, assistèrent à l'opération, prenant des notes ainsi que de nombreuses photos. De retour à leur base, et après avoir pris connaissance du compte rendu officiel établi par Cattabeni, ils rédigèrent à leur tour un bref rapport qui fut publié et communiqué aux agences de presse le 1er février 1946 et dans lequel ils disaient leur plein accord avec le texte élaboré par les légistes italiens. À cette occasion, le colonel James E. Ash, directeur de l'institut de pathologie de l'armée des États-Unis, déclara à un journaliste qu'il était « rare que l'autopsie d'un cadavre révèle un aussi faible degré de décomposition spontanée ».

Nous ne disposons pas de conclusions portant sur l'état du cadavre de Claretta Petacci, pour la bonne raison qu'il n'y eut pas de nécroscopie. Le général médecin Piero Bucalossi s'y opposa, par respect pour la jeune femme dont le seul crime avait été la fidélité jusqu'à la mort, peut-être aussi parce qu'elle était la fille de Francesco Saverio Petacci, médecin lui aussi et héritier d'une lignée de grands praticiens officiant dans l'orbite vaticane. Bucalossi était connu à l'époque, dans le milieu résistant, sous le pseudonyme de guerre de *Guido.* C'était également celui d'Aldo Lampredi, l'autre exécuteur désigné par les chefs du mouvement insurrectionnel. Sur le seul fondement de cette homonymie, le bruit circula d'une intervention de ce dernier afin d'éviter l'examen de la dépouille de la Petacci, lequel risquait de conforter la thèse, émise par certains commentateurs, selon laquelle la jeune femme aurait subi des sévices sexuels avant d'être abattue.

L'autopsie effectuée par Cattabeni et consorts ne mit pas fin à l'odyssée de la dépouille du dictateur fasciste. À peine était-elle achevée qu'on transporta le corps jusqu'au cimetière de Musocco, à Milan, où il fut enseveli dans la plus grande discrétion. Pas assez, toutefois, pour que la tombe anonyme ne soit l'objet d'outrages, ou au contraire de marques d'attention pieuses, de la part d'extrémistes des deux bords. Et puis, un peu moins d'un an avant l'anniversaire de l'exécution de Mezzegra, dans la nuit du 23 avril 1946, pour être précis, un ancien fonctionnaire de la République sociale, Domenico Leccisi, et deux autres jeunes fascistes, membres comme lui d'un fantomatique parti fasciste démocratique, s'introduisirent dans le cimetière Musocco, ouvrirent la fosse dans laquelle était inhumé le Duce, firent sauter le couvercle du cercueil, en sortirent le cadavre qu'ils enveloppèrent dans une toile de tente, et prirent la fuite sans être dérangés le moins du monde.

D'abord déposés dans l'église franciscaine du cimetière de Sant'Angelo, les restes furent retrouvés, après l'arrestation des trois néofascistes, cachés dans une malle dans l'enceinte de la chartreuse de Pavie, où ils avaient été transportés par deux pères franciscains. Le 14 août 1946 eut lieu une seconde autopsie, effectuée par le professeur Antonio Cazzaniga, directeur de l'institut médico-légal, dans un corridor de la morgue de la via Ponzio. Étaient présents le procureur de la République, le juge d'instruction Ascondi et un vice-questeur milanais. Le but de l'opération, réalisée dans des conditions plutôt précaires, était d'attester qu'il s'agissait bien des restes de Mussolini. Voici un extrait du texte publié deux jours plus tard par la presse milanaise :

> Tout autour était disposé un très rigoureux service d'ordre et de vigilance destiné à empêcher les curieux de s'approcher. Le couvercle de la malle, qui avait déjà été ouvert dans les bureaux de la *Questura*, puis fermé à clé, fut à nouveau soulevé. Apparurent alors deux sacs de toile gommée qui constituaient, mis l'un dans l'autre, la double enveloppe, extérieure et intérieure, des restes. Retirés de la malle, les deux sacs furent déliés, renversés sur une bâche étendue sur le pavement à carreaux du portique. On vit alors que la dépouille était réduite à un squelette décomposé[8].

En dépit des difficultés que rencontrèrent les légistes du fait de l'état de décomposition du cadavre – auquel manquaient la main droite et le pied gauche –, cette nouvelle nécroscopie permit d'identifier les restes du dictateur, grâce notamment aux impacts de projectiles encore repérables. Les praticiens se déclarèrent en tout cas suffisamment éclairés par les investigations auxquelles ils s'étaient livrés pour publier le communiqué suivant : « Nous jugeons que le cadavre examiné est le même que celui qui fut autopsié comme celui de Benito Mussolini, le 30 avril 1945, par les professeurs Cattabeni, Scolari et D'Abundo, et qui fut ensuite soumis aux relevés anthropométriques du professeur Antonio Astuti. »

Suivit une longue période de secret au nom de la raison d'État et des contraintes de politique intérieure et extérieure imposées par la guerre froide. Par ordre du gouvernement démocrate-chrétien, qui ne voulait ni que se reproduisent les profanations du cimetière Musocco, ni surtout que la tombe de l'ancien dictateur ne devienne un lieu de culte pour les nostalgiques du *ventennio* fasciste, la dépouille de Mussolini fut, avec l'accord du cardinal Schuster, inhumée dans une chapelle du couvent des capucins de Cerro Maggiore, à une vingtaine de kilomètres de Milan.

Elle resta onze ans dans cette retraite connue seulement de quelques responsables politiques et d'une poignée de religieux. En 1957, dans un climat de relatif « dégel » des relations Est/Ouest, le gouvernement italien jugea que les restes du « guide » disparu pouvaient être rendus à sa famille. Après une troisième autopsie, de simple identification, et la remise à donna Rachele du cerveau de Mussolini, conservé dans un vase de formol à l'institut de médecine légale de Milan, ils furent, conformément aux dernières volontés du Duce, inhumés au cimetière Cassiano à Predappio, son village natal, qui resta longtemps un lieu de pèlerinage et de culte pour les survivants et les inconsolables disciples de l'entreprise fasciste.

CHAPITRE XII

Controverses et règlements de comptes

LUIGI LONGO, INSPIRATEUR ET PRINCIPAL EXÉCUTANT DE LA MISE À MORT DU DUCE ?

Les remises en question partielles du récit que *Valerio* a fourni de l'exécution de Mussolini ont trouvé un renfort inattendu avec la publication, dans *L'Unità* du 23 janvier 1996, d'une relation des faits qui ne s'accordait guère avec la version donnée un demi-siècle plus tôt par l'envoyé du CLNAI et du CVL. L'auteur en était l'un des deux principaux acteurs de l'opération, Aldo Lampredi (*Guido*), mort en 1973, et c'est sur l'invitation d'Armando Cossutta qu'elle avait été déposée l'année précédente à l'institut Gramsci de Rome. La source apparaissait d'autant plus fiable qu'elle avait reçu la caution de l'un des dirigeants les plus représentatifs de l'orthodoxie stalinienne au sein du parti communiste italien. S'agissant des conditions dans lesquelles Audisio et Lampredi avaient reçu des organes dirigeants de la

Résistance mission de se rendre à Dongo pour procéder à l'exécution du dictateur, de sa compagne et des dignitaires de la RSI retenus dans cette localité, les témoignages des deux hommes concordaient, de même que sur la plupart des points concernant les événements de la matinée du 28 avril, depuis le départ de Milan jusqu'à leur arrivée à Dongo, Lampredi-*Guido* confirmant que *Valerio* l'avait précédé sur les lieux où le Duce et ses compagnons étaient retenus par les hommes de la 52e brigade Garibaldi. Sur la suite des opérations, et notamment sur l'exécution, en revanche, les récits divergeaient :

> Nous descendîmes à pied jusqu'à la voiture, écrit Lampredi, nous y fîmes monter les prisonniers, je pris place aux côtés du conducteur. Audisio monta sur le garde-boue arrière et peut-être Moretti sur l'autre. Le trajet était court, si bien que nous arrivâmes rapidement à la grille de la villa Belmonte, où nous avions prévu de procéder à l'exécution. Tandis qu'Audisio s'assurait qu'il n'y avait personne en vue et que peut-être nous attendions l'arrivée de *Lino* et de *Sandrino,* qui en fait n'arrivèrent qu'après l'exécution, je m'approchai de la portière, du côté où Mussolini était assis, me penchai vers lui et lui adressai quelques phrases dont le sens était le suivant : « Qui aurait dit que toi, qui as tant persécuté les communistes, tu aurais un jour des comptes à leur rendre ? » Mussolini ne dit rien, la Petacci me lança un long regard interrogatif auquel elle ne dut trouver dans mes yeux qu'une froide réponse.
>
> On fit descendre de la voiture Mussolini et la Petacci et on les fit se mettre devant le mur, près de la grille. Elle à sa droite. Audisio ne lut aucune sentence, peut-être dit-il quelques mots, mais je n'en suis pas sûr. Il pointa sa

mitraillette mais l'arme ne fonctionna pas. Moi, je me tenais à sa droite. Je pris le pistolet que j'avais dans la poche de mon manteau et appuyai sur la détente, mais en vain : le pistolet s'était enrayé.

Nous avons alors appelé Moretti, qui était à notre gauche, du côté du lavoir. Audisio prit sa mitraillette et tira sur les deux condamnés.

Tout cela se passa dans un laps de temps très court, durant lequel Mussolini resta immobile, inhibé, tandis que la Petacci criait qu'on ne pouvait pas le fusiller et s'agitait près de lui, comme si elle voulait le protéger de son propre corps. Peut-être fut-ce le comportement de la jeune femme, qui contrastait tellement avec le sien, qui, au dernier moment, poussa Mussolini à avoir un sursaut, à se redresser en écarquillant les yeux et en ouvrant le col de sa capote, avant de s'écrier : « Visez au cœur[1] ! »

Ce récit est assez proche du témoignage que *Sandrino,* l'un des deux garibaldiens chargés de la surveillance du Duce et de sa maîtresse dans la demeure des époux De Maria, confiait dès 1945 au journaliste Ferruccio Lanfranchi et dont ce dernier se fit l'écho lors d'une audience du procès de Padoue en mai 1957. Selon cette source émanant de témoins directs, *Sandrino* était présent sur les lieux au moment de l'exécution et avait assisté, tout comme son collègue, à la scène de la mise à mort. Or, selon lui, celle-ci ne s'était pas tout à fait déroulée de la façon dont Audisio la racontait. *Sandrino* avait vu *Valerio* tirer deux coups de pistolet sur Mussolini qui, touché ou non, resta debout. Appelé à la rescousse, Moretti tira une rafale qui atteignit le Duce et Claretta. Lui s'affaissa sur un genou et sur un coude. Elle leva les bras en serrant les poings avant de s'écrouler à ses côtés. C'est alors que *Valerio* tira deux autres coups sur Mussolini, lequel bougeait encore.

Du témoignage de *Sandrino,* on pouvait tirer deux leçons. La première était qu'à aucun moment le fondateur du fascisme n'avait donné le moindre signe de « couardise », comme l'avait affirmé *Valerio* dans ses diverses interventions diffusées par la presse communiste ; la seconde, que Moretti avait peut-être plus de raisons que son collègue de revendiquer le titre de « justicier » du Duce.

On ne s'éloignait cependant pas d'un scénario dans lequel le rôle principal aurait été tenu, qu'il ait ou non tiré la balle décisive, par Walter Audisio agissant sur ordre des dirigeants de la Résistance milanaise. Or c'est précisément sur la question de l'identité du personnage qui se dissimule sous le pseudonyme de *colonel Valerio* que porte l'enquête rétrospective d'Urbano Lazzaro (*Bill*), vice-commissaire politique de la 52e brigade Garibaldi, et par conséquent témoin direct, lui aussi, de ce qui s'est passé à Dongo lors des deux passages dans cette localité de l'ancien comptable d'Alessandria. Voici ce qu'il écrit en 1993 en tête d'un chapitre consacré à l'envoyé du Comité insurrectionnel milanais :

> Le *colonel Valerio* n'était pas le comptable Walter Audisio. Je serai plus précis : ce *colonel Valerio* qui, de concert avec Aldo Lampredi et Alfredo Mordini, arriva à Dongo dans les premières heures de l'après-midi du 27 avril 1945, à bord de la voiture Fiat immatriculée BN 8840, suivie du camion d'où descendirent Alfredo Mordini, Orfeo Landini et le peloton d'exécution ; ce *colonel Valerio* qui se trouva aussitôt dans la ligne de mire de mon pistolet [...], celui qui enfin

> m'ordonna de fusiller immédiatement le faux consul espagnol, en qui il avait reconnu Vittorio Mussolini ; eh bien ce *colonel Valerio* n'était pas le comptable Walter Audisio. Je le dis avec certitude parce que cette personne, j'ai eu l'occasion et tout le temps de l'observer, de l'étudier et de la situer ; une personne, pour tout dire, que je n'ai jamais oubliée.
>
> Le véritable *colonel Valerio* était Luigi Longo [...][2].

Le nom était lâché, et quel nom ! Celui de l'un des principaux dirigeants du parti communiste, vice-commandant du CVL, et qui finira sa carrière politique comme secrétaire général du PCI entre 1964 et 1972. *Bill* aurait identifié l'ancien chef des brigades internationales de la guerre d'Espagne grâce à une photographie prise en mai 1945, peu de temps après l'exécution du Duce. Interrogée à plusieurs reprises par le vice-commissaire politique, Lia De Maria aurait formellement reconnu les trois hommes qui étaient venus chercher Mussolini et la Petacci à son domicile le 28 avril 1945, à savoir Lampredi, Moretti et Longo (nom de guerre *Gallo*). Le visage d'Audisio lui était en revanche parfaitement inconnu, ce qui ne pouvait que conforter *Bill* dans ses soupçons. « J'ai vu une première fois Walter Audisio en photographie, écrira-t-il, quand il fut présenté par Pietro Secchia comme le *colonel Valerio* à la basilique de Massenzio à Rome en mars 1947. Je dis alors à Pietro, à Sforni, à Bertinelli et à Grassi que ce n'était pas ce *colonel Valerio* que j'avais vu à Dongo[2]. »

Confirmation lui en fut donnée lors du procès de l'or de Dongo en 1957 :

Je vis, écrit-il, le comptable Walter Audisio. Je restai interdit : cet homme n'était pas le vrai *colonel Valerio.* Pour être sûr de ne pas me tromper, je voulus faire un test. J'affirmai devant les juges qu'à l'hôtel de ville de Dongo *Valerio* m'avait ordonné de faire enlever les chaussures de Marcello Petacci. « Quelles chaussures ? » demanda Audisio ébahi.

Je me tus, en menteur consommé, mais le piège avait fonctionné. Comment le vrai *Valerio* aurait-il pu ignorer un détail aussi inhabituel et étrange ? Quand nous fûmes sortis de la salle, *Pedro*, qui en plusieurs occasions avait soutenu que *Valerio* et Audisio étaient la seule et même personne, me dit : « Tu l'as piégé avec le coup des chaussures : ce type n'est pas le vrai *colonel Valerio.* »

Nous n'entrerons pas ici dans le détail des multiples arguments avancés par *Bill*-Lazzaro pour démontrer que le parti communiste, dont il fut lui-même un militant convaincu et actif, s'est rendu coupable d'une imposture en poussant Walter Audisio à se couler dans l'identité du *colonel Valerio*, et à faire de lui – une fois révélée au public la part qu'il était censé avoir prise dans l'élimination de Mussolini et de ses compagnons – un véritable héros national. Son enquête, d'ailleurs, présente des contradictions et des obscurités parfois aussi patentes que celles qu'il dénonce chez son adversaire. Au moins a-t-il eu le mérite de pousser, avec d'autres, à la désacralisation d'un mythe reposant sur une usurpation d'identité et d'inciter le PCI à reconnaître que les différentes versions du témoignage soufflé à Audisio par les dirigeants de l'époque comportaient nombre de contre-vérités.

Deux ouvrages, publiés respectivement en 1971 et 1978[3], sont venus appuyer « l'hypothèse Longo ». Leur auteur, Franco Bandini, qui est aussi le plus ardent défenseur de la thèse de la « double exécution » – dont il sera question plus avant dans ce chapitre –, se déclare persuadé que derrière la figure mythique du *colonel Valerio* se cache la personne bien réelle de Luigi Longo et non celle, plus modeste malgré des états de service non négligeables, de Walter Audisio. Et Bandini d'expliquer qu'à Milan Longo s'était rendu compte que le général Cadorna, en dépit de ses dénégations, s'apprêtait à faire libérer Mussolini, à le cacher jusqu'à l'arrivée imminente des Alliés et à le remettre pour finir entre leurs mains, comme l'exigeait la convention d'armistice de septembre 1943. D'où sa décision de procéder en personne à l'élimination des prisonniers, sa hâte à rejoindre précipitamment Dongo, puis Mezzegra, et l'arrogance avec laquelle il avait imposé son autorité aux chefs de la 52e brigade.

La thèse de la double exécution

La parution en 1996 – un an avant la mort de l'auteur – du livre de Giorgio Pisanò intitulé *Gli Ultimi Cinque Secondi di Mussolini* (*Les Cinq Dernières Secondes de Mussolini*) a apporté de nouveaux matériaux à la thèse, défendue notamment par Franco Bandini, selon laquelle Mussolini et Clara Petacci auraient été exécutés une première fois séparément, à plusieurs heures d'intervalle, en des lieux et selon un *modus operandi* différents, puis fusillés à nouveau, ensemble cette fois et à l'état de cadavres, devant la grille de la villa Belmonte. Très contestée, et pour des raisons qui ne tiennent pas toutes au respect des règles de la « science historique », cette thèse mérite mieux, me semble-t-il, qu'un simple haussement d'épaules. On peut ne pas en partager toutes les conclusions, ce qui est mon cas, tout en estimant que le travail d'investigation mené sur le terrain par Giorgio Pisanò est à bien des égards exemplaire.

L'auteur ne cache ni le fait que son enquête repose essentiellement sur des témoignages oraux (mais où sont les archives ?) ni son appartenance à la mouvance néofasciste. Journaliste, directeur de l'hebdomadaire *Candido*, membre fondateur du Mouvement social italien et premier secrétaire de cette organisation pour la fédération de Côme, il sera élu sénateur en 1972 et conservera cette fonction pendant vingt ans. En 1995, après le « tournant de Fuggi » et la transformation du MSI en Alliance nationale, il a choisi de maintenir son adhésion à la « droite nationale », désormais représentée par le petit parti de Pino Rauti.

En avril 1945, Pisanò, alors âgé de vingt-quatre ans, se trouve en Valteline, officier de la Xe flottille MAS, une unité militaire indépendante engagée sous la bannière de la République sociale. Il sert également comme lieutenant dans les brigades noires républicaines. C'est dire qu'il participe aux combats contre la Résistance et à la répression qui les accompagne, ce qui ne peut qu'incliner le lecteur a beaucoup de prudence dans l'examen de ses écrits, même si l'intérêt des témoignages recueillis et le talent du journaliste d'investigation sont indéniables.

C'est en février 1956 que Giorgio Pisanò a commencé son enquête, à la suite de la parution dans *L'Europeo* d'une série d'articles de Franco Bandini critiquant les diverses versions de la mort de Mussolini et de Claretta

Petacci fournies par le fameux *colonel Valerio*. Il apparaissait, à la lecture des témoignages recueillis par Bandini, qu'il en manquait un, peut-être moins anodin qu'on ne l'avait imaginé : celui de Guglielmo Cantoni, dit *Sandrino* ou encore *Menefrego*, l'un des deux garibaldiens qui avaient été chargés de surveiller les faits et gestes du Duce et de sa maîtresse dans la demeure des De Maria.

Marié depuis 1946 à une ancienne partisane, Savina Santi, *Sandrino* ne se contentait pas de cultiver la terre à Pian di Spagna, au nord du lac. Il avait mené depuis 1950 plusieurs enquêtes pour le compte de deux périodiques, le *Meridiano d'Italia* et *Settimo Giorno,* sur les homicides commis par des partisans communistes qui avaient ensanglanté la région au lendemain immédiat de la guerre : environ 450, dont une soixantaine pour la seule ville de Côme. Or une partie de ces meurtres avaient eu pour victimes, ou pour auteurs supposés, des personnes ayant, de près ou de loin, été mêlées à l'élimination de Mussolini et de la Petacci, ainsi qu'à la disparition du « trésor de Dongo ». Peut-être *Sandrino* avait-il des révélations à faire sur ces deux questions, pour peu qu'on sût gagner sa confiance et aiguiser son appétit de gain – qui au demeurant se révéla modeste[4]. Il en résulta une première série de confidences de la part de l'ex-partisan d'où il ressortait que les dires d'Audisio concernant l'opération de Mezzegra étaient pour le moins tronqués.

Sandrino affirmait, dans l'article signé de son nom mais rédigé par Pisanò, qu'il n'avait pas participé à l'exécution devant la grille de la villa Belmonte. Il était arrivé en courant sur les lieux après que les trois exécuteurs avaient rempli leur mission, et il était formel : ce n'était pas *Valerio* qui avait abattu le chef du fascisme et sa compagne. La rafale meurtrière était l'œuvre de Moretti. *Valerio* n'avait fait que tirer sur deux cadavres. *Sandrino* ne voulait pas en dire davantage, craignant d'être lui-même la cible de représailles. « Il y a, aurait-il déclaré à son interlocuteur, d'autres points qui regardent les dernières heures de Mussolini. Mais je ne peux rien dire de plus. Je suis tenu au secret. Je ne parlerai pas, même si tu m'offres des millions. On n'a qu'une seule peau. Quand le moment sera venu, je te raconterai tout, jusqu'au bout. C'est même moi qui viendrai te chercher[5]. »

Il ne viendrait pas et il ne dirait rien. Ni lors du procès de Padoue en 1957, ni à l'occasion des entretiens qu'il aurait avec Pisanò dans le courant des années soixante. À chaque fois, il confirmerait que le justicier du Duce n'était pas *Valerio*, que Moretti était l'auteur de la rafale mortelle et que lui-même était bel et bien détenteur d'un secret qu'il s'était engagé à ne pas révéler, sous peine d'être éliminé à son tour.

Vingt-sept ans s'étaient écoulés depuis l'expédition de Giulino di Mezzegra lorsque *Sandrino* mourut brusquement, emportant son secret dans la tombe et ne laissant comme seul point de repère au directeur de *Candido* qu'un nom lui ayant échappé lors de leur dernière rencontre. Ce nom, le journaliste devenu sénateur l'avait oublié. Pour le retrouver, il n'avait d'autre choix que de faire appel à la veuve de l'ex-partisan, Savina Cantoni, ce qui s'avéra d'autant plus difficile que celle-ci n'éprouvait pas une sympathie excessive à l'égard d'un ancien combattant de la République sociale, alors qu'elle même avait été, à l'âge de seize ans, estafette dans les rangs des garibaldiens de la région du Lario et enfermée pendant deux mois dans une prison de Côme, en compagnie de la partisane *Gianna*.

Il fallut beaucoup de patience à Giorgio Pisanò pour obtenir de Savina Cantoni qu'elle voulût bien coopérer à « la recherche de la vérité sur les faits de Mezzegra ». Le sénateur MSI avait appris de la bouche de *Sandrino* que celui-ci avait rédigé un mémoire pour le cas où il disparaîtrait inopinément, dans lequel il relatait ce qu'il avait vu le 28 avril 1945 dans la demeure des De Maria et près de la villa Belmonte. Pisanò avait également retrouvé dans ses notes le nom de la personne qui détenait ce document : un certain Giulini, ancien secrétaire communal à Gravedona. La piste était vraisemblablement la bonne, c'est pourquoi Pisanò s'adressa une nouvelle fois à la Cantoni, devenue moins hostile à l'égard de l'ancien officier de la milice républicaine. La déception fut grande. On était en 1995, et Giulini était mort trois ans plus tôt. La veuve de *Sandrino* savait que son époux avait rédigé un mémoire sur la mort de Mussolini et de la Petacci, mais il ne lui en avait jamais communiqué la teneur. Puisque Giulini était mort lui aussi, pourquoi ne pas s'adresser à son neveu qui, peut-être, avait eu connaissance du dossier ?

Nous n'entrerons pas dans le détail de la recherche qui devait conduire Pisanò à passer du neveu, Ugo Tenchio, lequel ne se souvenait de rien, au notaire Casnati, tout aussi ignorant de l'existence du fantomatique mémoire, en passant par don Bianchi, curé de Gera, le village dont Giulini avait été maire. Aucune trace du document recherché, mais des informations glanées au fil des rencontres et des entretiens. Giulini aurait reconnu devant témoins détenir le mémoire-testament de *Sandrino*, un texte rédigé en 1945 et ne devant être rendu public que cinquante ans plus tard en vertu d'un serment collectif imposé aux exécuteurs du Duce et de la Petacci, ainsi qu'aux personnes présentes au moment de la mise à mort des deux prisonniers. Où était gardé le mémoire, et qui en avait la garde ? Là-dessus, rien n'avait transpiré.

Ce fut finalement du côté de Savina Cantoni que vinrent les aveux décisifs. Interrogée au début de 1996 par le directeur de *Candido*, la veuve de *Sandrino* voulut bien reconnaître qu'elle avait peur. De qui ? Mais des survivants de l'opération du 28 avril ! Elle refusait obstinément d'en dire plus. C'est seulement lors d'un deuxième entretien avec Pisanò, le 8 février 1996, qu'elle se laissa aller à parler. À la question « Mussolini et la Petacci ont-ils été tués dans le courant de l'après-midi devant la grille de la villa Belmonte ? » elle répondit :

> Non. Ils n'ont pas été tués dans l'après-midi devant la grille de la villa Belmonte. J'ai entendu mon mari raconter que ce matin-là il se trouvait de garde devant la pièce où se trouvaient les prisonniers, Mussolini et la Petacci, quand il vit monter par l'escalier Michel Moretti et deux autres partisans qu'il n'avait jamais vus ni connus. Les trois hommes lui ordonnèrent de se tenir sur le palier, loin de la chambre, tandis qu'ils entraient dans le local. […]
>
> Demeuré sur le palier, mon mari entendit l'un des trois qui disait : « Maintenant, nous vous emmenons à Dongo pour vous fusiller », et un autre crier : « Nous n'allons pas vous tuer ici. » Et puis d'autres voix rugueuses, les hurlements de la femme et des détonations d'armes à feu […][6].

C'est à peu près tout ce qu'elle savait. Du mémoire de *Sandrino*, à supposer qu'il existât, il n'était plus question. Du moins avait-il cessé d'être au centre de l'enquête. Celle-ci venait de prendre une direction nouvelle dont il ressortait que la légende du *colonel Valerio* « justicier » de Mussolini devant la grille de la villa Belmonte avait été inventée. C'était du moins ce que la veuve Cantoni avait fini par avouer à son intervieweur avant de l'orienter vers une piste qui allait se révéler décisive.

À la suite des confidences de Savina Cantoni, Giorgio Pisanò décida de concentrer ses recherches sur le terrain où s'étaient déroulées, un demi-siècle plus tôt, les dernières minutes du Duce et de sa maîtresse et leur mise à mort. C'est en suivant les itinéraires qu'avaient pu emprunter les exécuteurs et leurs victimes, et en confrontant ses conclusions avec les diverses moutures fournies par Audisio, que le journaliste trouva confirmation du fait que les deux prisonniers avaient été exécutés une première fois le matin, puis transportés devant la villa Belmonte et fusillés, alors qu'ils étaient déjà morts, peu après 16 heures.

Il découvrit également une maison située à quelques dizaines de mètres seulement de celle des De Maria. Elle était habitée par une famille nombreuse, bien connue dans la région, et notamment par Dorina Mazzola Vanini, qui avait près de vingt ans au moment des faits. L'accueil fut particulièrement cordial. Dans le prolongement de l'article de *L'Unità* révélant un certain nombre d'élément nouveaux, dont beaucoup en contradiction flagrante avec la vulgate officielle diffusée depuis 1945 par le PCI, Dorina avait envie de parler, et d'abord de ce qu'elle avait pu observer de sa fenêtre le matin du 28 avril : « J'ai vu tuer Claretta Petacci », dirait-elle tout de go. Suivit une longue interview au cours de laquelle la dame Mazzola remit à son interlocuteur copie d'un mémoire d'une trentaine de pages qu'elle signa. Dorina y relatait les faits dont elle avait été témoin.

Après avoir été réveillée à minuit par des bruits de pas, elle avait pu apercevoir à travers les volets de sa chambre un groupe d'hommes armés, visiblement des partisans, accompagnés de deux femmes, dont on ne pouvait dire d'où ils venaient ni où ils allaient. Puis plus rien jusqu'à 8 heures du matin lorsque, levée un peu plus tard que d'habitude, elle entendit deux détonations d'arme à feu suivies de nombreux coups de fusil et de pistolet :

> Encore quelques secondes et dans la maison De Maria éclata une querelle furibonde. Giacomo De Maria hurlait, frappant des poings sur une table, et Lia De Maria pleurait et criait, désespérée : « Est-ce que de telles choses peuvent se produire dans notre maison ? »
>
> Et puis, tandis que la dispute continuait, je m'aperçus que dans la cour située devant la maison se trouvaient plusieurs hommes qui s'agitaient entre la porte de la maison et celle de la cave. [...]
>
> Ce qui me frappa, c'est qu'au milieu d'eux on pouvait distinguer un individu au crâne chauve qui, malgré le matin gris et froid, ne portait qu'un petit maillot blanc et se déplaçait en boitant à petits pas lents. [..] C'est alors que, à la grande fenêtre du second étage de la maison De Maria, on vit surgir une jeune femme qui hurlait : « À l'aide ! Aidez-nous ! » Mais quelqu'un la tira à l'intérieur tandis qu'elle continuait à crier et à pleurer. Pendant ce temps, le monsieur chauve au petit maillot blanc avait disparu de ma vue et j'entendis, bien détachés l'un de l'autre, sept coups d'arme à feu. Tous tirés devant la maison De Maria.

La querelle continua. Des hommes entraient et sortaient en courant de la maison. [...] Puis il y eut une fusillade dans la cour devant la maison De Maria, et enfin tout ce vacarme cessa[7].

À 11 heures, Dorina Mazzola se vit rappelée à l'ordre par les pigeons de l'élevage paternel, qui réclamaient leur pitance à coups de bec et à grand renfort de battements d'ailes. C'est depuis l'observatoire où elle avait pris place, à l'abri d'un tas de ferraille qui la dissimulait aux yeux d'éventuels importuns, qu'elle assista au transfert du corps de Mussolini de la maison des De Maria à la voiture de couleur noire qui stationnait au bas du chemin, apparemment destinée à cet usage.

J'avais entendu à nouveau, poursuit-elle, la plainte désespérée de la femme qui avait appelé à l'aide. Cette fois plus proche. Et voilà que du tournant du chemin surgirent d'autres hommes qui se tenaient par le bras et avançaient à pas très lents. Derrière eux apparut une femme qui se jeta à genoux devant celui des trois qui se tenait au milieu, lui embrassant les pieds. [...]

Je me déplaçai alors, autant que cela était possible, sur ma gauche, toujours à l'abri du tas de ferraille. Je vis l'un des partisans s'approcher de la jeune femme, lui parler en lui caressant les cheveux et tenter de la relever. Mais elle continuait à se désespérer. [...]

[*Arrivent sur les lieux une quinzaine d'autres garibaldiens.*] Ils entourèrent les trois hommes qui marchaient, serrés. Il me sembla voir qu'ils soulevaient un bras, puis l'autre, de l'homme placé au centre [...]. Je m'aperçus qu'on avait changé la capote de l'homme du milieu. Il portait d'abord une capote militaire et maintenant une d'allure civile et de couleur marron. Tout me semblait si étrange. Mais lorsque les trois hommes, après d'autres hésitations évidentes, décidèrent d'avancer de quelques pas, je me rendis compte aussitôt que l'individu du centre ne tenait pas sur ses jambes. Les deux autres le portaient en le tenant sous les aisselles. Et sa tête pendait sur la gauche. Cet homme était mort.

C'est alors que, toujours cachée, Dorina fut témoin de la mise à mort de Claretta Petacci. Elle entendit d'abord des éclats de voix émanant d'un groupe de partisans qu'elle ne pouvait apercevoir, mais qui, de toute évidence, s'employaient à éloigner les curieux – ces derniers sans doute attirés par les détonations – en hurlant : « Passez au large ! Tirez-vous de nos pattes ! Retournez d'où vous venez ! » Puis apparut, au détour du chemin, la jeune femme visiblement terrorisée. Elle essayait de courir, un foulard dans la main droite, un sac à main sous le bras gauche.

À ce moment, poursuit Dorina, quelqu'un fit partir une rafale de mitraillette. Les balles sifflaient auprès de moi. Quelques-unes frappèrent les murs de ma maison et ceux du magasin, à ma gauche, où mon père remisait de vieux meubles.

Les pigeons épouvantés s'envolèrent, remplissant l'espace en même temps que se déchaînait parmi les partisans une véritable fin du monde. On entendait les hommes hurler, s'invectiver, jurer, et les femmes crier d'épouvante. Ils semblaient tous devenus fous. Les premiers mots que je réussis à entendre furent : « Espèce de merde ! Regarde ce que tu as fait ! » Et encore : « Qui est le merdeux qui a tiré ? D'où est-ce arrivé ? Ne te fais pas voir de moi, ou je t'attache les boyaux autour du cou[8] ! »

Après avoir troqué son observatoire du deuxième étage pour une fenêtre du rez-de-chaussée, d'où elle pouvait observer de plus près le cadavre de l'homme au maillot blanc et au pardessus marron, désormais maculés de sang, la Mazzola détourna son regard dans la direction où elle avait vu la jeune femme surgir, pour découvrir d'autres partisans transportant à bras d'homme un autre corps recouvert d'une capote :

> C'est alors, écrit-elle dans son mémoire, que je compris pourquoi je n'avais plus entendu les pleurs désespérés de la femme : ce cadavre était le sien. La rafale de mitraillette avait été tirée sur elle. Du clocher sonnèrent à ce moment les douze coups de midi[9].

Dorina Mazzola avait encore beaucoup de révélations à faire. Un voisin lui avait confié qu'il avait vu des partisans tirer d'une voiture noire un homme mort, couvert de sang, et qu'ils avaient entièrement lavé à la fontaine du village. Sur le chemin d'Avezzano, où elle s'était rendue pour faire des courses, des gens du pays lui avaient appris que des garibaldiens avaient fusillé Mussolini et la Petacci devant la grille de la villa Belmonte. Parlant quelques jours plus tard avec un jeune résistant, Paolo Guerra, futur maire communiste de Tremezzo, elle lui raconta ce qu'elle avait vu. Il lui répondit : « Tais-toi, autrement ils te tueront. » Voilà pourquoi elle était restée silencieuse pendant cinquante ans.

Le reste, Pisanò en eut connaissance par d'autres informateurs, à commencer par Savina Cantoni, interrogée à nouveau le 28 février, par les époux Vanotti, qui avaient bien connu *Sandrino*, et par un autre couple, les Nastri, eux aussi détenteurs des confidences de l'ex-garibaldien. Ces derniers lui fournirent des détails importants sur ce qui s'était passé le matin du 28 avril dans la maison des De Maria. Selon leur témoignage, les partisans qui avaient fait irruption dans la chambre n'étaient pas ceux qui tueraient Mussolini et qui attendaient dans la cour, mais les autres, ceux qui le traînèrent dans l'escalier et l'attachèrent au cadenas de l'étable. C'est là qu'il aurait été abattu aux environs de 9 heures du matin, avant d'être transporté, couvert d'excréments de vache, d'abord jusqu'à une fontaine publique pour y être lavé, puis devant la grille de la villa Belmonte où aurait eu lieu la mise en scène de la fausse exécution.

Une question restait à élucider : qui, parmi les partisans présents sur les lieux, avait tiré les coups de pistolet ou les rafales mortelles ? Les confidents de *Sandrino* étaient unanimes : faisant référence aux dires supposés de l'ex-garibaldien, ils affirmaient que ni Lampredi ni Moretti ne pouvaient être tenus pour directement responsables de l'élimination du dictateur, pas plus que *Valerio*-Audisio. Après avoir examiné les emplois du temps de chacun, croisé les sources orales dont il disposait et pesé les raisons inclinant à trancher dans un sens ou dans l'autre, le directeur de *Candido* rejoignit la conclusion de Lazzaro : l'exécuteur de Mussolini ne pouvait être que Luigi Longo. Et d'aligner les motifs qui justifiaient à ses yeux la thèse de *Bill*.

> On arrive ainsi, écrit-il, à Luigi Longo, à l'époque chef incontesté du front antifasciste de l'Italie du Nord, soit en tant

que président du Comité insurrectionnel [...] qui avait assumé les pleins pouvoirs politiques et militaires, soit en tant que commandant des brigades Garibaldi, qui constituaient plus de 90 % de l'effectif partisan, soit encore comme responsable de l'organisation du parti communiste au-dessus de la ligne gothique[10].

Depuis la nuit du 27 au 28 avril, Longo était tenu au courant heure par heure, grâce au très efficace réseau de communication du parti communiste, de ce qui se passait à Dongo. Il avait su que l'opération de transfert de Mussolini et de la Petacci à Brunate avait échoué et que les deux prisonniers avaient été transportés à Bonzanigo di Mezzegra, où les chefs de la 52e brigade Garibaldi avaient l'intention de les cacher jusqu'au moment où ils pourraient les livrer aux Alliés. De cela Longo ne voulait à aucun prix. Il y allait de l'autorité du Comité insurrectionnel. Celui-ci avait ordonné qu'on élimine l'ex-dictateur sans attendre qu'un hypothétique « tribunal du peuple » confirme – ou infirme – cette décision.

Ce n'était pas la première fois que l'ancien inspecteur général des brigades internationales de la guerre d'Espagne avait dû recourir à la justice expéditive pour faire prévaloir les consignes de la direction stalinienne, y compris parmi les adversaires du fascisme. Aussi sa décision d'agir à la première personne fut-elle rapidement prise. Quittant Milan pour Côme, il était dès 7 heures du matin au siège du PCI de cette ville où l'attendaient deux dirigeants locaux du parti, Gorreri et Mentasti, ainsi que Moretti et *Neri,* venus au-devant de leur chef pour le conduire à Bonzanigo di Mezzegra. À 9 heures,

Longo arrivait dans la cour de la maison des De Maria, et ordonnait aussitôt qu'on lui amène Mussolini.

Est-ce à dire que le futur secrétaire général du PCI a personnellement mis fin à la vie du dictateur ? Pisanò n'apporte pas sur ce point d'argument décisif. Son enquête, comme celle d'Urbano Lazzaro, présente, quand on l'examine à la loupe, presque autant d'incertitudes, de contradictions et de blancs que les différentes versions signées *Valerio*-Audisio. Les « preuves » qu'elle est censée apporter à la thèse de la double exécution relèvent essentiellement de témoignages oraux dont un seul, celui de Dorina Mazzola, qui a en somme assisté en direct au transfert de la dépouille du Duce et à la mort de Clara Petacci, est de première main. Il n'empêche que ce sont bien les confidences longtemps retenues par la vieille dame, puis lâchées tout de go au journaliste et sénateur néofasciste, qui, cinquante ans après les faits, comme l'avaient ordonné les exécuteurs d'avril 1945, ont mis fin à l'*omertà* générale. Les conclusions que tire Pisanò, mort en 1997, de ce défoulement collectif ne sont pas toujours convaincantes. Mais ce n'est pas en dépréciant son travail pour des raisons idéologiques ou académiques, et en dénonçant les « élucubrations d'un nostalgique de la dictature », comme cela a été écrit lors de la publication de son livre, qu'on fera avancer une vérité à laquelle sa quête obstinée a sans doute contribué.

CLARETTA A-T-ELLE ÉTÉ TORTURÉE ET VIOLÉE ?

Tous les récits publiés, toutes les hypothèses avancées depuis 1945 sur les « faits » de Dongo et de Mezzegra ne méritent pas qu'on leur consacre d'aussi longs développements. Je rangerai volontiers dans cette catégorie l'étude qu'a fait paraître en 2008, sous le titre *La Morte di Mussolini. Una storia da riscrivere*[11] (*La Mort de Mussolini. Une histoire à réécrire*), Alberto Bertotto, professeur associé de médecine à l'université de Pérouse. La thèse de Bertotto a été suggérée à son auteur par les résultats de l'examen – consécutif à l'autopsie de Cattabeni – d'un prélèvement de dix grammes du cerveau de Mussolini effectué aux États-Unis à la demande de spécialistes américains désireux d'analyser le tissu cérébral de l'ex-dictateur. De cette analyse, réalisée par le docteur W.E. Haymaker à l'institut de pathologie de Washington, et destinée à savoir si le Duce portait ou non les traces d'une affection luétique, Bertotto tire la leçon, pour le moins inattendue, que le Duce aurait tenté de se suicider, alors qu'il se trouvait en compagnie de la Petacci dans la maison des De Maria, en brisant entre ses dents une capsule de cyanure. Agonisant, il aurait été achevé par une rafale de mitraillette tirée par Giuseppe Frangi (*Lino*), le collègue de *Sandrino,* préposé comme ce dernier à la surveillance des deux prisonniers.

La liste des supposés « justiciers » de Mussolini et de sa compagne n'est vraisemblablement pas close, de même que celle des témoins indirects. Nous évoquerons, dans le dernier chapitre de ce livre, la relation que le partisan Bruno Giovanni Lonati, commissaire politique de la

101e brigade Garibaldi, a donnée de son propre rôle dans les événements du 28 avril 1945 et des rapports qu'il aurait entretenus avec les services secrets britanniques. Mais il nous faut d'abord examiner une question qui a fait couler beaucoup d'encre et qui concerne plus spécifiquement Clara Petacci : celle-ci a-t-elle été victime de violences, voire de sévices sexuels, avant d'être mise à mort ?

En 1956, le tribunal de Côme ordonna, à la requête des parents Petacci, une instruction pour l'assassinat de leur fille Clara. L'accusation visait Walter Audisio, devenu en 1948 député du parti communiste italien et à peu près universellement connu alors comme le « *Valerio* justicier » de la villa Belmonte. Les délits et les crimes dont était accusé l'ancien comptable d'Alessandria étaient les suivants : homicide volontaire aggravé, outrage porté à un cadavre, coups, vol et appropriation indue. Il n'était question ni de viol ni de torture. Il est vrai, on s'en souvient, qu'à la demande expresse du général médecin Bucalossi aucune autopsie de la jeune femme n'avait été pratiquée en avril 1945. On se contenta de photographier sa dépouille sous tous les angles, avant de l'inhumer auprès de celle de Mussolini, puis – après l'enlèvement du corps du Duce – de la transférer dans le carré n° 10 du cimetière de Musocco[12].

En février 1957, à la demande de la famille, le cadavre de Claretta fut à nouveau déplacé et déposé dans une sépulture trentenaire. Pas pour longtemps, la rumeur ayant circulé selon laquelle la compagne de Mussolini aurait caché des objets de valeur sur elle au moment du voyage vers Dongo en compagnie de son frère Marcello et de sa concubine Zita Ritossa. C'est d'ailleurs à cette dernière, à qui elle avait fait des confidences et qui n'avait pas su tenir sa langue, que les Petacci durent, pour éviter une profanation semblable à celle dont la dépouille de Mussolini avait été la cible deux ans plus tôt, de faire procéder en avril 1957 à une nouvelle exhumation, puis d'ensevelir définitivement les restes de Claretta dans la sépulture familiale du cimetière du Verano à Rome. On découvrit à cette occasion, cousus dans la doublure de sa veste et dans son soutien-gorge, un poudrier et une petite chaîne en or, ainsi qu'un diamant de 13 carats. À la suite de quoi l'avocat de la famille, Andrea D'Attilia, rédigea un communiqué officiel dans lequel il déclarait que, à la suite des opérations de reconnaissance et de reconstitution des restes de la jeune femme « effectuées avec toutes les garanties exigées, et en présence d'un médecin de l'administration sanitaire et de fonctionnaires qualifiés », il pouvait attester que « Clara, alors qu'elle était encore en vie, avait reçu un coup violent au visage, coup qui avait provoqué l'expulsion d'une incisive non récupérée, et la rupture d'une autre incisive, celle-ci retrouvée parmi les restes dans le cercueil ». D'autre part, « la pommette droite présentait un trou profond avec des segments d'os enfoncés à l'intérieur ». Pour l'expert, il n'était pas possible qu'une telle fracture ait été produite *post mortem*.

Ces constatations cliniques ne pouvaient qu'alimenter la polémique. On a voulu y voir, pour des raisons commerciales autant que politiques, la « preuve » que la jeune femme avait été victime, avant d'être abattue, de sévices corporels et d'un viol collectif perpétré par des garibaldiens. À l'appui de cette interprétation scabreuse des derniers moments de la Petacci, on a mis en avant l'interdiction faite par le CLN aux légistes milanais d'autopsier le corps de la maîtresse du Duce, et ce dans le seul dessein de cacher les violences auxquelles elle aurait été soumise. On a même procédé à l'interview radiophonique d'un soi-disant médecin venu proclamer sur les ondes que les coups d'armes à feu qui avaient tué les deux hôtes de la maison De Maria avaient été tirés après leur mort. Le praticien, resté anonyme et relayé par un article paru dans le journal d'extrême droite *Il Borghese*, prétendait avoir assisté à l'examen nécroscopique de Clara (quel examen ?) et pu constater ainsi que cette dernière était morte non des balles tirées sur elle et Mussolini, mais des coups reçus et d'une grave hémorragie due à l'intromission violente d'un bâton ou d'un objet similaire dans les orifices ano-vaginaux.

Quel crédit l'historien peut-il accorder à cette version des derniers moments de Claretta et de l'ancien chef de la République sociale ? Celui-ci, en effet, à en croire les tenants de la thèse du viol meurtrier, n'aurait pas été épargné par les garibaldiens. Il aurait subi lui aussi le supplice du bâton, avant d'être battu et étouffé jusqu'à ce que mort s'ensuive : autant de déclarations gratuites, fondées sur le seul témoignage d'un inconnu resté anonyme. Pisanò lui-même n'hésite pourtant pas, dans son livre, à prendre pour argent comptant une version des faits qui contredit partiellement la sienne, à savoir celle de l'exécution séparée des deux condamnés[13].

Pour Claretta Petacci, les choses sont un peu plus compliquées, même si l'on écarte – en tant que non avérées – les accusations portant sur les tortures qu'elle aurait subies et sur les causes de son décès. Rappelons que, lors du procès de 1956, il n'était pas question de

« viol en réunion », comme le dit aujourd'hui avec un sens aigu du ridicule notre droit pénal, aucun témoignage direct ne permettant d'étayer une telle accusation. Restent les incertitudes résultant de l'absence de sous-vêtement intime sur le corps de la Petacci, constatée par *Valerio* lors de l'exposition des corps sur le piazzale Loreto, et qui avait obligé le chef des « justiciers » à trouver une explication plausible (un incident ayant opposé les passagers du fourgon transportant les corps des fusillés à une formation des brigades Garibaldi), et bien sûr la blessure à la pommette et les incisives cassées que l'avocat des Petacci avait constatées lors de la reconnaissance des restes de la jeune femme en 1957. En tout cas, si viol il y eut, ce qui me semble tout à fait improbable, ce n'est pas dans les conditions décrites plus haut. On ne peut pas à la fois, comme l'a fait Giorgio Pisanò, considérer comme déterminant le témoignage de Dorina Mazzola décrivant le meurtre de la compagne de Mussolini, et tenir pour recevables des assertions reposant sur de vagues rumeurs destinées à discréditer un peu plus l'adversaire politique.

L'ÉLIMINATION DE MUSSOLINI : UN ENJEU POLITIQUE ?

La décision d'éliminer physiquement le fondateur du fascisme s'inscrivait dans un contexte de concurrence entre le parti communiste, détenteur d'une prépondérance politique et militaire incontestable, et les autres formations rassemblées sous la bannière de l'antifascisme, à commencer par le parti socialiste. Les turbulences et les dissensions qui affectent au cours des dernières semaines de la guerre ces diverses organisations ne se résument cependant pas à cette rivalité. Elle s'exerce également au sein du gouvernement, désigné par le souverain et censé gouverner depuis Rome, sous la présidence d'Ivanoe Bonomi, l'ensemble de la péninsule, et à l'intérieur même de ces organisations – y compris, pour ne pas dire surtout, au sein du parti communiste.

En 1945, les communistes italiens ont le vent en poupe. Après avoir survécu, non sans difficulté, à plus de quinze ans de répression fasciste, le PCI a trouvé dans la lutte clandestine et l'action menée à partir de 1942 à l'intérieur des entreprises industrielles et des syndicats officiels un second souffle qui lui a permis d'apparaître à la Libération comme la force politique la plus puissante, la mieux organisée, la plus apte à s'emparer du pouvoir. En avril 1945, il semble que les dirigeants communistes n'aient que peu d'efforts à faire, compte tenu du désordre général et de la grande misère des masses italiennes, pour transformer la guerre des partisans en une vaste insurrection populaire. Certes, les armées alliées ne seraient sans doute pas restées sans réaction devant un tel processus. Mais la question n'eut pas à se poser. Le secrétaire général du parti, Palmiro Togliatti, réfugié en Union soviétique pendant la guerre, était en effet rentré de Moscou en mars 1944 avec des consignes très strictes de Staline : pas question de révolution dans un secteur où se jouait en partie le sort de l'Europe et que le maître de l'URSS considérait – bien avant le « partage » de Yalta – comme devenant revenir à ses partenaires occidentaux. Le « tournant de Salerne », autrement dit le ralliement tactique du PCI voulu par Togliatti, qui acceptait ainsi de mettre la question du régime politique (république ou monarchie) entre parenthèses, inaugurait donc une ère de collaboration avec les autres organisations de l'antifascisme visant d'abord à hâter la libération du territoire national et ensuite à engager un processus de démocratisation de l'État, première étape de ce que le dirigeant communiste considérait comme devant être la « voie italienne du socialisme ».

Si, dans l'ensemble, le PCI suivit son principal dirigeant – discipline partisane oblige –, un certain nombre de communistes ayant combattu pendant des mois dans les unités garibaldiennes accueillirent plutôt froidement les consignes moscovites relayées par *Ercole* (nom de guerre de Togliatti). Déjà, lorsqu'à l'automne 1943 ce dernier avait prêché depuis Moscou la collaboration avec le maréchal Badoglio, la base militante avait fortement réagi, rassemblée autour de Luigi Longo, et rejeté l'idée d'une participation au gouvernement présidé par le vieux maréchal. Pas question non plus d'accepter le maintien de la monarchie. En 1945, radicalisée par les exactions des milices fascistes et des SS, par les souffrances endurées au cours de la lutte partisane, par le sentiment que le moment était venu de transformer la guerre civile patriotique en lutte des classes, une partie des militants, minoritaire certes mais résolue, n'hésitait plus à dénoncer comme « révisionniste » la ligne politique imposée par Togliatti.

Cela ne veut pas dire qu'il y eut, au niveau de la direction du parti, deux lignes clairement identifiables : celle du secrétaire général et celle des partisans de la « guerre révolutionnaire ». Togliatti était trop habile pour ne pas donner des gages à ses éventuels détracteurs. S'agissant, on l'a vu, de l'élimination de Mussolini, il n'avait pas été le dernier à en revendiquer l'initiative. Longo avait fait mieux : il avait organisé l'opération de Mezzegra et de Dongo, peut-être même l'avait-il dirigée sous le nom d'emprunt de *colonel Valerio*.

À la base, le clivage entre les « durs » et les « modérés » était plus marqué. Il a pu aboutir, une fois la guerre terminée, à des règlements de comptes sanglants, comme ce fut le cas dans la région du Lario. La politique n'était pas toujours le mobile dominant de ceux qui gardaient bien au chaud la nostalgie de l'épopée résistante. Au nom de l'« épuration » inachevée et de la « révolution trahie », combien d'actes homicides commis pour de tout autres motifs : jalousies et conflits personnels, antiques querelles de clochers, appât du gain, reconversion difficile pour des hommes et des femmes passés en quelques semaines du statut de héros à celui de simples figurants.

En général, la reddition des comptes s'est faite aux dépens des vaincus : militants connus et souvent coupables des mêmes crimes que leurs justiciers, miliciens en chemise noire supplétifs de la SS ou de la Wehrmacht, ou simples compagnons de route du fascisme. Mais le camp des vainqueurs n'a pas non plus été épargné. En témoignent, avant même que le dictateur déchu n'eût été exécuté, les conflits opposant au sein de l'organisation communiste, voire à l'intérieur d'une même unité garibaldienne, les partisans d'une ligne modérée, impliquant la collaboration avec les Alliés, et les tenants d'une politique de rupture visant à la conquête immédiate du pouvoir. Au cours de ce récit nous en avons rencontré plusieurs exemples, tous antérieurs à la mort du Duce : les dirigeants du PCI de Côme, Sforni et De Angelis, embarqués de force par *Valerio*, puis enfermés sur ses ordres à l'hôtel de ville de Dongo, les rapports tendus entre *Bill* et le même *Valerio*, Lampredi et Mordini faussant compagnie à ce dernier à Côme pour être les premiers à reconnaître les lieux où étaient cachés Mussolini et sa maîtresse, etc. Jusqu'aux tout premiers jours de mai 1945, alors que les canons s'étaient tus, la plupart de ces zizanies partisanes ne débouchèrent pas sur de véritables actions de commandos contre des militants de l'autre bord. Il en alla tout autrement au cours des mois qui suivirent la capitulation allemande. Ce furent alors des centaines de militants qui, pour la seule région du Lario, payèrent de leur vie leur appartenance à l'une ou l'autre fraction de l'organisation communiste – le plus souvent au clan togliattiste. De leur vie, mais aussi de leur honneur : il suffisait souvent de dénoncer comme cryptofascistes et coupables de trahison – sans le moindre commencement de preuve – ceux dont on souhaitait l'élimination pour que celle-ci ne soulève pas de difficulté majeure. L'*omertà*, dictée par la terreur, fit le reste.

Parmi les victimes de ces règlements de comptes ayant joué un rôle important dans les événements du 28 avril 1945 à Giulino di Mezzegra et à Dongo figurent Luigi Cantoni (le *capitaine Neri*) et sa compagne Giuseppina Tuissi (*Gianna*). L'un et l'autre, on s'en souvient, faisaient partie de la petite équipe de partisans qui, afin de soustraire Mussolini et Clara Petacci à la justice expéditive prônée par le Comité insurrectionnel, avaient tenté de leur trouver un refuge, d'abord dans le voisinage de Côme, puis à Giulino di Mezzegra, où *Neri* avait lui-même l'habitude de se cacher pour échapper aux miliciens fascistes. C'est dire qu'il était partie prenante dans l'opération visant au transfert du chef de la RSI qui avait été montée par Sardagna et Cademartori avec la bénédiction du général Cadorna.

Est-ce la raison pour laquelle *Neri*-Cantoni fut assassiné par ses anciens camarades de parti dans la nuit du 7 au 8 mai 1945, soit une dizaine de jours seulement après l'exécution du Duce et de Claretta ? La justification fournie par les commanditaires du meurtre fut que *Neri* avait trahi ses compagnons d'armes à la suite des tortures subies au siège du *fascio* de Côme, la célèbre « maison de verre » du fascisme – tortures qui seraient attestées en octobre 1946 devant la cour d'assises de cette ville par d'anciens geôliers en chemise noire. Emprisonné en même temps que sa compagne *Gianna* au début de janvier 1945, *Neri* avait réussi à s'évader trois semaines plus tard dans des conditions assez rocambolesques. Cela n'aurait pas suffi, toutefois, à le rendre suspect aux yeux de certains de ses camarades de parti si, dans les jours suivants une vague d'arrestations n'avait eu lieu parmi les dirigeants locaux. Ce qui eut aussitôt pour effet de dresser contre lui des individus qui n'attendaient qu'une occasion favorable pour se débarrasser d'un compagnon d'armes dont la réputation et le charisme attentaient incontestablement à leur propre image.

Le 25 février, dans une arrière-boutique de Milan, plusieurs de ces représentants de la tendance radicale du parti, rassemblés autour d'Amerigo Clocchiati, décidèrent de s'ériger en « tribunal du peuple » pour débattre de la culpabilité du *capitaine Neri*. Aucun d'entre eux, à l'exception de Pietro Vergani (*Fabio*), commandant général des divisions garibaldiennes de Lombardie, ne connaissait personnellement *Neri*, mais la rumeur avait couru dans la région que sa prétendue évasion avait eu pour contrepartie la livraison aux fascistes d'une liste de responsables garibaldiens. Qui pouvait accréditer un tel bruit ? Certes, Luigi Canali n'était pas un stalinien de stricte observance. Il représentait, écrit Giorgio Cavalleri, « le type de l'idéaliste pur. Pour lui le communisme constituait, non sans une certaine tendance utopiste, la synthèse politique et humaine de toutes les aspirations : liberté pour les individus, justice sociale, élévation des classes populaires, mais également honneur, courage, honnêteté. Autant de sentiments qui paraissaient relever davantage du patrimoine du socialisme humanitaire (auquel le partisan comasque [de Côme], par tradition familiale, était loin d'être étranger) que peut-être du communisme[14] ». Un électron libre, si l'on veut, mais aussi un combattant au-dessus de tout reproche, dont on voit mal, connaissant son passé, ce qui aurait pu l'amener à trahir.

Et pourtant, c'est apparemment sans états d'âme que le « tribunal du peuple » réuni à Milan condamna *Neri* à la peine de mort, pour cause de « lâche compromis avec l'ennemi fasciste », sans la moindre référence à des faits précis et sur le seul soupçon qu'il aurait parlé sous la torture – ce que démentiront des soldats de l'armée de Salò qui se trouvaient alors à la caserne où il avait été provisoirement incarcéré et d'où il s'était réellement enfui. Quant à *Gianna*, les « juges » décidèrent que son cas ne devait pas être séparé de celui de son compagnon. N'avait-elle pas été libérée, après avoir subi d'épouvantables tortures, et alors qu'elle était sur le point d'être embarquée pour un camp de la mort, grâce à l'intervention d'un capitaine de la police allemande ? Qu'avait-elle donné en échange de sa vie et de sa liberté ? Peu importe : ce n'était pas là ce qu'on lui reprochait. *Gianna* devait être poursuivie et supprimée du seul fait qu'elle était la maîtresse de *Neri*.

Le verdict du 25 février n'eut pas de suite immédiate. Les camarades de Côme ne se précipitèrent pas pour rechercher les deux condamnés. Quant à Bellini Delle Stelle et à Moretti, respectivement commandant et commissaire politique de la 52e brigade Garibaldi, ils s'empressèrent au contraire de nommer Canali chef d'état-major de la brigade, titre créé pour la circonstance afin de valoriser son rôle dans la lutte partisane.

Il reste que, à la veille de l'exécution de Mussolini, la sentence prononcée à l'encontre du couple demeurait théoriquement exécutoire. *Neri* et *Gianna*, qui en étaient avertis, rédigèrent de concert un rapport sur les événements dont ils avaient été les protagonistes durant leur captivité et au cours des semaines suivantes. *Neri* tenta même de rencontrer des dirigeants communistes dont l'hostilité lui était connue pour tenter de les convaincre de son innocence et de celle de sa compagne : en vain. Il n'en décida pas moins de ne pas quitter la zone des combats, certain que la vérité finirait par être reconnue, plutôt que de passer en Suisse comme l'avaient fait depuis novembre 1944 plusieurs responsables des unités garibaldiennes, à commencer par son principal adversaire et accusateur, Dante Gorreri, secrétaire du PCI de Côme.

Sur ce qui s'était passé le 28 avril à Mezzegra, *Neri* en savait assez pour que les hommes qui les avaient condamnés, lui et sa compagne, à la peine de mort voulussent rendre leur décision effective. D'autres raisons plaidaient dans le même sens : les unes purement matérielles et relatives au « trésor de Dongo », dont il sera question dans le prochain chapitre, d'autres résolument personnelles : jalousie envers un combattant prestigieux ou déception d'amoureux éconduits par la belle *Gianna*. Tout cela masquant des dissensions réelles au sein de l'organisation communiste. Le résultat fut, à quelques semaines d'intervalle, le double assassinat du partisan tout récemment promu chef d'état-major de la 52e brigade Garibaldi et de son ancienne estafette.

Avant de se débarrasser du « criminel de guerre *Neri* » – c'est en ces termes qu'il était désigné dans la sentence du « tribunal du peuple » –, les commanditaires de son exécution ordonnèrent qu'on élimine son ami Giuseppe Frangi (*Lino*). Celui-ci avait appris ce qui se tramait dans le dos de Canali et avait tenté de le mettre en garde. Il fut abattu le 5 mai 1945. On retrouva son cadavre au bord de la rivière Albano, en plein centre de Côme, mais on ne put jamais élucider les circonstances de sa mort.

Le meurtre de *Neri* eut lieu deux jours plus tard, dans la nuit du 7 au 8 mai, dans des conditions restées également mystérieuses. Selon certaines sources, il aurait été abattu sur l'Altaia del Naviglio Pavese à Milan. Pour d'autres, il aurait été liquidé à Pizzo, une petite localité située entre Moltrasio et Cernobbio, son cadavre jeté dans le lac et jamais retrouvé. On a parlé également d'une caserne de Côme d'où le chef partisan aurait été extrait de nuit pour être transporté dans une localité du nord du lac, avant d'être assassiné par un commando dirigé par deux exécuteurs des basses œuvres du parti, Maurizio Bernasconi et Dionisio Gambaruto.

Il restait, pour les commanditaires de cette liquidation d'un compagnon d'armes devenu gênant, à faire le vide autour de sa mémoire. Les semaines qui suivirent l'exécution du Duce furent ainsi émaillées de meurtres politiques dont le plus odieux fut celui de *Gianna.* La jeune femme avait trop souffert des sévices subis de la part des nervis fascistes pour ne pas trouver injuste qu'on lui reproche d'avoir été la complice d'un lâche et d'avoir elle-même collaboré avec ses tortionnaires. « Je ne crois pas, écrivit-elle dans une lettre adressée à une amie connue en prison, Vincenzina Coan, que je supporterai longtemps le tourment que j'endure : même quand on est aussi fort que je le fus dans le passé, certains coups portés contre notre dignité, contre nos idéaux, quand on se sent accusé de trahison, quand on voit mourir son propre compagnon comme un lâche, et que l'on sait qu'il a vécu pour un pur idéal, on se sent écrasé et l'on souhaite la mort[15]. »

Quoiqu'elle eût été clairement dissuadée de se préoccuper du sort de son compagnon disparu, *Gianna* entreprit donc d'engager des recherches avec la sœur de *Neri,* Alice Cantoni, et pour cela elle se rendit dans la zone du lac que ses « camarades » de parti lui avaient rigoureusement interdite. Elle y trouva la mort le 23 juin à Pizzo di Cernobbio. Repérée par des partisans amis des « justiciers » de *Neri* et de *Lino* alors qu'elle circulait à bicyclette, elle fut dénoncée au chef local de la « police du peuple », un certain Cassinelli, enlevée par deux individus à moto puis conduite sur la rive du lac, abattue et jetée à l'eau le jour même de son vingt-deuxième anniversaire.

La mort de *Gianna* puis celle de son amie et confidente Annamaria Bianchi, tuée le 4 juillet et jetée encore vivante dans le lac, donnèrent le signal d'une série d'assassinats de même nature et de même facture – deux balles dans la nuque et un plongeon définitif dans le lac de Côme – dont les victimes étaient des partisans ayant le tort d'en savoir un peu trop sur les événements du 28 avril à Mezzegra, sur le meurtre de *Neri* et de sa compagne, ou encore sur la manière dont avait eu lieu le pillage du « trésor de Dongo ».

CHAPITRE XIII

À la recherche du « trésor de Dongo »

Parmi les mystères qui accompagnent les dernières heures de la vie de Mussolini, celui du trésor de Dongo a alimenté bien des rumeurs. Il s'agit un magot d'une valeur considérable que le Duce et ses familiers comptaient mettre à l'abri dans le cas où ils parviendraient à gagner la Suisse ou l'Allemagne. Leur échec a fait que les fonds, valeurs et objets précieux dont ils étaient détenteurs en quittant Milan sont passés de leurs bagages aux escarcelles de leurs geôliers, ou de « sauveteurs » intéressés, quand ils n'ont pas purement et simplement fini dans les caisses du parti communiste italien. Essayons de suivre quelques-uns des itinéraires empruntés par cette manne inespérée dans une Italie exsangue.

Un racket d'État

Mussolini n'avait pas attendu d'être sur le chemin de l'exil pour se saisir du « fonds réservé » de la République, constitué d'un portefeuille de valeurs étrangères comprenant 2 150 livres sterling en or et 2 765 en papier, 278 000 francs suisses, 149 000 dollars, 18 millions de francs français, 10 000 pesetas, 15 000 escudos portugais, divers lingots d'or et des objets précieux. Le 23 avril, on fourra l'ensemble dans cinq ou six valises qui furent chargées à Gargnano sur un camion et transportées à la préfecture de Milan, où le dictateur avait pris ses quartiers. Le soir du 25, elles furent transférées dans plusieurs voitures de la colonne en partance pour Côme, sous le contrôle du préfet Luigi Gatti, secrétaire particulier du Duce. Mussolini disposait en sus de la caisse du ministère de l'Intérieur, de 82 millions en espèces encaissés depuis peu par le directeur de la Banque d'Italie, et d'environ 66 kilos d'or en bracelets, bagues, alliances, etc., confisqués à des personnes privées dans les Abruzzes et dans les Marches lorsque ces deux régions se trouvaient encore sous le contrôle des fascistes.

Les hiérarques qui accompagnaient le Duce n'avaient pas oublié de se servir. Le ministre de l'Intérieur Zerbino avait emporté 18 millions de lires, le ministre de la Culture populaire (Mezzasoma) 15 millions, celui des Communications (Liverani) 15 millions également, et le ministre des Travaux publics (Ruggero Romano) 12 millions. Les fonds prélevés par ce dernier dans les caisses de la République sociale eurent un parcours pour le moins singulier. Avec le ministre se trouvaient en effet dans la caravane des fuyards son épouse, Marie-Rose Mittag, et leurs deux enfants, âgés respectivement de trois et quatorze ans. Arguant de son origine allemande et du fait qu'elle était enceinte de quatre mois, la bonne dame avait réussi à se joindre au convoi des soldats allemands que les partisans avaient autorisé à poursuivre leur route au-delà de Musso. Elle avait emmené avec elle le plus jeune de ses fils, tandis que l'aîné devait rester avec son père. Elle avait également voulu donner une plus grande visibilité à son état en entourant sa taille de bandages – subterfuge qui n'échappa pas à la vigilance d'un capitaine de douaniers, de service à la frontière suisse de Chiavenna, et qui n'hésita pas à faire descendre Rose-Marie Mittag de l'ambulance où elle avait pris place et à lui faire ouvrir ses valises. On y trouva 1 350 napoléons et autres pièces de monnaie en or, 2 700 livres sterling papier, 15 millions de francs français, 63 700 dollars et 17 000 francs suisses. En vertu de quoi les autorités helvétiques refusèrent d'autoriser l'épouse du ministre à entrer sur le territoire de la Confédération et la remirent, avec le contenu de ses valises, aux partisans de la 90e brigade Garibaldi.

On peut s'interroger sur l'origine des biens saisis dans les bagages des hiérarques. Argent public, tiré des poches des contribuables ? Certes, mais aussi produit de réquisitions abusives – les juifs n'ayant pas été, on s'en doute, les moins visés –, de chantages, d'opérations frauduleuses, etc. À ce pactole il faut ajouter les biens et valeurs détenus par les personnes privées, à commencer par ceux de la famille Petacci. Marcello a une montre en or au poignet, un porte-cigarettes et un stylo en or dans ses poches, et 2 000 francs suisses dissimulés dans ses chaussures. Sa concubine, Zita Ritossa, porte trois bagues ornées d'un diamant, une montre en or constellée de plusieurs dizaines de petits brillants et 20 000 lires. Quant à Claretta, elle est en possession d'une montre et d'un poudrier en or, ainsi que de trois gros diamants cousus dans ses vêtements.

PREMIERS DÉTOURNEMENTS, PREMIERS BILANS

Une partie seulement des fonds et des objets ainsi répertoriés parvinrent à l'hôtel de ville de Dongo, où eut lieu dans la soirée du 28 avril un inventaire des biens saisis par les hommes de la 52e brigade. Les premières ponctions sur les valeurs détenues par les anciens dignitaires de la RSI avaient été opérées dans la matinée du 27, alors que le convoi était arrêté à Musso dans l'attente d'un accord entre les hommes de Bellini Delle Stelle et les Allemands. Plusieurs témoins convoqués au procès de Padoue déclarèrent que des passagers de la voiture blindée, auxquels s'étaient joints quelques civils appartenant au personnel du poste, s'étaient livrés à un véritable pillage du véhicule. Pendant les quelques heures où celui-ci resta immobilisé, ce furent des sacs remplis de billets de banque, des caisses et des valises où les fascistes avaient entassé à la hâte tout ce qui pouvait avoir quelque valeur, qui défilèrent sous le regard indifférent des « protecteurs » allemands.

Parmi les hiérarques, fonctionnaires et autres accompagnateurs de l'ex-dictateur ayant participé à cette razzia, rares furent ceux qui, avant de reprendre la route en direction de Dongo, durent restituer leur part de butin. Les autres mirent à profit la halte forcée à l'entrée du village de Musso pour confier, après de longs palabres avec les habitants du lieu, le produit de leur rapine. Il s'agissait pour eux d'obtenir de leurs interlocuteurs qu'ils veuillent bien prendre en charge les biens dérobés ou récupérés pour les rendre à leurs détenteurs à la fin de la guerre en échange d'une confortable récompense. Ô illusion !

Les Allemands ne furent pas tout à fait absents de la dispersion du « trésor de Dongo ». Ce sont eux, vraisemblablement, qui délestèrent leurs « protégés » italiens des quelque 36 000 objets d'or retrouvés plus tard dans la rivière Mera à proximité de son confluent avec le lac. Ils auraient d'autre part, avant de capituler, brûlé dans la nuit du 27 avril de nombreuses liasses de billets de 1 000 lires, pour un montant de plusieurs centaines de millions.

Un paquet de livres sterlings fut aussi volé, en même temps que des documents ultraconfidentiels émanant des archives du secrétariat particulier du Duce, dans la nuit du 25 au 26 avril à Garbagnate. Le petit camion Balilla utilisé pour effectuer ce transport – qui, on s'en souvient, était tombé en panne sur la route de Côme – avait été vidé de la plus grande partie de son contenu. Le reste du magot fut récupéré par le préfet Grassi et réintégré dans le convoi.

Quant aux hommes de la 52e brigade Garibaldi, ils ne furent pas les derniers à procéder, une fois la colonne arrêtée à Dongo, à la mise à sac des voitures laissées sans surveillance. Ce fut d'ailleurs pour empêcher que le pillage ne prenne des proportions encore plus inquiétantes que *Neri* ordonna à sa compagne *Gianna* d'effectuer, dans une salle de l'hôtel de ville de Dongo, un premier inventaire des biens séquestrés. La jeune femme passa ainsi toute la soirée du 28 avril – donc après la mort du Duce et de ses derniers compagnons de route – à en établir la liste. Celle-ci occupe cinq feuillets dactylographiés et porte les signatures de Pier Luigi Bellini Delle Stelle, Urbano Lazzaro, Michele Moretti, *Neri* (le seul à avoir paraphé le document de son nom de guerre), Pietro Terzi, tous membres de l'état-major de la brigade, ainsi que celle de *Gianna*. Le comptage des valeurs répertoriées totalisait environ un million et demi de lires italiennes, 76 000 francs suisses, 92 livres sterling papier, 10 000 pesetas, un stylo en or ciselé, un morceau de chaîne en or et une petite médaille d'or : autant dire que les prélèvements opérés depuis la halte de la veille à Musso avaient passablement écrémé la manne engrangée par les fascistes.

Il n'est pas indifférent de constater que, dès ce moment, la question de la destination des fonds se posa aux signataires du procès-verbal, qui l'évoquent dans la partie finale de ce document :

> Le commandement de la brigade, réuni en la personne du commandant *Pedro*, du commissaire *Pietro*, du chef d'état-major *Neri*, du vice-commissaire *Bill*, avec l'approbation du commissaire de guerre dans la zone de Côme *Francesco*, considérant que, durant toute la durée de la guerre partisane, le seul organisme qui se soit intéressé, qui ait aidé et valorisé les efforts toujours considérables et souvent héroïques des garibaldiens a été la fédération communiste de Côme dans sa fonction périphérique du PCI, interprétant à coup sûr le sentiment de tous les garibaldiens et ceux de la population de la région qui, au plus près, a assisté à leur lutte, décide de confier les valeurs susdites à la fédération communiste de Côme elle-même[1].

Toute la question était de savoir à qui allait échoir le produit du racket mussolinien. Sur ce point capital, les avis divergeaient au sein même du commandement garibaldien. *Pedro* et *Bill*, qui n'étaient pas communistes, souhaitaient que les valeurs usurpées par les représentants de l'État fasciste reviennent au jeune pouvoir démocratique italien. Les autres penchaient, avec Moretti, pour la remise des fonds à la fédération communiste de Côme. Quant à *Neri*, que son appartenance au PCI n'empêchait pas de conserver une grande autonomie de jugement, il ne donnait pas au mot « confier » figurant dans le procès-verbal de comptage la même signification que ses camarades de parti. Il considérait le dépôt du magot entre les mains de la fédération de Côme comme une marque de reconnaissance des combattants à l'égard de cette organisation, dont le rôle avait été essentiel dans la lutte contre les fascistes et leurs alliés, mais selon lui ce dépôt ne devait être que provisoire, la destination finale des fonds et valeurs récupérés ne pouvant être que l'État italien libéré et épuré. On conçoit que *Neri* – et cela n'allait pas être sans conséquence sur le conflit qui l'opposait à Dante Gorreri – soit devenu à cette occasion, plus encore qu'avant les événements du 28 avril, la bête noire de la fédération de Côme et l'ennemi intime de son secrétaire général. *Gianna* et lui, on l'a vu, paieraient de leur vie leur non-alignement sur les positions de la minorité insurrectionnelle du PCI.

L'affaire ne pouvait pas laisser les Alliés insensibles, notamment les Américains, auxquels leurs agents de l'OSS ne manquèrent pas de signaler le risque qu'il y aurait à négliger un important transfert de fonds dans les caisses du parti communiste. Déjà, ce n'était pas de gaieté de cœur qu'ils avaient dû ravitailler en armes légères les maquis de l'Italie du Nord. Permettre aux communistes d'entretenir leurs unités combattantes et de se fournir à bon compte en armements clandestins – alors qu'on ignorait avec quelle insistance Staline avait dissuadé Togliatti de déclencher une seconde guerre civile – représentait un danger que l'état-major US n'avait pas l'intention de courir. Aussi se méfiait-on, si bons que fussent les rapports entre les agents de l'OSS et certains responsables des brigades garibaldiennes, de tout ce qui pouvait comporter une part de dissimulation. Qui pouvait assurer que l'inventaire dressé par la partisane *Gianna* et paraphé par les chefs de la 52e brigade n'était pas tronqué ? Le soupçon était d'autant plus grand que la différence entre les chiffres fournis par les partisans et l'évaluation que feraient les Américains des biens emportés par les fascistes au départ de Côme était considérable.

Cette évaluation eut pour artisans un ancien officier de la Commission alliée d'occupation en Italie, Edmund Palmieri, et un fonctionnaire administratif de l'OSS, John Kobler[2]. Le chiffre avancé dépassait 66 millions de dollars, dont plus de 60 millions constitués par des valeurs (espèces monétaires, lingots d'or et objets précieux) prélevées dans le « fonds réservé » de la République sociale, 4 millions fournis par le fonds de l'armée et de l'aéronautique allemandes, 1 210 000 dollars en devises étrangères relevant du « fonds personnel » du Duce et une cinquantaine de milliers de dollars constituée par les alliances que les femmes italiennes avaient offertes au dictateur déchu au moment des sanctions votées par la Société des Nations lors de la guerre d'Éthiopie.

Qu'est devenu le « fabuleux trésor » de Mussolini ?

Pister le « trésor » n'a pas été une entreprise facile. Nombreuses ont été en effet, de Milan à Dongo, puis dans la localité même où fut opéré l'inventaire des biens restants, les ponctions effectuées d'une part à l'initiative des détenteurs de ces valeurs ou de militaires fascistes les accompagnant, d'autre part au bénéfice d'inconnus, partisans ou simples autochtones dont les prélèvements s'avéreraient généralement modestes. Les retrouver, et retrouver les auteurs de vols qui eurent lieu après l'inventaire établi par *Gianna* et paraphé par les membres de l'état-major de la 52e brigade, était à peu près impossible dans le climat de désordre généralisé qui régnait en Lombardie en avril-mai 1945.

Ce que nous savons du sort des biens inventoriés à Dongo, nous le devons aux témoignages publiés par quelques-uns des acteurs et des témoins des événements du 28 avril et des semaines qui suivirent l'exécution de Mussolini, ainsi qu'aux comptes rendus d'audience de l'interminable procès dit de « l'or de Dongo », procès entamé en 1949 et qui, de renvoi en renvoi, de transfert de compétence en refus par la cour d'examiner une affaire relevant d'une autre juridiction, dura près de dix ans. La cause était d'autant plus difficile à juger qu'à la question des détournements de biens se mêlait celle des homicides perpétrés dans le dessein d'empêcher des révélations sur les auteurs de ces vols et les acteurs de la guérilla qui avait commencé à opposer, au sein même de l'organisation communiste, partisans de la conquête insurrectionnelle du pouvoir et défenseurs d'une ligne plus souple, celle-là même que Staline avait provisoirement imposée à Togliatti.

Bill-Lazzaro a fourni dans ses écrits des détails intéressants sur les biens saisis entre Musso et Dongo, avant qu'il soit procédé à l'inventaire requis par *Neri*. Il explique notamment que, lors de l'interrogatoire de Marcello Petacci, le *colonel Valerio* s'était emparé du porte-cigarettes et du stylo, l'un et l'autre en or massif, appartenant au frère de Claretta. Le sac à main de Rita Zitossa fut confisqué par le vétérinaire de Dongo, un certain docteur Giacobbe, sans que ce dernier en ait reçu l'autorisation de la part d'un des responsables de la brigade. Les valeurs personnelles des dirigeants fascistes Romano, Daquanno, Pallotelli, Marcucci, Gatti et de quelques autres furent mises sous séquestre à Dongo même, mais, semble-t-il, ne furent pas inscrites dans l'inventaire effectué par *Gianna*[3].

Les valeurs et objets précieux dérobés par les militaires appartenant à la colonne du lieutenant Fallmeyer et finalement récupérés par *Bill* connurent une destinée plus chaotique. Il y avait là deux énormes valises bourrées d'or, de diamants et de bijoux, en tout près de 36 kilos. d'objets précieux que le lieutenant fit jeter dans la rivière Mera pour éviter qu'ils soient saisis par la douane suisse lors du passage de la frontière, et qui furent récupérés par un pêcheur de Sorico. Celui-ci les remit à *Bill*, qui les déposa aussitôt à la caisse d'épargne de Domaso. Les biens que Rose-Marie Mittag, l'épouse du ministre Ruggero Romano, avait tenté de dissimuler dans ses bagages et qui avaient été saisis par les douaniers suisses, puis remis aux commandants de la 90e brigade Garibaldi, les frères Porchera (Tiberio et Caio), furent confisqués pour moitié par ces derniers : ils attribuèrent ainsi 675 pièces d'or représentant une somme de 314 000 lires. Le reste fut empoché par un autre dirigeant garibaldien, Siro Rosi (de son nom de guerre *Lino,* le même que celui utilisé par Giuseppe Frangi).

Parmi les 39 paquets mis à l'abri le 27 avril dans une salle de l'hôtel de ville de Dongo, on ne retrouva pas celui où se trouvait la sacoche du ministre Zerbino, laquelle contenait, en coupures de 100 et 500 lires, la somme de 1 156 000 lires. Pas de trace non plus de la « cassette de couleur sombre » qu'un partisan du détachement Gramsci avait remarquée dans la voiture blindée et qui lui était apparue « pleine de bracelets, de colliers et de joyaux en tout genre », ni du petit sac contenant 90 000 lires qui avait été confié à une certaine Gioisia Fumagalli dans une salle de classe de l'école de Musso où plusieurs prisonniers avaient été conduits. Ni enfin du portefeuille de Pavolini : une pièce apparemment destinée à devenir objet de collection ! Rien de surprenant à ce qu'un partisan l'ait vu passer de la poche du secrétaire général du parti fasciste républicain à celle d'un de ses collègues de la 52e brigade. Les garibaldiens parvinrent en revanche à récupérer 160 000 lires dans les poches du ministre de l'Intérieur au domicile de l'un des leurs. Maigre récolte, comparée aux millions égarés ou dérobés.

Quant aux valeurs accumulées et inventoriées le soir du 28 avril, c'est encore une fois grâce à Lazzaro qu'il nous est permis d'en suivre la piste. Résumons : *Bill* affirme qu'après avoir, en qualité de vice-commissaire de la 52e brigade, déposé à la caisse d'épargne de Domaso les fonds recueillis lors de l'arrestation de Mussolini, il les en avait retirés le 2 mai à la demande de *Pedro*, exception faite d'une somme de plus de 3 millions de lires destinée à couvrir les dépenses de la brigade et du CLN de Côme. Les deux hommes, accompagnés d'Antonio Scappin, brigadier de la Garde de finance et commandant du poste de Gera, s'étaient ensuite rendus à Milan, dans l'intention de remettre au général Cadorna les biens en question et les documents secrets confiés à *Bill* par Mussolini en personne dans la soirée du 27 avril.

Laissons de côté, pour l'instant, la question des documents contenus dans la sacoche du Duce pour suivre le cheminement des fonds réquisitionnés. Cadorna ayant accepté de recevoir les deux chefs partisans et le brigadier Scappin en compagnie du colonel Alfredo Malgeri, commandant de la Garde de finance de Milan, il fut décidé qu'on procéderait de manière très officielle à la remise des documents et du fonds inventorié par *Gianna*. Encore fallait-il qu'ils parviennent jusqu'au siège du commandement en chef du CVL. Scappin fut chargé d'aller les prendre là où on les avait cachés, c'est-à-dire, en accord avec le curé don Gusmeroli, sous le maître-autel de l'église paroissiale de Gera. Or, à peine le brigadier était-il arrivé en voiture devant le portail du CVL milanais qu'il se heurta à Michel Moretti (*Pietro*), lequel lui enjoignit de retourner à Côme, où il fut délesté de son précieux butin sans même recevoir l'ombre d'un reçu. Des valeurs d'un montant encore considérable qui n'avaient pas été la proie des pillards de tous bords, il restait désormais en tout et pour tout 160 livres sterling or et 1 700 000 lires italiennes en chèques que Lazzaro tint à déposer personnellement entre les mains du général Cadorna.

Cependant, tout n'était pas complètement et définitivement perdu. Quelques jours plus tard, en effet, *Bill* rencontra *Pietro*, devenu la cible des communistes de Côme pour ne pas avoir récupéré la totalité de la somme inventoriée à Dongo. Il dut ainsi, sous la menace du vice-commissaire de la 52e brigade Garibaldi, remettre à celui-ci un reçu en bonne et due forme portant sur 33 millions de lires et sur les 35 880 lires d'objets précieux repêchés au fond de la rivière Mera.

Qui a finalement tiré profit du « trésor de Dongo » ? À coup sûr, les partisans des brigades Garibaldi opérant dans la région du Lario. Le procès de Padoue a permis d'établir, documents justificatifs à l'appui, que les 33 millions de lires et les 36 kilos d'or récupérés par Lazzaro avaient été utilisés pour payer leur prime de mobilisation, soit 30 000 lires pour chaque partisan. L'État italien récupéra-t-il une partie des fonds associés aux documents secrets dont il sera question dans le prochain chapitre ? C'est dans ce sens que penche Ferruccio Parri, chef du gouvernement d'union nationale de juin à décembre 1945, dans un article publié dans *La Stampa* en 1957 et qui propose une interprétation plutôt consensuelle des événements :

> La disparition du prétendu trésor de Dongo, je la considère comme un épisode qui peut avoir des côtés déplaisants, mais qui reste précisément ce qu'il fut, c'est-à-dire un simple épisode dans le cadre complexe et infiniment plus vaste de la liquidation de la guerre partisane. Il importe de tenir compte de deux circonstances : la première est l'état indescriptible de confusion et de désordre dans lequel l'écroulement du fascisme et la retraite désordonnée des Allemands

ont placé toute la vallée du Pô, situation naturellement favorable aux appropriations et aux vols de tous, combattants improvisés et population. D'autre part, un jugement équitable doit tenir compte des énormes valeurs et biens, richesses matérielles et sommes d'argent récupérés, sauvés puis régulièrement remis aux autorités[4].

Il semble cependant que ce soit du côté du parti communiste qu'il faille rechercher, dans un contexte prérévolutionnaire en même temps que d'opposition violente entre partisans de la lutte armée et militants acquis aux consignes de Togliatti, les principaux bénéficiaires de la chasse au « trésor de Dongo ». C'est ce qui ressort par exemple de ce rapport secret, adressé à la fin de 1945 par l'avocat Davide Grassi, questeur de Côme, au successeur de Parri à la tête du gouvernement italien, Alcide De Gasperi :

> De tout le faisceau des informations et des confidences reçues ; des faits qui se sont déroulés et qui continuent à se dérouler ; de conversations confidentielles avec quelques-uns des chefs du parti communiste, de certaines réticences de leur part, de certaines de leurs surprises, de leurs contradictions, il convient de retenir que la question de l'or du Duce ne peut être isolée, mais qu'elle se rattache à une situation bien plus vaste et plus importante, de caractère étroitement politique et de nature extrêmement délicate, d'autant que siègent en permanence dans le gouvernement, aux postes clés, des représentants de ce parti ; or celui-ci, au cas où toute la lumière serait faite non seulement sur l'or de Dongo, mais sur l'activité souterraine qui lui est associée, serait irrémédiablement frappé, avec pour conséquence des réactions qu'il est aujourd'hui difficile de prévoir.

Il est en revanche certain que dans le parti communiste, ou plutôt à côté de celui-ci, par simple tactique politique et pour avoir toujours prêt un alibi commode, il existe une organisation militaire secrète, en très étroite relation avec la mission russe de Milan, située au numéro 10, corso Matteotti.

C'est indubitablement dans cette organisation qu'a afflué le prétendu « or de Dongo », comme y a afflué l'or séquestré à Chiavenna par des formations partisanes de la 90e brigade Garibaldi[5].

Le procès de « l'or de Dongo »

Il aura donc fallu douze années pour que, sur fond de guerre froide et de « miracle » économique, s'ouvre devant la cour d'assises de Padoue le procès des présumés coupables de détournements de fonds, vols, recels, dommages infligés aux personnes, homicides et complicité d'homicides dans l'affaire dite du « trésor de Dongo ». Comment expliquer cette véritable paralysie de l'appareil judiciaire italien, alors qu'au lendemain immédiat de la guerre nombreuses avaient été les voix qui, relayées par une puissante campagne de presse, avaient réclamé haut et fort que la lumière soit faite et que justice soit rendue à l'encontre des protagonistes des événements du 28 avril et de la vague d'assassinats ayant suivi l'exécution de Mussolini dans les rangs de la Résistance communiste ?

Cette question ne peut être séparée de celle de l'épuration légale et de l'amnistie généreuse octroyée à l'immense majorité des anciens fascistes par le ministre de la Justice, lequel n'était autre en 1946 que le numéro un du parti communiste, Palmiro Togliatti. Exécutant docile – mais parfaitement réaliste – des consignes très strictes de Staline, celui-ci a imposé au PCI une ligne de collaboration avec les autres forces antifascistes consistant à rechercher un consensus aussi large que possible.

Promu aux fonctions de ministre de la Justice dans le gouvernement Parri, puis dans le premier gouvernement De Gasperi, Togliatti pouvait-il à la fois accorder le pardon aux fascistes de la veille, parmi lesquels figuraient d'authentiques criminels de guerre, et laisser poursuivre d'anciens partisans qui, dans leur majorité, s'étaient rendus coupables de délits pouvant être qualifiés de mineurs ? Justice rendue à l'égard de combattants égarés, indulgence plénière au bénéfice des militants de la cause fasciste : le grand écart était trop accusé, trop dangereux également, pour que l'habile secrétaire général de l'organisation communiste ne recherche pas des voies de compromis – que les dirigeants de la démocratie chrétienne, portés au pouvoir en 1948, devaient d'ailleurs s'empresser de suivre. Le report toujours renouvelé du procès de l'or de Dongo s'inscrit dans ce contexte de coexistence passive.

Le procès de Padoue ne fut pas la seule action judiciaire entreprise dans le cadre global des crimes et délits ayant commencé avec l'exécution de Mussolini. En 1949, les parents et la sœur de Clara Petacci avaient cité le ministère de l'Intérieur ainsi que le major des carabiniers Celio, qui les avait arrêtés pour activité fasciste en juillet 1943. Ils avaient également présenté une dénonciation concernant la mort de Claretta et de son frère. Cette plainte ayant été rejetée en août 1955 par le tribunal de Rome à l'issue d'une interminable procédure, les parents Petacci s'étaient derechef constitués partie civile afin d'éviter que les auteurs du meurtre de leurs deux enfants ne bénéficient de la prescription, limitée à dix ans pour ce type d'affaire. Il s'agissait d'un expédient destiné à remettre en cause la décision du tribunal de Rome, qui avait établi que les exécutions de Claretta et de Marcello devaient être considérées comme des « actes de guerre ».

La citation produite par les époux Petacci visait Walter Audisio, désormais sénateur communiste d'Alessandria, et l'ancien commandant de la 52e brigade, Bellini Delle Stelle, auxquels les plaignants réclamaient respectivement 130 et 100 millions de lires, le premier pour dommages matériels et moraux causés par le meurtre de Claretta et pour profanation de cadavre, le second en tant que responsable de la mort de Marcello Petacci. Suite à un premier puis à un second renvoi, l'affaire fut enfin évoquée en septembre 1964 devant le tribunal de Côme, mais il fallut encore trois ans pour que le juge d'instruction mette un terme au procès en délivrant un non-lieu au profit des deux présumés coupables. Audisio fut absous par la justice italienne parce que les faits qui lui étaient reprochés ne tombaient pas sous le coup de la loi, les homicides étant intervenus « au cours d'une action de la guerre partisane et dans le cadre d'une lutte nécessaire contre les Allemands et les fascistes durant la période de l'occupation ennemie ». Le juge observait en outre que les meurtres de Claretta et de Marcello Petacci devaient être évalués « dans le contexte plus vaste de l'exécution de Mussolini et de ses partisans, dont ils représentaient un épisode constitutif ». *Pedro* se vit également blanchi par le juge, au motif qu'il ne pouvait être tenu pour responsable de la mort de Marcello. L'arrivée à Dongo du *colonel Valerio*, dont le grade était supérieur au sien et qui avait été le véritable instigateur de l'exécution, le mettait à l'abri d'une quelconque condamnation pour les faits qui lui étaient reprochés. Autant dire que l'action judiciaire engagée par la famille Petacci aboutissait à une relaxe pleine et entière.

Le procès qui s'ouvre devant la cour d'assises de Padoue le 29 avril 1957 – jour anniversaire de l'exposition des cadavres sur le piazzale Loreto – est d'une tout autre ampleur : 36 accusés, près de 300 témoins, 50 personnes représentant les parties civiles, des dizaines de journalistes italiens et étrangers sont présents. Parmi les témoins figurent quelques-uns des hauts dirigeants de la Résistance italienne : le général Cadorna et ses deux principaux adjoints à la tête du CVL de haute Italie, Ferruccio Parri et Luigi Longo, ainsi que le commandant des formations catholiques Enrico Mattei et le dirigeant communiste Gian Carlo Pajetta. Les chefs d'accusation sont les suivants : détournements de fonds, extorsions, malversations, vols et vols aggravés, recels, homicides aggravés ou non et complicités d'homicides. L'instruction a retenu une dizaine de cas d'assassinats caractérisés, dont ceux de *Neri* et de sa compagne *Gianna*, de l'avocat Attilio Cetti et de son épouse (éliminés pour des motifs rigoureusement personnels), d'Anna-Maria Bianchi et de son père Michele, ou encore de *Lino*-Frangi, premier sur la liste des victimes.

Les ingrédients du procès – à supposer que celui-ci ne soit pas une fois encore étouffé sous le poids de la procédure et des secrets politiques – promettent de mobiliser l'opinion publique : pas seulement à cause du trésor envolé et des témoins assassinés, mais parce qu'on ne pourra pas empêcher la presse d'évoquer l'exécution du Duce et la correspondance supposée entre Mussolini et Churchill. Et aussi parce qu'on annonce le passage à la barre des témoins de personnalités proches du dictateur défunt comme Edda Ciano, donna Rachele, Vittorio et Romano Mussolini, ou encore les héritiers de Pavolini.

Qui se souvient, à l'heure où s'ouvre le procès, de l'interminable partie de « patate chaude » à laquelle se sont livrés pendant douze ans les tribunaux civils et militaires de Milan, Padoue, Venise et Côme, mais aussi les magistrats de la Cour de cassation et les membres du Parlement (certains parmi les prévenus sont députés ou sénateurs), avant que le dossier n'aboutisse finalement sur le bureau d'Auguste Zen, président de la cour d'assises de Padoue ? Va-t-on enfin voir la justice triompher de l'*omertà* et des pressions politiques ? Il faudrait pour cela que le procès dure assez longtemps pour que chacune des deux parties puisse, preuves et témoignages à l'appui, faire valoir son argumentation : pour les uns, il s'agit de dénoncer les crimes et les détournements de fonds commis par les communistes, pour les autres de nier les faits qui leur sont reprochés ou de légitimer ceux qui ne peuvent être cachés au nom du combat patriotique et des souffrances endurées par les résistants. Pas question pour les communistes d'admettre publiquement que les règlements de comptes de l'immédiat après-guerre auraient eu pour cause principale les divisions au sein de leur parti. On préfère leur attribuer des raisons purement locales, essentiellement liées à la question du « trésor de Mussolini », et mettre les meurtres de 1945 sur le compte de rivalités personnelles ou de la « trahison ».

Alors que les thèses de l'accusation paraissaient sur le point d'aboutir à la condamnation d'une partie des prévenus, de ceux notamment qui avaient commandité les homicides de 1945, exécuté eux-mêmes les partisans trop « bavards » ou prêté la main aux tueurs – les Gorreri, Bernasconi, Vergani, Negri, Gambaruto et consorts –, un événement inattendu – que d'aucuns jugeront suspect – allait remettre en cause le long cheminement de la vérité. Dans la matinée du 24 juillet 1957, au cours d'une visite de la cour sur les lieux où les meurtres avait été commis, l'un des juges populaires, Silvio Andrighetti, s'effondra, victime d'un infarctus. Le juré défaillant dut être hospitalisé à Côme, dans la clinique des urgences de la Croix-Rouge. L'état du malade restant éminemment critique, le juge Zen ajourna la suite des audiences au 5 puis au 19 août. À cette date, la cour aurait dû visiter le village de Pizzo di Cernobbio, où *Gianna* avait été assassinée, celui d'Acquaseria, où l'on avait retrouvé le corps supplicié de son amie Anna-Maria Bianchi, ainsi que la caserne de Milan, qui avait été le théâtre de l'exécution de *Neri*. Or cette audience n'eut jamais lieu, pas plus que celles qui auraient dû suivre. Le 13 août au matin, Silvio Andrighetti avait mis fin à ces jours sous le coup de la dépression.

Il ne pouvait être question de poursuivre le procès. Au moment du choix des jurés, le juge Zen avait omis de désigner un nombre suffisant de suppléants, et celui d'Andrighetti n'avait pas assisté à tous les débats de la cour. Il fallut donc prononcer le renvoi du procès à une date indéterminée, ce qui signifiait repartir de zéro avec un nouveau jury. Si longtemps après les faits, cela n'aurait plus grande signification. Il restait néanmoins à formuler de manière explicite l'abandon de toutes les poursuites engagées contre les auteurs des crimes et délits commis au printemps 1945 – démarche que les magistrats de Padoue effectuèrent sans hâte excessive entre 1970 et 1973, à la faveur du décret d'amnistie du 4 juin 1966.

La fuite et l'arrestation de Mussolini ont ainsi donné le branle, à la veille de la cessation des hostilités, à un processus de pillage et de détournements de biens d'une importance considérable, dont la plus grande partie concernait des fonds publics eux-mêmes détournés des caisses de l'État par les derniers dirigeants de la République sociale. Sur ce qu'il est advenu de ce « trésor », on doit se contenter d'hypothèses plausibles. Et d'abord, à quel montant total peut-on évaluer les richesses ayant changé de mains à la faveur des événements de 1945 dans la région du Lario ? On a parlé de 600 milliards de lires de l'époque, somme énorme mais qu'aucune preuve incontestable ne vient étayer. Sur cet ensemble, l'or que les partisans ont découvert dans les véhicules arrêtés à Musso aurait représenté quasiment toutes les réserves de l'État fasciste républicain. À supposer qu'il en soit ainsi, il demeure hasardeux d'avancer des chiffres concernant la répartition du magot. Selon les enquêteurs américains, sur les 190 milliards de lires détournés, 400 millions auraient fini par rejoindre les caisses du haut commandement allié, tandis qu'une centaine de millions auraient été versés au CVL. Le reste aurait été dispersé entre des centaines d'auteurs de petits larcins, ou en échange de promesses de restitution assortie d'une récompense, tout cela ne pouvant évidemment pas être vérifié.

En dernière analyse, il semblerait que les deux principaux bénéficiaires de la distribution aient été d'une part le jeune État italien, de l'autre le parti communiste. On en doit confirmation à Massimo Caprara, qui fut pendant vingt ans le secrétaire de PalmiroTogliatti et qui expliquera, après son exclusion du parti en 1969, que les fonds encaissés illégalement par l'organisation communiste avaient largement servi à l'achat du siège national de la via delle Botteghe Oscure, de l'imprimerie de *L'Unità* et d'un hôtel destiné à loger les cadres de passage à Rome, à solder les dépenses et la démobilisation des brigades garibaldiennes, ainsi qu'au financement des campagnes électorales de 1946 et 1948.

CHAPITRE XIV

La piste des services secrets

Le débat sur les conditions dans lesquelles Mussolini et Claretta Petacci ont trouvé la mort le 28 avril 1945 a été relancé en 1995 à la suite de la publication par Renzo De Felice d'un essai qui fit beaucoup de bruit en Italie, *Rosso e nero*[1]. La polémique suscitée par ce livre portait moins sur ce qu'il y était dit d'essentiel concernant la lutte entre fascistes et antifascistes au cours des deux dernières années de la guerre[2] que sur les allusions faites par De Felice aux derniers moments du dictateur. Ainsi, sa mise à mort n'aurait pas été une affaire italienne, exclusivement voulue par les chefs de la Résistance intérieure, un tyrannicide collectivement assumé et légitimant en quelque sorte le régime à construire sur les ruines du fascisme et les bases, lézardées, de la monarchie de Savoie.

Roosevelt contre Churchill : la petite guerre des services secrets

L'armistice du 8 septembre 1943 stipulait que le chef déchu de l'Italie fasciste, alors détenu à Campo Imperatore, un nid d'aigle situé au cœur de l'Apennin abruzzais, devrait, dès qu'on pourrait se saisir de sa personne, être livré aux Alliés. Roosevelt tenait beaucoup à cette disposition. Déjà, il songeait à appliquer aux criminels de guerre italiens, et en premier lieu au Duce, qu'il considérait comme le père du fascisme et, partant, comme l'un des principaux responsables de la guerre, un traitement comparable à celui qu'il entendait réserver à Hitler et qui se concrétiserait dans le procès de Nuremberg. Toutefois, il ne semble pas qu'il ait alors eu une vision claire et sans appel de la peine qui devrait être appliquée au numéro deux de l'Axe. Il souhaitait surtout que le dictateur, qu'il avait en d'autres temps admiré et couvert d'éloges, fût appelé à déposer à la barre et à répondre de ses actes. N'était-il pas précisé, dans la clause 29 de l'armistice de Cassibile, paraphé par Eisenhower et par le maréchal Badoglio, que le Duce serait remis à cet effet aux Nations unies, c'est-à-dire aux représentants des seize États victorieux ?

Quand il avait appris par la radio que l'armistice était signé et que selon l'une de ses clauses le gouvernement de Badoglio devrait le remettre aux Alliés, Mussolini s'était aussitôt montré très préoccupé, déclarant à ses gardiens qu'il était résolu à ne pas tomber vivant entre les mains des vainqueurs. Il craignait surtout, s'il était pris par les Américains, d'être « montré » aux populations « comme un phénomène de cirque ». Selon les témoignages de plusieurs de ses geôliers, il aurait même tenté de se donner la mort en se taillant les veines avec une lame de rasoir. L'action de commando menée le 12 septembre par les paras du colonel Mors et du capitaine Otto Skorzeny le dispensa d'en venir à cette extrémité.

En 1945, le chef de la RSI avait encore noirci son image au regard des dirigeants américains en obéissant aux injonctions du Führer et en tolérant les atrocités commises par les brigades noires et autres milices fascistes. Ajoutons à cela la détérioration qui avait commencé à se manifester dans les rapports entre Américains et Soviétiques. Que faire si Staline se montrait un peu plus gourmand qu'il n'était apparu en octobre 1944 à Moscou face à un Churchill acquis à l'idée d'un « partage » de l'Europe, ou en février 1945 à Yalta ? Comment endiguer, dans ce cas, une insurrection dirigée par les dizaines de milliers de partisans engagés dans les brigades Garibaldi ? Fallait-il déjà songer, comme Churchill avait commencé à le faire, à réarmer les miliciens en chemise noire au nom de la défense de la civilisation menacée par le péril rouge ? Et quelle place l'ancien dictateur était-il appelé à tenir dans une telle configuration ? À la mi-avril, le gouvernement de Washington hésitait sur le parti à adopter, mais privilégiait encore la capture.

Churchill n'avait pas les mêmes raisons que son allié d'outre-Atlantique de protéger – au moins temporairement – l'homme avec lequel il avait entretenu les meilleurs rapports jusqu'à la rupture, en 1935, du « front de Stresa », et à l'agression italienne en Éthiopie. Les menaces répétées contre l'Empire britannique en Méditerranée orientale, en Afrique de l'Est et au Proche-Orient n'avaient pas suffi à briser tout à fait la « vieille amitié » qui liait le vieux lion britannique et le fondateur du fascisme. Il avait fallu la guerre pour que Churchill, chargé de la survie du Royaume-Uni dans un combat solitaire contre l'Axe, change radicalement d'attitude envers celui qu'il avait naguère encensé. Entre juin 1940 et juin 1941, la Grande-Bretagne avait en effet été seule à s'opposer à la coalition hitlérienne et, quoique vaincue sur la plupart des terrains où elle avait engagé des forces, l'Italie avait causé à son armée, et plus encore à sa flotte, des dommages que Churchill s'était juré de lui faire payer.

Tout cela n'explique que très partiellement la volonté de revanche que le Premier ministre britannique nourrit à l'égard du peuple italien et de son « guide », dont il ne manque pas de stigmatiser la « traîtrise ». Si Churchill songe à une élimination pure et simple de Mussolini, de préférence opérée par les hommes des brigades Garibaldi, c'est qu'à Gargnano le Duce a réuni, dans la perspective d'un futur procès, quantité de documents confidentiels dont une partie concerne ses relations avec l'homme d'État anglais. Rangés dans cinq ou six grosses valises, ces documents ont suivi Mussolini jusqu'à Milan, où ceux qu'il jugeait les plus utiles à sa sécurité ont été transférés dans plusieurs sacoches dont nous évoquerons plus loin le contenu, ou ce que nous croyons en savoir.

La solution américaine supposait la présence sur le terrain d'un important contingent d'agents secrets, capables de repérer et de soustraire le dirigeant fasciste à la « justice du peuple », grâce à la complicité de quelques notabilités locales hostiles aussi bien au régime mussolinien qu'à la subversion communiste. Les services de renseignements d'outre-Atlantique n'avaient pas attendu le printemps 1945 pour se lancer dans une chasse à l'ancien dictateur qui commença en fait au lendemain même de la révolution de palais du 26 juillet. Une opération de commando avait d'ailleurs été préparée alors que Mussolini se trouvait, sous contrôle de l'armée régulière italienne, dans les îles de Ponza, puis de la Maddalena. Elle avait été annulée à la dernière minute, parce que jugée trop dangereuse, sur ordre du général Eisenhower, si bien que les Allemands avaient pris leurs adversaires de vitesse.

Rentré dans le giron hitlérien et propulsé sur ordre du Führer à la tête du gouvernement satellisé de Salò, Mussolini ne courait guère le risque, au cours des vingt mois que dura la République sociale, d'être enlevé par une équipe de choc dans une zone que contrôlaient d'abondants contingents de la Wehrmacht et de la Waffen SS. Le Duce n'était-il pas lui-même sous la surveillance permanente d'un détachement de SS, y compris durant les soirées passées à Gardone auprès de sa maîtresse ? Pendant ce temps, les service secrets américains avaient eu tout loisir de s'organiser, dans la partie libérée de la péninsule, pour le moment où s'engagerait, au nord de la ligne gothique, la partie décisive.

C'est un véritable va-et-vient qui s'établit, dès le début du second semestre 1944, entre les brigades d'assaut Garibaldi et les missions de l'OSS en Italie du Nord : agents américains infiltrés dans les unités de partisans, militants antifascistes italiens plus ou moins officiellement enrôlés dans les rangs de l'Office. Cette collaboration était orchestrée sur le terrain par le major Robert J. Koch, le communiste Eugenio Reale et le socialiste Pietro Nenni, depuis Berne par le futur directeur général de la CIA, Allen Dulles, et les deux parties n'eurent le plus souvent qu'à s'en féliciter. En témoigne le déjeuner de remerciement qui fut offert à Milan le 5 mai 1945 au QG des brigades – une semaine après les exécutions de Mezzegra et de Dongo – par Luigi Longo et en présence de plusieurs poids lourds du parti communiste.

À la mi-avril, environ vingt-cinq équipes d'agents spéciaux se disaient prêtes à entrer en action, avec pour mission prioritaire – approuvée par la présidence et transmise par le général MacNey à son collègue Mark Clark – de s'emparer vivant du fondateur du fascisme afin qu'il soit remis aux représentants des Nations unies et jugé selon les règles du droit.

Face à ce déploiement de professionnels de la guerre secrète, les agents des services secrets de Sa Majesté, Intelligence Service ou Special Air Service (SAS), étaient beaucoup plus discrets. Était-ce défaillance ou absence de moyens en regard de la puissante armée américaine, indifférence feinte, comme celle de Churchill, partage de compétences et de missions entre les deux alliés occidentaux ? Ou assurance que la meilleure façon de se débarrasser du Duce était, comme le souhaitait le Premier ministre britannique, de laisser faire le « sale boulot » par les communistes ?

Ce que révèlent les archives de l'OSS

La déclassification récente et la publication par le gouvernement américain de quelque 35 000 documents et fiches signalétiques rédigés par près de 24 000 agents et employés de l'Office of Strategic Services pendant la Seconde Guerre mondiale ont très largement renouvelé la connaissance que nous avions jusqu'alors des réseaux de renseignements et des actions menées en Europe – en l'occurrence en Italie – par les hommes d'Allen Dulles et du major Koch.

Ces opérations, destinées pour la plupart à préparer le terrain pour le cas où, l'ennemi nazi et son auxiliaire fasciste étant abattus, les Alliés se trouveraient confrontés à un puissant mouvement insurrectionnel en Italie du Nord, n'avaient pas toutes été couronnées de succès. Certes, la collaboration avec les maquis communistes, en position quasi hégémonique en matière militaire, avait plutôt bien fonctionné. Mais en serait-il encore ainsi dans le contexte d'euphorie révolutionnaire qui était en train de gagner une partie du peuple de gauche et de l'organisation marxiste ? Le doute continuait à planer concernant l'attitude de Staline. Parmi les opérations qui avaient échoué, l'enlèvement de Mussolini n'était certainement pas le moins important. Aussi fut-il décidé, pour comprendre ce qui s'était passé entre le 26 et le 28 avril à Dongo et à Giulino di Mezzegra, de dépêcher sur place l'un des meilleurs agents de l'OSS avec pour mission d'établir un rapport détaillé sur les circonstances de ce ratage.

L'agent à qui fut confiée la mission, Valerian Lada-Mocarski, n'était pas italo-américain et ne connaissait pas très bien le pays ni même la langue. Mais ce fils d'un officier tsariste, émigré aux États-Unis au lendemain de la révolution bolchevique, avait pour lui, outre son expérience proprement militaire – il était major dans l'armée américaine –, celle acquise dans les rangs de l'OSS. Recruté par Donovan en 1941, il avait en effet effectué des missions au Moyen-Orient, en Égypte, en France et en Suisse, où il avait participé à la chasse au Journal de Ciano.

Allen Dulles en personne chargea Lada-Mocarski, l'agent OSS 441, de se rendre dans le Lario, d'entrer en relation avec les chefs des brigades garibaldiennes locales et de rédiger un rapport sur les conditions de la mise à mort de l'ancien dictateur. L'opération n'était pas sans risque. Lâché en quelque sorte dans une zone infestée de brigadistes en chemise noire, il lui fallait manifester assez de conviction pour convaincre les combattants au foulard rouge qu'ils n'avaient pas en face d'eux un agent ennemi, puis se faire accepter par les dirigeants d'une unité garibaldienne au point de les amener à révéler ce qu'ils avaient vécu ou entendu dire : voilà qui exigeait beaucoup d'habileté de la part du major Lada-Mocarski.

Les deux mémoires secrets que ce dernier a adressés à Allen Dulles sont datés de mai 1945 et se fondent sur deux sources de nature différente.

Le premier rapport a été rédigé à partir des récits de plusieurs témoins oculaires appartenant à la 52e brigade. Lada-Mocarski n'avait en effet pas tardé, au cours de sa mission, à nouer des liens cordiaux avec les membres de cette unité, dont on sait que deux des chefs, Bellini Delle Stelle et Urbano Lazzaro, n'étaient pas communistes. On peut donc raisonnablement s'interroger sur la véracité de tout ce qui a été dit à l'agent OSS 441, sachant néanmoins que l'Américain n'a pas manqué de faire les recoupements et les confrontations qui s'imposent lorsque la source utilisée relève du témoignage oral.

La même remarque peut s'appliquer au second mémorandum, encore que celui-ci ait le très grand mérite d'intégrer dans son propos la relation écrite que l'agent

OSS 441 a reçue de *Neri*-Canali. Ce texte n'était pas signé, mais Lada-Mocarski en avait vite identifié l'auteur à la qualité du style et aux indices qu'il offrait quant à sa personnalité et à la nature très particulière de son engagement dans les rangs du parti communiste. Le fait qu'il s'agisse de *Neri* apparaît de façon d'autant plus explicite que l'Américain parle de son informateur comme d'un chef partisan « disparu sans laisser de trace ». Pour ces raisons et contrairement à ce qu'affirme Mario Cereghino, qui a exhumé ces archives, les documents de l'OSS ne mettent pas un point final aux controverses sur la mort de Mussolini.

Un certain nombre de points paraissent cependant à la fois parfaitement crédibles et contradictoires avec d'autres témoignages jugés sérieux. La principale divergence concerne la présence de *Neri* sur les lieux de l'exécution. Elle est niée par certains récits alors que l'auteur du mémorandum lui attribue au contraire un rôle important dans les derniers instants de Mussolini. Toutefois, ce rôle n'est pas à proprement parler celui d'un exécutant docile des consignes de *Valerio*, mais plutôt celui d'un opposant à la décision du Comité insurrectionnel milanais, venu sur les lieux pour contrôler la régularité d'une exécution qu'il réprouvait et dont l'action se serait limitée à donner le coup de grâce à un Mussolini agonisant. Voici comment l'agent OSS 441 retranscrit les propos de *Neri :*

> Mussolini n'était pas encore mort : un œil était ouvert et regardait en haut. À ce moment précis, du côté le plus bas de la route, arriva un officier de l'unité partisane locale [le *capitaine Neri*]. Il voulait comprendre quels étaient les coups d'arme à feu qu'il avait entendus depuis le bas de la route.

> Le chef partisan [Lampredi] qui se trouvait parmi les exécuteurs le reconnut et lui fit signe d'approcher. Constatant que Mussolini était encore vivant, le nouvel arrivant l'acheva de deux coups de revolver[3].

Ce n'est donc vraisemblablement pas pour l'empêcher de dire ce qu'il savait de la captation par ses camarades communistes du « trésor de Dongo » que le compagnon de *Gianna* fut assassiné. Ni parce que les responsables du PCI de Côme croyaient qu'il avait parlé sous la torture ou livré ses amis pour sauver sa tête, mais pour des raisons essentiellement politiques :

> Le *capitaine Neri*, écrivait déjà Urbano Lazzaro en 1993, n'avait pas trahi ses compagnons de lutte quand il fut capturé par les fascistes en janvier 1945. Il avait en revanche trahi ses compagnons communistes quand il avait accepté de collaborer à la réalisation du plan Cadorna-Sardagna-Cademartori pour soustraire Mussolini à la justice sommaire des camarades et le remettre aux autorités alliées. Il savait trop de choses et l'on ne pouvait plus se fier à lui : aussi devait-il être éliminé au plus vite[4].

Il est vrai que Luigi Canali n'avait plus beaucoup d'affinités avec ses camarades, notamment avec ceux, nombreux dans la région du Lario, qui représentaient la tendance intransigeante incarnée entre autres par Longo. La barbarie dont certains d'entre eux faisaient preuve dans l'élimination de présumés « traîtres » – et que résumait la règle dictée par *Lince* (Leopoldo Cassinelli), un partisan de Bellano passé de la Résistance armée au grand banditisme : « Un coup de revolver dans la tête, un coup dans le ventre, comme cela le cadavre boit et coule » – avait fini par écœurer le chef d'état-major de la 52e brigade. Il semble que, aussitôt après les exécutions de Mussolini et de Clara Petacci, il ait pris la décision de quitter l'organisation communiste. C'est en tout cas ce qu'il avait annoncé à sa mère le 4 mai, à la veille de sa propre disparition, en même temps qu'il lui avait expliqué que, « par compassion », il avait achevé le Duce de deux balles dans la tête. On comprend mieux, dans ce contexte, qu'à la question sur la façon dont le dictateur était mort il ait répondu par ce seul mot : « *Male* », formule certes ambivalente mais qui, me semble-t-il, s'appliquait davantage à la maladresse des exécuteurs qu'à la lâcheté du condamné à mort. La seule « faiblesse » manifestée par ce dernier aurait été de murmurer dans un souffle : « *Fate presto, fate presto* (Faites vite, faites vite). »

Que sont devenues les archives de Mussolini ?

De la masse immense de documents de toute nature que constituaient primitivement ses archives secrètes – environ 500 000 fascicules répertoriés sous l'appellation *Segreteria particolare del Duce* –, Mussolini avait ordonné, avant de quitter Gargnano pour Milan, que fussent extraits et sélectionnés tous ceux qui pourraient contribuer à sa défense dans le cas où, capturé par les Alliés ou les dirigeants du CLNAI, il aurait à justifier de ses décisions et de sa conduite en tant que chef de la République sociale italienne. Une première ponction avait été opérée à la suite de la révolution de palais du 25 juillet 1943 sous le contrôle du général Castellano, le signataire italien de l'armistice de Cassibile. Une dizaine de caisses contenant des centaines de dossiers personnels avaient été transportées au secrétariat du maréchal Badoglio avant de s'évaporer dans la nature, jusqu'au moment où, en février 1944, on les avait miraculeusement retrouvées en gare de Milan, peut-être en instance de départ pour la Suisse.

Réunis à Gardone avec d'autres fonds récupérés à Rome avant la libération de la ville par les Alliés, ces documents subirent de nouveaux prélèvements ainsi que des reclassements. En février 1945, en effet, Mussolini chargea le journaliste Nino d'Aroma, directeur de l'institut cinématographique Luce, de procéder à la photocopie des pièces les plus importantes, qualifiées de « *riservatissime* » : une centaine environ, reproduites en trois exemplaires, qui rejoignirent, en vue d'un déménagement de plus en plus probable, d'autres matériaux pouvant servir au salut du dictateur.

La décision de transporter à Milan cette masse encore considérable de papiers ultraconfidentiels fut prise le 23 avril, lorsque Mussolini dépêcha à Gargnano son secrétaire Gatti, avec mission d'opérer une dernière sélection et d'organiser le transfert des documents. Avant de fermer définitivement le dépôt de Gardone – il restait alors, en dépit des destructions subies, près de 150 000 fascicules –, on procéda à l'immersion dans le lac de Garde de plusieurs caisses remplies d'archives d'un intérêt relativement secondaire.

À Milan, on entassa tout ce qu'on put dans trois sacoches de cuir et dans deux petites caisses de zinc. L'une des sacoches, celle qui contenait les fascicules à ses yeux les plus importants, Mussolini la conserva jusqu'à Dongo, sans jamais s'en éloigner ni même la quitter du regard. Il remit à son ordonnance, Vito Casalinuovo, les deux autres sacs, récupéra l'un d'entre eux à Musso et le confia à Claretta au moment de monter dans le camion. Le reste fut déposé dans la fameuse camionnette Balilla qui, nous l'avons vu, tomba en panne avant d'arriver à Côme. La caisse remplie de documents qu'elle contenait serait récupérée un peu plus tard par les partisans.

En remettant à sa compagne l'une des précieuses sacoches, Mussolini n'imaginait pas que Clara allait, quelques heures plus tard, subir le même sort que lui. Il était persuadé que la jeune femme pourrait sans difficulté rejoindre la frontière suisse et être admise, grâce aux papiers qui lui avaient été remis par le consulat d'Espagne à Milan, sur le territoire de la Confédération. Elle pourrait ainsi traiter personnellement de la consigne des documents avec l'ambassadeur du Royaume-Uni à Berne. Au moment où il fut arrêté par *Bill*, le Duce ne chercha pas à faire intervenir son escorte, sûr qu'il était d'être libéré dans les heures suivantes sur intervention des autorités helvétiques.

Conduit à l'hôtel de ville de Dongo, Mussolini dut, comme les autres prisonniers, remettre ses papiers à *Bill*. Est-ce à lui ou à *Pedro* (les sources divergent sur ce point) qu'il confia, n'ayant rien d'autre à exhiber que les documents allemands le qualifiant de sous-officier de la Luftwaffe : « J'avais une sacoche. Elle est là, derrière vous. Faites attention. Elle contient des documents qui ont une très grande importance pour l'avenir de l'Italie » ? *Bill* l'ouvrit. Outre une partie importante du fameux « trésor de Dongo », elle contenait des fascicules estampillés « Secret » en rouge sur la couverture. Les hommes de la 52e brigade venaient de mettre la main sur les archives ultraconfidentielles du dirigeant fasciste.

Impressionné par cette découverte, *Bill* ordonna qu'on dresse un bref inventaire des documents trouvés dans la sacoche de Mussolini, soit quatre gros fascicules. Le premier concernait des questions variées (démarches en vue d'un exil en Suisse, grèves de 1944, condition politique de la ville de Trieste, dossiers sur les responsabilités de certains hiérarques dans la mauvaise gestion des affaires publiques, un dossier sur Pietro Nenni, etc.), le deuxième contenait des documents portant sur le procès de Vérone et l'exécution des quatre hiérarques condamnés à mort, dont le gendre du Duce, le comte Ciano, le troisième la correspondance échangée entre Mussolini et Hitler, et le quatrième des rapports de police sur la personnalité et la vie privée du prince Umberto de Savoie, héritier de la couronne.

Un peu plus tard, *Bill* déposa sur la table d'un salon de l'hôtel de ville une autre sacoche : celle que Claretta avait reçue des mains de son amant et que Zita Ritossa avait dû remettre au commandant en second de la 52e brigade Garibaldi. Pour ce dernier, « la jeune femme portant turban et manteau de fourrure » qui avait pris place dans la voiture du soi-disant consul espagnol ne pouvait être la propriétaire du gros sac de cuir. Il ne se passa pas longtemps avant qu'il n'eût éventé la supercherie, d'autant que *Pedro* venait de lui apprendre, à la suite du long interrogatoire de Clara, que celle-ci n'était autre que la maîtresse du Duce. « Si la sacoche, écrirait-il, appartenait à quelqu'un, c'était ce quelqu'un qui la lui avait confiée. Et ce quelqu'un ne pouvait être que Mussolini, lequel, avant de passer de l'auto blindée dans le camion des Allemands, avait remis la précieuse sacoche à la personne qui lui était le plus fidèle, une personne qui assurément ne l'aurait jamais abandonné ni trahi[5]. »

On connaît la suite de l'histoire. Répertoriés devant témoins et placés sous scellés à la caisse d'épargne des provinces lombardes de Domaso, les documents finirent, après de multiples pérégrinations, par être consignés à l'*Archivio centrale dello Stato* à Rome.

Les étranges vacances de Winston Churchill

Était-ce un retour pur et simple à la case départ ? Pas tout à fait : au cours des nombreuses manipulations auxquelles elles avaient été soumises, les sacoches mussoliniennes avaient été délestées d'une partie de leur contenu. D'autres dossiers, qui tous n'étaient pas directement en rapport avec la fuite du Duce et des hiérarques, avaient disparu et ne seraient jamais retrouvés. Il en était ainsi de la caisse de zinc abandonnée le 25 avril au soir à la préfecture de Milan, de la caisse chargée sur la camionnette Balilla, des documents personnels confiés à une famille amie par Rachele Mussolini après sa tentative de passage en Suisse et de deux des quatre fascicules inventoriés à Dongo, dont celui qui avait trait à la vie privée du prince Umberto.

Ces disparitions impliquaient que les archives secrètes de Mussolini étaient passées de main en main pendant plusieurs jours, voire plusieurs mois. Chacun, parmi ceux qui avaient été invités à partager la découverte de *Bill*, avait vu ou cru voir tel détail lui permettant d'échafauder ce qui allait devenir une rumeur et bientôt un mythe. Il existait une correspondance confidentielle entre le Premier ministre de Sa Majesté et le dictateur fasciste. Cette correspondance, longtemps amicale, n'avait pas pris fin avec la guerre et contenait des écrits qui, s'ils étaient rendus publics, pouvaient altérer gravement l'image de l'homme au cigare.

La déclaration signée en avril 1947 à l'instigation de *Bill* par Lorenzo Bianchi, un ancien garibaldien de la 52ᵉ brigade, illustre assez bien comment les choses ont pu se passer :

> Le 28 avril 1945, aux environs de 15 h 50, M. Lazzaro Urbano (*Bill*) déposa sur une table auprès de laquelle j'étais assis, dans la salle des glaces de la mairie de Dongo, deux sacoches, en me disant textuellement : « Ne les remets à personne à l'exception de moi-même. » Appelé au-dehors, il s'éloigna de la salle.
>
> Pendant ce temps, j'examinai l'une des sacoches et tirai sur une étiquette rose qui était attachée avec un ruban. Sur cette étiquette étaient inscrits plusieurs mots en italien, peut-être six ou sept, parmi lesquels ressortait le nom de Churchill. Les mots entre lesquels était inscrit le nom de Churchill, je ne m'en souviens pas. Ce pouvait être la correspondance, des documents, des annotations, des mémoires, des jugements exprimés, des phrases prononcées, des discours lus ou écrits de l'ex-Premier ministre britannique. Tout cela, je l'ai fait en présence du journaliste Rem Picci.
>
> Il est inexact que j'aie déclaré, comme cela a été publié par *Milano Sera,* que sur cette étiquette était inscrit « Correspondance et documents Churchill », ou encore « Correspondance avec Churchill »[6].

Cette déclaration, qui porte la mention « Lu et signé sans aucune menace », et qui fut vraisemblablement soufflée à son auteur par *Bill*-Lazzaro, sous-entend qu'au moment où elle fut rendue publique la polémique battait son plein à propos des rapports épistolaires que le vieux lion britannique aurait entretenus avec le Duce. Or Churchill, qui avait dû quitter le pouvoir en juillet 1945, n'avait rien fait depuis la fin de la guerre qui fût de nature à lever les doutes sur cette question et sur celle qui polarisait l'attention de nombreux Italiens : l'ancien Premier ministre avait-il ordonné l'exécution de Mussolini après avoir tenté d'obtenir des agents de l'Intelligence Service qu'ils se saisissent des documents, pour lui hautement compromettants, contenus dans la fameuse sacoche séquestrée par les chefs de la 52e brigade Garibaldi – documents dont nul, par ailleurs, ne pouvait prouver l'existence ?

Qu'est venu faire Churchill à Moltrasio, une localité située sur la rive occidentale du lac de Côme, où il a débarqué le 1er septembre 1945, à peine deux mois après son échec électoral ? Il était accompagné de sa fille Sarah, de son valet de chambre et du sergent Thomson, de Scotland Yard. À l'invitation du général Eisenhower, qui lui avait, dit-on, proposé de séjourner dans une station de la Riviera française, il aurait préféré celle de son compatriote le maréchal Alexander ainsi que l'hospitalité des Donegani, propriétaires de la villa Apraxin. Comme pour chacun de ses déplacements privés à l'étranger, Churchill voyageait incognito sous le pseudonyme de « colonel Warden », mais sa stature, son visage, son éternel cigare étaient trop connus pour qu'il puisse rester anonyme plus de quelques heures. D'autant que, pour faire bon poids, et pour assurer sa sécurité, on avait fait venir de Vienne, occupée par les Alliés, une vingtaine de soldats du 4e régiment de hussards de la reine qui le suivaient dans chacune de ses sorties.

Car Churchill ne restait pas inactif. Quotidiennement ou presque, il se rendait au bord du lac, ou en quelque autre lieu pittoresque, pour peindre des paysages d'une facture qui n'était pas tout à fait celle d'un amateur. Il n'en fallait pas plus pour que la rumeur publique, alimentée par quelques articles de presse peu soucieux de vraisemblance – n'a-t-on pas prétendu que l'ex-Premier ministre se serait rendu au cimetière de Musocco, à Milan, pour se recueillir devant la tombe du Duce ? –, s'empare du sujet et mette aussitôt en rapport les séances de peinture du grand homme et l'activité déployée dans son sillage par les agents des services secrets britanniques. Elle inclinait d'autant plus en ce sens que Churchill eut l'imprudence, au cours de ses vacances italiennes – à Moltrasio, et plus tard dans d'autres localités des lacs de Côme et de Garde – d'entreprendre des démarches incontestablement « suspectes ». Il rendit visite au directeur de la caisse d'épargne de Domaso, où *Bill* et *Pedro* avaient déposé les sacoches de Mussolini. Il rencontra le colonel Luigi Villani, commandant de la caserne de la Garde de finance de Germasino, où le Duce fut emprisonné pendant quelques heures et put s'entretenir longuement avec ses geôliers. À Gardone, il aurait eu des contacts avec le menuisier qui, sur ordre du Duce, avait fabriqué les caisses destinées à être immergées avec leur contenu dans les eaux du lac de Garde. Rien de bien convaincant dans tout cela, ni de tout à fait avéré. C'est néanmoins sur ces quelques indices que se fondait la légende d'un Churchill en quête des documents égarés établissant la preuve de sa complicité avec le dictateur fasciste.

La ficelle était parfois si grosse que l'ambassade du Royaume-Uni à Rome et la présidence du Conseil italien durent intervenir pour démentir les bobards qui avaient commencé à circuler. Il en fut ainsi notamment lorsque courut le bruit d'une rencontre, à la villa Apraxin, entre l'ex-Premier ministre britannique et le prince Umberto de Savoie. Mais le branle était donné à une campagne qui allait durer des années et bientôt se transformer en une véritable chasse aux archives. Pourquoi, se demandait-on, Churchill serait-il venu passer ses vacances là où Mussolini avait vécu les derniers instants de sa vie ? Était-ce pour exercer son talent de peintre, ou pour une autre raison ? Et en quoi cette raison avait-elle à voir avec la fin tragique du chef de la RSI ?

Les premiers à poser ces questions furent les journaux suisses. Dans son numéro du 28 octobre 1945, l'hebdomadaire de Genève *Voix ouvrière* publia en pleine page un dessin représentant Churchill, assis devant une cheminée, occupé à jeter des papiers au feu. L'article qu'illustrait cette caricature ne s'embarrassait pas de circonlocutions : le vieux lion était venu à Moltrasio pour récupérer personnellement des documents compromettants, puis les avait livrés aux flammes avant qu'ils ne disparaissent à nouveau.

L'affaire des sacoches de Mussolini allait donner naissance à un inépuisable marché attirant de plus en plus de chasseurs d'archives, de faussaires, de mythomanes et de publicistes en quête d'un scoop. Les rares papiers authentiques qui n'avaient pas été volés dans quelque dépôt public, ou retrouvés dans un grenier de campagne, voisinaient avec une masse de documents apocryphes entre les mains de traficoteurs qui tiraient de leur commerce des gains considérables. À la fin des années quatre-vingt, une lettre anodine de Mussolini valait environ 500 000 lires et un échange de correspondance se négociait à plus d'un million. On imagine ce que pouvait représenter un fascicule d'une centaine de pages ! Mais ce qui faisait la valeur marchande des pièces censées provenir des sacs inventoriés à Dongo le 27 avril, ce n'était pas seulement l'écriture et la signature du dictateur, c'était le contenu des documents, et l'intérêt qu'il y avait pour l'acheteur à détenir une part du puzzle qui tenait l'Italie en haleine.

La « piste anglaise »

Directement reliée à l'affaire du « trésor de Dongo » – documents et valeurs parcourent les mêmes chemins –, la quête d'une hypothétique correspondance secrète entre Churchill et Mussolini a duré plus d'un demi-siècle et n'est certainement pas tout à fait achevée à l'heure où ces lignes sont écrites. Parmi les historiens, les journalistes ou les simples curieux qui se sont intéressés à la question des archives mussoliniennes, on peut distinguer ceux qui ne croient pas à l'existence d'un « dossier Churchill » compromettant pour l'ex-Premier ministre britannique ; ceux qui pensent que la correspondance, pour peu qu'elle ait jamais existé, a définitivement disparu ; ceux enfin qui considèrent qu'il ne s'agit vraisemblablement pas d'un mythe, que Churchill a fourni trop d'indices de culpabilité pour bénéficier d'un non-lieu posthume, que le dossier de l'affaire dort depuis 1945 dans quelque cachette jalousement gardée, et que la « vérité » finira bien par éclater un jour.

L'existence de la correspondance Mussolini-Churchill a été longtemps niée, aussi bien du côté italien qu'en Grande-Bretagne, par la très grande majorité des observateurs. D'autant que les experts – universitaires pour la plupart – appelés à la rescousse pour délivrer un label de véracité aux documents qu'il leur était demandé d'examiner ont généralement formulé un verdict négatif. Il en fut ainsi par exemple du professeur Mario Toscano, conseiller historique du ministère italien des Affaires étrangères, ou de Renzo De Felice, prié d'authentifier les manuscrits de supposés *diari* (journaux intimes) du Duce, vendus à prix d'or à de grands éditeur italiens, et qui sut dévoiler le ou les faussaires sous les apparences trompeuses d'un produit formellement irréprochable[7].

Mais revenons à notre propos central : la mort de Mussolini et de Claretta Petacci. En quoi serait-elle imputable aux services secrets de Sa Majesté, mobilisés par Churchill dans le dessein de faire disparaître des documents susceptibles de nuire à son image d'adversaire implacable de la coalition hitlérienne ? L'existence d'une correspondance confidentielle entre Mussolini et le Premier ministre britannique suffit-elle à justifier une telle démarche ? Le débat ne date pas d'hier, on l'a vu, mais il a été fortement renouvelé par la parution, en 1995, de *Rosso e nero*. Pour De Felice, l'exécution aurait été le résultat d'une action clandestine menée par les services secrets britanniques en liaison avec la Résistance locale. Au cours des dernières semaines de la guerre, les hommes de l'Intelligence Service se seraient livrés à une véritable course-poursuite afin de faire prévaloir la position de Churchill sur celle de Roosevelt quant au sort qui devait être réservé à Mussolini. Prenant de vitesse leurs collègues de l'OSS, qui avaient préparé l'évacuation du Duce par la voie aérienne après son éventuelle capture, les agents de l'IS auraient réussi à infiltrer un groupe de partisans auquel aurait été confiée la tâche de liquider le chef de la République sociale.

Vivement critiqué, comme il l'avait été depuis plus de vingt ans par la gauche, l'auteur de *Rosso e nero* a reçu un soutien inattendu avec la parution, en décembre 1995, d'un article de *L'Unità* signé de Giorgio Amendola, l'un des plus prestigieux dirigeants de l'ex-PCI, faisant état de documents conservés dans les archives de la via delle Botteghe Oscure et ne s'accordant guère avec les différentes versions données depuis 1945 par *Valerio*-Audisio. Il en ressortait une image du Duce au moment de sa mort moins négative que celle qu'avait voulu accréditer ce dernier. De cela De Felice prenait acte, encore que la question lui parût tout aussi accessoire que celles concernant le lieu et les circonstances précises de l'exécution. Ce qu'il considérait au contraire comme fondamental, c'était le mobile qui avait animé le ou les instigateurs de la mission britannique en Italie du Nord au printemps 1945. Et sur ce point l'historien romain avançait des hypothèses hardies, se réservant d'apporter les preuves de ses affirmations dans le dernier tome de sa biographie du Duce.

Ces preuves, à supposer qu'elles existent, n'ayant pu être apportées par De Felice, disparu avant l'achèvement de son *opus magnum*, on ne peut mentionner ici que les indices sur lesquels reposait son raisonnement, soit une série de témoignages faisant état du contenu de la sacoche que Mussolini portait avec lui lors de son arrestation. Outre les documents attestant l'homosexualité du prince héritier Umberto, le dictateur aurait pris soin d'emporter une partie de sa correspondance avec Churchill, dont deux lettres datées de 1939 particulièrement compromettantes pour l'homme d'État britannique. Dans la première, Churchill aurait incité le Duce à entrer en guerre aux côtés de Hitler, avec l'arrière-pensée de pouvoir compter ensuite sur sa modération lors de l'élaboration des traités de paix. Dans la seconde, il aurait proposé à Mussolini de s'allier au Royaume-Uni pour une croisade contre l'URSS une fois achevé le conflit en cours.

La mort de Renzo De Felice a empêché les Italiens de savoir si les révélations que leur offrait le plus célèbre de leurs historiens reposaient sur une base sérieuse. Les recherches effectuées par certains de ses élèves n'ont pas permis de lever le voile sur un mystère qui demeure entier, à supposer que le spécialiste du fascisme ne se soit pas laissé abuser par d'illusoires promesses d'accès à des archives jusqu'alors soigneusement cachées. Que le vieux lion britannique ait eu toutes les raisons du monde de ne pas souhaiter un déballage public de ses relations passées avec Mussolini et des témoignages d'admiration dont il avait largement usé à son égard est une chose, au demeurant connue. Une autre est d'affirmer qu'il aurait mandaté des agents de l'Intelligence Service pour éviter le procès public que souhaitaient les Américains.

J'ajouterai que l'on voit mal comment un serviteur aussi ardent de l'Angleterre et de son empire que Churchill aurait pu souhaiter l'entrée en guerre de l'Italie aux côtés de son allié nazi. Et ce pour le seul avantage de pouvoir compter lors des négociations de paix, c'est-à-dire une fois la guerre perdue, sur la modération de l'homme qui avait fait de la révision des traités et de la redistribution des cartes coloniales les deux pivots de sa politique étrangère.

ET POURTANT…

On est donc tenté de délivrer un non-lieu à Sir Winston Churchil, à l'instar de son secrétaire littéraire, Frederick William Deakin :

> Sa présence sur le lac de Côme fut un pur hasard de l'histoire. Il n'y a dans ses documents privés aucune trace ni aucune allusion au fait que pendant ce séjour il ait manifesté le moindre intérêt pour le sort subi par Mussolini cinq mois auparavant dans cette région, ni qu'il ait eu connaissance de la frénétique chasse, en cours dans toute l'Italie, aux documents de toute nature relatifs à Mussolini et au régime fasciste[8].

Il reste que certains témoignages méritent, me semble-t-il, mieux qu'un haussement d'épaules. Soyons clair : il ne s'agit pas – et il en est de même de la version proposée par Pisanò – de privilégier des interprétations paradoxales. Mes réserves portent seulement sur le fait qu'il leur est reproché de ne reposer sur aucune « preuve », ce qui est vrai, mais s'applique également à d'autres relations. L'un de ces témoignages recèle un accent de sincérité qui mérite d'être souligné, d'autant que le contenu du récit n'est nullement invraisemblable. Il fait état d'une action de commando effectuée par trois hommes, deux partisans jusqu'alors ignorés des autres acteurs et un agent des services de renseignements britanniques.

C'est en 1994, donc un an avant la parution de *Rosso e nero*, que Bruno Giovanni Lonati (*Giacomo* dans la Résistance) a décidé de publier un bref ouvrage dans lequel il expose sa propre version de la mise à mort du Duce et de sa compagne. En avril 1945, Lonati, qui n'a pas encore tout à fait vingt ans et a été formé dans les rangs du Front de la jeunesse, l'organisation armée des jeunes communistes, occupe les fonctions de commissaire politique de la 101e brigade Garibaldi. Pour échapper aux hommes des brigades noires, il a dû quitter la région de Legnano à l'automne 1944 pour se réfugier à Milan. Le 27 avril, le jeune partisan est contacté par un certain *John*, dont il apprendra plus tard qu'il appartient, avec le grade de capitaine, aux services secrets britanniques. *John* est un authentique professionnel. Il a reçu du CLNAI mission de se rendre à Giulino di Mezzegra et de se saisir de Mussolini, alors captif dans la maison des De Maria. Il demande à Lonati de l'accompagner, avec deux autres garibaldiens, *Bruno* et *Gino*, « hors de Milan », pour une opération confidentielle dont il ne révèle ni le but final – mais le connaît-il déjà ou l'apprendra-t-il en route ? – ni qu'elle concerne également la maîtresse de Mussolini. Lonati n'aura connaissance de ce « détail » qu'en franchissant le seuil de la chambre où sont retenus les deux prisonniers, dans la maison des De Maria.

Dans la soirée du 27, les quatre hommes quittent Milan pour Côme, puis pour une villa des environs de Brunate où ils passent la nuit. Le 28 au matin, ils prennent la route de Bonzanigo après qu'un militant local du PCI leur a indiqué le lieu où Mussolini a été conduit par *Pedro, Neri* et consorts. Ils doivent, pour y accéder, mettre hors de combat un petit groupe de partisans qui les prennent pour des fascistes, puis immobiliser les gardiens du couple. Voici comment *Giacomo*-Lonati évoque son premier contact avec les deux amants :

> Je m'arrêtai, stupéfait. Mussolini n'était pas seul. Il y avait également une femme. C'était la Petacci, je le compris aussitôt.
>
> De sa relation avec Mussolini je ne connaissais que ce qu'en savaient les Italiens après le 8 septembre 1943.
>
> De son influence néfaste sur le chef du fascisme beaucoup de choses avaient été dites, et puis elle était la maîtresse de l'homme le plus haï d'Italie : cela suffisait à la placer sur le même plan. Maintenant je l'avais devant moi. [...]
>
> Mussolini, je l'avais vu une seule fois de près, quelques années auparavant, lorsque j'étais jeune avant-gardiste à Milan. Je me souvenais de son aspect martial, poseur, presque insolent, arrogant, de son menton qui presque parlait, de son visage bronzé, de ses yeux pénétrants.
>
> Peut-être que si je l'avais vu dans la rue, habillé en bourgeois, je ne l'aurais pas reconnu, même si quelques photographies publiées dans des journaux de l'époque le montrait déjà précocement vieilli, un déchet humain, avec un visage profondément creusé et avec une apparence désagréable. C'était un homme fini, au moins physiquement[9].

Suit une longue relation des propos échangés entre *John,* Lonati et les deux prisonniers. L'agent britannique déclare qu'il est là pour récupérer les papiers détenus par l'ancien dictateur. Surprise de Mussolini. Il ne sait pas de quoi on parle. *John* s'énerve, sort pour prendre l'air quelques instants, tandis que le jeune chef partisan, s'adressant à Claretta, peine à trouver les mots qui ne soient ni de haine inexpiable ni de compassion excessive. On sent que Lonati, comme l'avait été la veille Bellini Delle Stelle, est pris de pitié – et peut-être un peu plus – pour cette femme belle et passionnée qui, tirant un trait sur sa propre vie, a choisi de suivre l'homme qu'elle s'acharne à admirer et à aimer. Lorsque *John* finit par lui annoncer la raison de leur présence à Mezzegra, il refuse tout net de participer à l'assassinat de Claretta.

Ce sera donc *Giacomo* – toujours selon la version qu'il donne de l'exécution – qui tirera la première rafale, tuant Mussolini sur le coup, et *John* qui abattra sa compagne. Le petit groupe quitte ensuite le lieu de l'exécution, laissant les deux cadavres sur le sol baigné de leur sang. Il est un peu plus de 11 heures du matin.

Les Anglais gagneraient-ils toujours la dernière bataille ?

La version de Lonati a inspiré, sans que son nom soit cité, les ultimes hypothèses de De Felice.

L'auteur de *Rosso e nero* est mort trop tôt pour qu'on sache si les témoignages et les documents qu'il disait pouvoir produire à l'appui de ses conclusions existent et s'il était effectivement en situation de les utiliser. Du coup, parmi les contradicteurs potentiels qui, de son vivant, avaient soigneusement évité de se laisser entraîner sur un terrain dont le biographe du Duce connaissait toutes les embûches, nombreux sont ceux qui ont attendu qu'il quitte la scène pour faire valoir leurs propres arguments.

Les historiens anglais n'ont pas manqué le rendez-vous. En 1997, l'un d'entre eux, Richard Lamb, qui avait participé à la campagne d'Italie en tant qu'officier de la 8e armée, a publié un ouvrage de grande qualité, *Mussolini and the British*, dont les dernières pages traitent de la prétendue correspondance secrète entre le Premier ministre britannique et son homologue italien[10]. Lamb a eu tout loisir de consulter à la bibliothèque du Foreign Office et au Public Record Office les fonds relatifs aux événements d'avril 1945 en Italie du Nord. Or les conclusions qu'il tire de ses recherches ne me convainquent pas tout à fait. Il explique en effet qu'il n'a trouvé trace dans les archives ni de la fameuse et toujours fantomatique correspondance Mussolini-Churchill, ni d'une quelconque initiative de Churchill visant à faire éliminer le dictateur fasciste par des agents de l'Intelligence Service. Et d'appeler à la rescousse les archives publiques et privées de l'ancien Premier ministre, les affirmations de la veuve de Renzo De Felice déclarant n'avoir rien trouvé dans les papiers de son époux qui soit susceptible d'accréditer la thèse avancée par ce dernier, ou encore les « confidences » de plusieurs de ses collègues de l'université de Rome faisant état d'une certaine confusion mentale dont l'historien aurait souffert à quelques mois de sa disparition.

Tout cela se tient. Je demeure néanmoins perplexe quant au verdict sans appel prononcé à la suite de la consultation des archives. Je n'ai aucune peine à admettre que Lamb a de bonnes raisons de faire totalement confiance à ce qui constitue la principale source du savoir historique. Mais j'ai moi-même suffisamment fréquenté les temples de la mémoire collective pour ne pas me méfier de ce que disent nombre de documents conservés dans les archives, et surtout de ce qu'ils ne disent pas. Et davantage encore lorsqu'il s'agit des services secrets, dont les actes sont par définition appelés à ne pas sortir de l'ombre. Simple appel à la prudence en regard d'une question qui ne me paraît pas définitivement tranchée.

Conclusion

Le scénario de la mise à mort de Benito Mussolini et de sa compagne n'a probablement pas fini de livrer ses derniers secrets. Un petit-fils du Duce, Guido Mussolini, fils de Vittorio, n'a-t-il pas fait appel en 2008 de la décision d'un juge de Côme déclarant irrecevable la demande d'exhumation des restes du dictateur fasciste ? À l'appui de la requête adressée aux magistrats de la Cour de cassation par cet ancien candidat aux sénatoriales et à la mairie de Rome, l'avocat de Guido Mussolini avait tenté de faire valoir que la mort du Duce ne pouvait pas être prescrite dès lors qu'il ne s'agissait pas d'un homicide ordinaire, « mais de la mort d'un chef d'État en violation de la loi sur les prisonniers de guerre ». Le parquet de la Cour de cassation ne s'est pas laissé entraîner dans ce nouvel épisode du roman des derniers jours de Mussolini, au demeurant désavoué par Alessandra, petite-fille de l'ex-dictateur et figure charismatique de l'extrême droite néofasciste.

L'affaire n'a pas soulevé de tempête comme cela aurait pu être le cas il y a encore dix ou quinze ans. Elle n'en est pas moins révélatrice du refus que les inconditionnels de la mémoire mussolinienne continuent à opposer aux thèses partagées par la grande majorité des historiens, universitaires ou autres, lesquels ont parfois tendance à rejeter sans appel, et sans le moindre examen, des témoignages qui n'émanent pas tous de la mouvance ultradroitière et qui mériteraient, me semble-t-il, d'être regardés d'un peu plus près[1].

Parce que deux jours seulement séparent le suicide du Führer de l'élimination de son homologue fasciste, ce dernier événement apparaît comme symbolique du tournant majeur de l'histoire du XXe siècle que représente la fin de cet « axe Rome-Berlin » qui fit trembler l'Europe et le monde pendant plus d'un lustre. On ne saura jamais si, au cours des longues heures de traque, puis de captivité, qui ont précédé son exécution, Mussolini a tourné ou non ses pensées en direction de l'Allemagne hitlérienne et de son « guide », ni comment il a jugé ses propres actes à la lumière de l'issue d'une guerre qu'il avait voulue – parce qu'il croyait qu'elle serait courte et pour tout dire qu'elle était déjà pratiquement gagnée – et qui s'achevait en catastrophe : pour l'Italie, pour le fascisme dont il se disait à juste titre l'inventeur, et pour lui-même.

Ses relations avec Hitler avaient plutôt mal commencé. Lors de la première rencontre entre les deux dictateurs, à Stra, près de Venise, en juin 1934, le Duce avait eu beaucoup de peine à cacher le peu de sympathie que lui inspirait son hôte, tandis que celui-ci s'était montré visiblement ému au moment de serrer la main d'un homme qu'il admirait depuis des années. « Ce Hitler, quel polichinelle, déclara le dirigeant fasciste au moment où s'envolait l'avion du Führer. C'est un fou, un obsédé sexuel ! » Le coup de force nazi du 25 juillet 1934 à Vienne, suivi de l'envoi par Mussolini de plusieurs divisions sur le Brenner, l'attentat de Marseille contre le roi de Yougoslavie, exécuté par des Oustachi croates financés par Rome et qui entraîna la mort du ministre français Louis Barthou, et pour finir la décision unilatérale de l'Allemagne de rétablir la conscription ne pouvaient aux yeux du Duce qu'aiguiser les tensions et aboutir – illusion vite dissipée – à la constitution d'une entente franco-anglo-italienne dirigée contre les ambitions révisionnistes de Berlin, le « front de Stresa ».

Ce rapprochement avec les démocraties ne devait pas durer plus de quelques mois. L'agression fasciste en Éthiopie, les sanctions votés par la SDN et bientôt l'intervention de l'Italie dans la guerre civile espagnole modifient bientôt radicalement la carte du tendre des relations entre les États et entre leurs chefs. En moins de deux ans, le Führer devient l'ami du dictateur romain, et ce dernier s'engage à aller avec lui « jusqu'au bout ». En mai 1939, le pacte d'Acier fait de Hitler son allié officiel et bientôt son mentor, car le rapport des forces veut qu'il y ait un dominant et un dominé, et que celui-ci soit de plus en plus tributaire des décisions prises par le plus fort. La suite, on le sait, n'est pour Mussolini qu'une longue descente aux enfers au cours de laquelle il perd de plus en plus d'autonomie, jusqu'au moment où, chassé du pouvoir par ses propres fidèles, expédié à Campo Imperatore par Badoglio et libéré par les paras de Skorzeny et de Mors, il doit, sous la menace de représailles terrifiantes pour l'Italie, céder aux instances hitlériennes et accepter la satellisation pure et simple de la République de Salò.

Tout au long de son calvaire politique et militaire, Mussolini a dû endurer, lors des rencontres avec le Führer, des humiliations qu'il n'était pas homme à accepter facilement. Sans doute furent-elles légèrement adoucies par l'amitié apparemment sincère qu'il arrivait au dictateur nazi de laisser entrevoir. Ainsi, après la dernière visite du Duce à son QG de Rastenburg, en juillet 1944, au moment de prendre congé de lui sur le quai de la gare de Görlitz, Hitler serra avec effusion les mains de son complice en laissant échapper cette confidence : « Je vous prie de me croire quand je vous dis que je vous considère comme mon meilleur ami, et peut-être comme le seul ami que j'aie en ce monde. »

Lorsqu'ils se retrouvent prisonniers, l'un des hommes de la 52e brigade Garibaldi, l'autre des divisions russes qui encerclent Berlin écrasée et déjà à 90 % détruite par les bombardements aériens et les tirs d'artillerie, les deux dictateurs se trouvent pour une fois à égalité ou presque. Tous deux ont eu, alors que commençait la dernière bataille – n'oublions pas que les Américains firent leur entrée dans Côme quelques heures seulement après que Mussolini et son escorte eurent quitté la ville –, l'opportunité d'échapper – peut-être ? – au sort que leur réservait le vainqueur. En dépit des prières de son entourage, Hitler refusa catégoriquement de quitter les ruines de la chancellerie. Il y avait longtemps que la destruction totale de l'Allemagne faisait partie, en cas de défaite, des projets du dictateur nazi. Il est avéré, écrit Joachim Fest, que « cette pulsion nihiliste, ce désir de sombrer dans le néant, fut le principal moteur des actes de Hitler et lui permit paradoxalement de "tenir le coup" jusqu'au tout dernier moment[2] ». J'ajouterai : et de faire de sa propre immolation l'acmé d'une histoire qui est celle du retour à la barbarie.

Mussolini n'a pas obéi aux mêmes mobiles néroniens. Il songe d'autant moins à voir l'Italie s'enfoncer dans le néant que c'est largement pour empêcher Hitler de mettre à exécution ses projets de représailles massives sur les villes du Nord qu'il s'est résigné à prendre la tête d'un État fasciste républicain, radicalisé et satellisé. Le souci d'épargner aux Italiens un sort comparable à celui que leur réservait le Führer en 1943 a pu jouer, de même que la croyance, assez illusoire il faut le dire, qu'il pourrait transmettre ses pouvoirs aux représentants de la Résistance, et notamment aux socialistes. Autre espoir, tout aussi vain : celui qu'a nourri et lui a transmis Pavolini de mobiliser en Valteline une force suffisante pour tenir tête aux Alliés et aux partisans, et pour négocier avec eux une sortie de guerre honorable. Enfin, c'est une interprétation que j'estime personnellement crédible, il y avait chez Mussolini un fatalisme, une foi irrationnelle en son « étoile », qui lui fit défier le sort et attendre le dernier moment pour finalement décider de fuir et de chercher refuge à l'étranger.

La difficulté est grande, pour l'historien qui s'est donné pour tâche de réexaminer le dossier des derniers jours de Mussolini, de pénétrer – au moins au cours des vingt-quatre dernières heures – l'univers mental de l'ancien dictateur. À la différence du Führer, qui ne cesse de parler, de tempêter, de lancer des ordres et des contrordres, de menacer de mort les généraux et les hiérarques qui lui sont le plus fidèles, d'ergoter sur le moindre propos qui lui déplaît, Mussolini ne parle pratiquement pas. De ses échanges verbaux avec Claretta nous ne savons rien. La seule conversation suivie dont nous ayons trace est celle qu'il a eue avec les officiers de la caserne de la Garde de finance à Germasino dans la soirée du 27 avril. Le Duce, pour une fois redevenu bavard, s'est risqué à faire un tour d'horizon de la situation internationale à l'heure de la débâcle allemande, distribuant des bons et des mauvais points aux protagonistes de la guerre. Hitler ne figure point dans ce panorama politique et militaire qui fait au contraire la part belle à Staline et considère que Roosevelt (tout récemment décédé) fut un dirigeant de peu de poids.

La symétrie entre les parcours des deux principaux acteurs de la coalition hitlérienne aura donc fini, au moins symboliquement, par s'inverser. Le 29 avril en milieu de soirée, un aide de camp vient annoncer au Fürher et à ses compagnons, après avoir écouté une émission sur ondes courtes, que Mussolini et Clara Petacci ont été exécutés la veille dans une localité proche du lac de Côme et que leurs dépouilles, exposées depuis le matin sur une place de Milan, ont subi les pires sévices. Pour Hitler, qui a manifesté à plusieurs reprises sa crainte d'être exhibé devant les Moscovites dans une « cage à singes », la nouvelle fait l'effet d'une bombe éclatant au milieu du bunker. N'a-t-il pas ordonné peu de temps auparavant à son maître-chien d'empoisonner sa chienne Blondi afin qu'elle « ne tombe pas aux mains des Russes » ? Il n'est pas exclu que l'annonce de la mort du Duce, son « meilleur ami », ait fortement contribué à sa volonté d'en finir. L'émotion générale est en effet à peine retombée lorsqu'il invite ses plus proches collaborateurs à passer dans la salle de conférences pour leur faire part de sa décision de mettre fin à ses jours.

Il passera à l'acte quelques heures plus tard aux côtés d'Eva Braun, devenue son épouse officielle, au moyen d'une ampoule d'acide prussique et d'une balle dans la tempe (ou dans la bouche)[3]. Il a donc choisi sa mort. Mussolini, qui l'a précédé, n'a pu que subir la sienne. L'un et l'autre ont ainsi échappé à un procès qui, à Nuremberg ou ailleurs, aurait pu réunir une dernière fois l'instigateur et le complice, ce dernier plus ou moins conscient, d'un génocide sans égal, ainsi que de la plus grande tuerie de l'histoire.

Notes

Avant-propos

1. *Rosso e nero,* Milan, Baldini & Castoldi, 1995, p. 146.

Prologue

1. DOLFIN (Giovanni), *Con Mussolini nella tragedia,* Milan, Garzanti, 1949, p. 34-35.
2. PAVONE (Claudio), *Una guerra civile. Saggio storico sulla moralità nella Resistenza,* Turin, Bollati Boringhieri, 1991 ; trad. française, *Une guerre civile,* Paris, Seuil, 2005.
3. À la suite d'un attentat à la bombe exécuté par les GAP (Gruppi d'Azione partigiani*),* 335 otages, dont 77 juifs promis à la déportation, furent froidement abattus par les SS de Kappler.
4. L'Oradour italien, dont la population, femmes et enfants compris, fut exterminée en septembre 1944.
5. Deux unités échappaient à cette mainmise du parti sur les forces placées sous le commandement de Ricci et de Pavolini : la Decima Mas du prince Junio Valerio Borghese et la légion autonome Ettore Muti, basée à Milan.
6. KIRKPATRICK (Sir Ivone), *Mussolini. Portrait d'un démagogue,* Paris, éditions de Trévise, 1967, p. 674.
7. Cité *in* KIRKPATRICK (Sir Ivone), *Mussolini..., op. cit.*, p. 677.

CHAPITRE PREMIER

Adieu, Milan !

1. T. 586, 8 septembre 1944, *National Archives of Washington,* cité *in* TOMBACCINI (Simonetta), *Les Cent Jours de Mussolini,* Paris, France-Empire, 1981, p. 76-77.

2. *Ibid.*

3. FORNARO (V.), *Il Servizio informazioni nella lotta clandestina. Gruppo Montezemolo,* Domus, 1946, p. 190-200.

4. DE FELICE (Renzo), *Mussolini. Il rivoluzionario, 1883-1920,* Turin, Einaudi, 1965, p. 4.

5. PREZZOLINI (Giuseppe), *Benito Mussolini,* Rome, 1925.

6. Marinotti était président de la Snia-Viscosa.

7. BERTOLDI (S.), *I Tedeschi in Italia,* Milan, Rizzoli, 1964.

8. SUSMEL (Duilio), *Dalla liberazione di Mussolibi all'epilogo. La Repubblica sociale italiana,* Rome, La Fenice, 1960.

9. FEST (Joachim), *Les Derniers Jours de Hitler,* trad. de l'allemand, Paris, Perrin, 2002, p. 83.

10. *Ibid.,* p. 85-86.

11. FEST (Joachim), *Testamento politico,* Milan, 1948, p. 24-25 et 44-46.

12. SILVESTRI (Carlo), « Nessuno poteva salvare Mussolini, condannato a morte da Mosca », *Settimo Giorno,* octobre 1951.

13. Cité *in* TOMBACCINI (Simonetta), *Les Cent Jours de Mussolini, op. cit.,* p. 149.

14. SCHUSTER (Cardinal I.), *Gli Ultimi Tempi di un regime,* Milan, Daverio, 1960, p. 168-169.

CHAPITRE II

Côme, première étape

1. PETACCO (Arrigo), *Il Superfascista. Vita e morte di Alessandro Pavolini,* Milan, Mondadori, 1997, p. 197.

2. MUSSOLINI (Rachele), *La Mia Vita con Benito,* Milan, Mondadori, 1948 ; voir également *Le Duce mon mari,* Paris, Fasquelle, 1947, p. 250-251.

3. *Ibid.*, p. 251.
4. *Ibid.*, p. 258-259.

CHAPITRE III

Sur la route de Menaggio

1. RICCIOTTI (Lazzero), « Un passo verso la verità sulla morte di Benito Mussolini », *Epoca,* 11 et 25 août 1968 ; cité *in* TOMBACCINI (Simonetta), *Les Cent Jours de Mussolini, op. cit.*
2. CAVALLERI (Giorgio), GIANNANTONI (Franco) et CEREGHINO (Mario J.), *La Fine. Gli ultimi giorni di Benito Mussolini nei documenti dei servizi segreti americani*, Milan, Garzanti, 2009, p. 33-34.

CHAPITRE IV

L'arrestation de Mussolini

1. MOLLIER (Maddalena), « Così era Mussolini alla vigilia dell'ultimo tracollo », *La Nazione,* 31 août-3 septembre 1947.
2. PETACCO (Arrigo), *Il Superfascista…, op. cit.,* Milan, p. 194-195.
3. *Ibid.,* p 16.

CHAPITRE V

Enjeux et manipulations

1. Cité in LAZZARO (Urbano), *Dongo, mezzo secolo di menzogne,* Milan, Mondadori, 1993, p. 45.
2. *Ibid.,* p. 44.
3. Cité *in* TOMBACCINI (Simonetta), *Les Cent Jours de Mussolini, op. cit.,* p. 222-223.
4. CADORNA (général Raffaele), *La Riscossa,* Turin, Bietti, 1975, p. 203-204.

CHAPITRE VI

Interrogatoires

1. Bellini Delle Stelle (Pier Luigi), *Dongo, ultima azione,* Milan, Mondadori, 1962 ; réédité en 1975 sous le titre *Dongo, la fine di Mussolini.*

2. Cité in Lazzaro (Urbano), *Dongo, mezzo secolo di menzogne, op. cit.,* p. 50 51.

3. Ce texte est tiré de la relation que Bellini Delle Stelle a adressée en 1948 à son ancien commandant en second et que ce dernier a publiée en appendice de ses propres souvenirs ; cf. Lazzaro (Urbano), « Relation originale de *Pedro* », in *Dongo, mezzo secolo…, op. cit.,* p. 193-194.

4. Bellini Delle Stelle (Pier Luigi), *Dongo, la fine di Mussolini, op. cit.*

5. Lazzaro (Urbano), « Relation originale de *Pedro* », in *Dongo, mezzo secolo di menzogne, op. cit.,* p. 203.

6. *Ibid.,* p. 204.

7. *Ibid.,* p. 205.

8. *Ibid.,* p. 206.

9. *Ibid.,* p. 209-210.

10. *Ibid.,* p. 211-212.

11. Reconstitution par l'auteur de l'interrogatoire de Clara Petacci effectué par *Pedro*, commandant de la 52e brigade Garibaldi.

CHAPITRE VII

Retrouvailles

1. « Relation originale de *Pedro* », *op. cit.,* p. 217.

2. *Ibid.,* p. 226.

3. Petacci Clareta, *Mussolini segreto. Diari, 1932-1938,* Milan, Rizzoli, 2009.

4. *Bill* situe pour sa part la rencontre entre les deux véhicules sur la place de l'hôtel de ville de Dongo.

5. *Me ne frego,* « Je m'en fous » était l'une des devises des *arditi*, les unités de choc de la Première Guerre mondiale, et fut adoptée ensuite par les squadristes.

CHAPITRE VIII

La mission du *colonel Valerio*

1. Audisio (Walter), *In nome del popolo italiano,* Milan, Teti, 1975.

2. LAZZARO (Urbano), *Dongo, mezzo secolo di menzogne, op. cit.*, p. 147.

3. *Oggi illustrato,* 28 mai 1962.

4. Cité in LAZZARO (Urbano), *Dongo..., op. cit.*, p. 83.

5. PISANÒ (Giorgio), *Gli Ultimi Cinque Secondi di Mussolini,* Milan, Il Saggiatore, 2009, p. 68-69.

6. Cette citation est extraite d'une relation de Lampredi datant de mai 1972, mais qui ne sera publiée dans *L'Unità* qu'en janvier 1996. Cf. PISANÒ (Giorgio), *Gli Ultimi Cinque Secondi..., op. cit.*, p. 72-73.

7. « Relation originale de *Pedro* », *op. cit.*, p. 234-239.

CHAPITRE IX

Dernière nuit, dernier matin

1. NAVARRA (Quinto), *Memorie del cameriere di Mussolini,* Milan, Longanesi, 1946, p. 235.

2. CANTELLI (Marilù), « Concours d'architecture et représentation : Giuseppe Terragni et les projets pour la Maison du Parti », *in* MILZA (Pierre) et ROCHE (Fanette) éd., *Art et fascisme,* Bruxelles, Complexe, 1989, p. 127-128.

CHAPITRE X

L'exécution

1. LAZZARO (Urbano), *Dongo, mezzo secolo di menzogne, op. cit.*, p. 98-99.

2. *L'Unità*, 2 novembre 1945.

3. *Ibid.,* 11 décembre 1945.

4. Cité *in* LAZZARO (Urbano), *L'Oro di Dongo. Il mistero del tesoro del Duce,* Milan, Mondadori, 1993, p. 130.

5. « Relation originale de *Pedro* », *op. cit.*, p. 242.

CHAPITRE XI

Post mortem

1. Luzzatto (Sergio), *Il Corpo del Duce,* Turin, Einaudi, 1998, p. 63-64.

2. Cité *in* Pensotti (A.), *Rachele e Benito. Biografia di Rachele Mussolini,* Milan, Mondadori, 1993, p. 121.

3. *Avanti !,* 30 avril 1945.

4. Luzzatto (Sergio), *Il Corpo del Duce, op. cit.,* p. 65.

5. Malaparte (Curzio), « Una partita di ping-pong », in *Due anni di battibecco, 1953-1955,* Milan, Garzanti, 1955, p. 28.

6. Cattabeni (Mario), « Rendiconto di una necroscopia d'eccezione », *Clinica nuova,* 15 juillet-1er août 1945, I, 4-5, p. XVII-XIX.

7. Paolo Monelli tient cette information du docteur Riccardo Pascoli, vétérinaire à San Leonardo in Passiria, dont l'avocat Marpillero était l'oncle maternel. Monelli (Paolo), *Mussolini piccolo borghese,* Milan, Garzanti, 1959, p. 46.

8. *Corriere della Sera,* 16 août 1946.

CHAPITRE XII

Controverses et règlements de comptes

1. *L'Unità,* 23 janvier 1996. Cité *in* Baima Bollone (Pierluigi), *Le Ultime Ore di Mussolini,* Milan, Mondadori, 2005, p. 162-163.

2. Lazzaro (Urbano), *Dongo, mezzo secolo di menzogne, op. cit.,* p. 156.

3. Bandini (Franco), *Le Ultimi 95 Ore di Mussolini,* Milan, Mondadori, 1971 ; et *Vita e morte segreta di Mussolini,* Milan, Mondadori, 1978.

4. Pisanò négocia avec *Sandrino* et avec le directeur d'*Oggi* le montant de la rémunération de l'ex-partisan, fixée finalement à 120 000 lires de l'époque.

5. Cité *in* Pisanò (Giorgio), *Gli Ultimi Cinque Secondi di Mussolini, op. cit.,* p. 16.

6. *Ibid.,* p. 115.

7. *Ibid.,* p. 130.

8. *Ibid.,* p. 140.

9. *Ibid.*

10. *Ibid.*, p. 171.

11. BERTOTTO (Alberto), *La Morte di Mussolini. Una storia da riscrivere,* Ascoli Piceno, PDC, 2008.

12. *Rinascita,* 14 octobre 2007.

13. PISANÒ (Giorgio), *Gli Ultimi Lingue Secondi..., op. cit.,* p. 203-206.

14. CAVALLERI (Giorgio), *Ombre sul lago,* Côme, Nodo Libri, p. 80-81.

15. *Ibid.,* p. 108-109.

CHAPITRE XIII

À la recherche du « trésor de Dongo »

1. Cité *in* CAVALLERI (Giorgio), GIANNANTONI (Franco) et CEREGHINO (Mario J.), *La Fine..., op. cit.,* p 98.

2. *Ibid.,* p. 98-99.

3. LAZZARO (Urbano), *Dongo, mezzo secolo di menzogne, op. cit.,* p. 138-139.

4. *La Stampa,* 29 mai 1957, cité *in* BAIMA BOLONE (Pierluigi), *Le Ultime Ore di Mussolini, op. cit.*, 2005, p. 129.

5. Cité *in* LAZZARO (Urbano), *Dongo, mezzo secolo di menzogne, op. cit.,* p. 143-144.

CHAPITRE XIV

La piste des services secrets

1. DE FELICE (Renzo), *Rosso e nero,* Milan, Baldini & Castaldi, 1995 ; trad. française de Paul Alexandre, *Les Rouges et les noirs,* Paris, Georg, 1999.

2. PAVONE (Claudio), *Una guerra civile, op. cit.*

3. CAVALLERI (Giorgio), GIANNANTONI (Franco) et CEREGHINO (Mario), *La Fine..., op. cit.,* p. 209.

4. LAZZARO (Urbano), *Dongo, mezzo secolo di menzogne, op. cit.,* p. 164.

5. *Ibid.,* p. 130.

6. *Ibid.,* p. 129.

7. PETACCO (Arrigo), *Dear Benito, Caro Winston,* Milan, Mondadori, 1985, p. 56 sq.

8. DEAKIN (Frederick W.), « È tutto falso, parola di Winston Churchill », *Storia illustrata*, Milan, juin 1986, p. 9-18.

9. LONATI (Bruno Giovanni), *Quel 28 aprile,* Milan, Mursia, 1994, p. 84.

10. LAMB (Richard), *Mussolini and the British*, Londres, John Murray Publishers, 1997.

Conclusion

1. Je pense notamment au livre qu'ont fait paraître en 2009 Giorgio Cavalleri, Franco Giannantoni et Mario J. Cereghino, *La Fine.., op. cit.,* ouvrage qui s'appuie notamment sur les rapports de l'agent de l'OSS Lada-Mocarski et dans lequel on peut lire, p. 11 : « Les documents de l'OSS contribuent en outre à démolir les nombreuses versions, plus ou moins fantaisistes, qui se sont succédé au cours des dernières décennies, fruit le plus souvent de venimeuses campagnes de propagande et de pure spéculation politique, sans aucun contrôle sérieux sur le terrain historiographique. »

2. FEST (Joachim), *Les Derniers Jours de Hitler*, trad. française, Paris, Perrin, 2002, p. 161.

3. Selon les déclarations de quelques-uns de ses proches, Hitler aurait d'abord écrasé entre ses dents une ampoule d'acide prussique, puis se serait tiré une balle dans la tempe, ou dans la bouche. D'autres rumeurs ont couru selon lesquelles le Führer aurait uniquement pris du poison, laissant à un tiers le soin de l'achever d'une balle dans la tempe. Eva Braun s'était contentée du poison. On sait qu'aucune autopsie n'eut lieu, car les corps avaient été brûlés à la demande du dictateur nazi. Cf. FEST (Joachim), *Les Derniers Jours de Hitler, op. cit.*, p. 145.

Qui est qui ?

Une partie importante des personnages cités dans ce livre est constituée par des combattants engagés dans les rangs de la Résistance italienne. Tous ont, en plus de leur patronyme habituel, un nom de guerre qui se résume en général à un prénom. Pour aider le lecteur à les identifier rapidement, j'ai choisi de les désigner le plus souvent par ce prénom d'emprunt. Le glossaire qui suit en offre une liste alphabétique, chaque nom de guerre étant suivi du patronyme effectif de l'intéressé et, quand cela a été possible, d'une brève mention de son état civil et de son activité dans la Résistance.

ALBERO – Cavallotti (Alberto), 1907-1994, médecin, partisan pour la zone dite de l'outre-Pô, député du PCI en 1948.

BILL – Lazzaro (Urbano), 1924-2006, vice-commissaire politique de la 52e brigade Garibaldi. C'est lui qui, le 27 avril 1945, a procédé à l'arrestation de Mussolini à Dongo.

CARLO – Scappin (Antonio), vice-brigadier de la Garde de finance de Gera (Lario).

ERCOLE – Togliatti (Palmiro), 1893-1964, secrétaire général du PCI après son retour d'URSS en 1944. Membre des gouvernements d'union nationale jusqu'en 1947. Auteur de l'amnistie du 22 juin 1946.

FRANCESCO – Terzi (Pietro), 1918-1996, membre de la 52e brigade Garibaldi, inspecteur de la délégation de Lombardie des brigades d'assaut Garibaldi, commissaire de guerre de la place de Dongo en avril 1945.

GALLO – Longo (Luigi), 1900-1980, inspecteur des brigades internationales pendant la guerre d'Espagne, vice-commandant du CVL, député à la Constituante, secrétaire général du PCI de 1964 à 1972.

GIANNA – Tuissi (Giuseppina), 1923-1945, estafette de la 52e brigade Garibaldi, responsable des liaisons pour le commandement des divisions Garibaldi du Lario et de basse Valteline, assassinée par des partisans le 23 juin 1945.

GIOVANNI – Leoni (Giovanni), ex-carabinier, commandant d'une formation autonome de partisans du val d'Intelvi.

GIOVANNINO – Sardagna (Giovanni), 1902- ?, baron de Hohenstein, aide de camp du général Cadorna, membre du CVL.

GUGLIELMO – Gorreri (Dante), 1900-1980, secrétaire du PCI de Côme de février 1944 à janvier 1945, député communiste après la guerre.

GUIDO – Lampredi (Aldo), 1899-1974, ex-immigré politique en France, adjoint de Luigi Longo pendant la guerre civile espagnole, envoyé à Dongo par le CLNAI et le CVL, après la Libération membre du comité central du PCI.

LINO – Frangi (Giuseppe), 1911-1945, membre de la 52e brigade Garibaldi, gardien de Mussolini à Bonzanigo, assassiné par des partisans dans la nuit du 5 mai 1945.

MAURIZIO – Parri (Ferruccio), 1890-1981, militant du mouvement Giustizia e Libertà, fondateur du parti d'Action en 1943, commandant adjoint du CVL, chef du gouvernement antifasciste de juin à décembre 1945.

MENEFREGO (dit également SANDRINO) – Cantoni (Guglielmo), 1924-1972, partisan de la 52e brigade Garibaldi, gardien de Mussolini à Bonzanigo.

NERI (capitaine) – Canali (Luigi), 1912-1945, capitaine de réserve du Génie, animateur de la Résistance dans la région du Lario, membre du PCI, commandant adjoint du groupe de divisions d'assaut Garibaldi de la zone Lario-basse Valteline, chef d'état-major de la 52e brigade Garibaldi, enlevé et assassiné par des partisans dans la nuit du 7 au 8 mai 1945.

PEDRO – Bellini Delle Stelle (Pier Luigi), comte, 1920-1984, commandant du détachement Puecher, puis de la 52e brigade Garibaldi.

PIETRO – Moretti (Michele), 1908-1995, commissaire politique de la 52e brigade Garibaldi.

RICCARDO – Mordini (Alfredo), 1902-1969, combattant dans les rangs de la brigade Garibaldi pendant la guerre civile espagnole, inspecteur des brigades Garibaldi dites de l'outre-Pô, envoyé à Dongo pour l'exécution de Mussolini.

VALERIO (colonel), Audisio (Walter), 1909-1973, chef de service au secrétariat du commandement général du CVL, envoyé à Dongo pour exécuter Mussolini, député du PCI de 1948 à sa mort.

Figurent dans la liste suivante des personnages également cités dans le texte mais sous leur patronyme ordinaire, qu'ils appartiennent ou non à la Résistance.

BADOGLIO Pietro, 1871-1956, militaire et homme politique, maréchal d'Italie, vice-roi d'Éthiopie en 1936, chef du gouvernement du 25 juillet 1943 à juin 1944.

BARRACU Francesco, 1895-1945, colonel, sous-secrétaire à la présidence du Conseil de la République sociale, fusillé à Dongo le 28 avril 1945.

BOMBACCI Nicola, 1879-1945, journaliste, ancien membre de l'aile révolutionnaire du parti socialiste italien, député en 1919, l'un des fondateurs du parti communiste en 1921, inspirateur, avec Mussolini et Pavolini, de la charte de Vérone du parti fasciste républicain, fusillé à Dongo le 28 avril 1945.

BUFFARINI GUIDI Guido, 1895-1945, sous-secrétaire à l'Intérieur de 1933 à 1943, ministre de l'Intérieur de la RSI jusqu'en février 1945, fusillé à Milan le 10 juillet 1945.

CADORNA Raffaele, 1889-1973, général, ancien commandant de la division cuirassée Ariete préposée à la défense de Rome en septembre 1943, commandant en chef des forces du CLN, chef d'état-major de l'armée italienne de mai 1945 à janvier 1947.

CALISTRI Pietro, pilote, combattant en Espagne, capitaine d'aviation dans les forces de la RSI, fusillé à Dongo le 28 avril 1945.

CASALINUOVO Vito, 1898-1945, colonel, membre du tribunal spécial de Vérone qui condamna à mort le comte Ciano, gendre de Mussolini, officier d'ordonnance attaché au secrétariat du Duce, fusillé à Dongo le 28 avril 1945.

CASTELLI Emilio, 1913-1992, vice-commissaire fédéral de Côme, commandant d'une compagnie de la XIe brigade noire Cesare Rodini.

CAVALLOTTI Alberto Mario, 1907-1994, médecin, responsable du regroupement des brigades Garibaldi.

CIANO Galeazzo, 1903-1944, gendre de Mussolini, ministre de la Presse et de la Propagande en 1935, puis ministre des Affaires étrangères de 1936 à 1943 ; a voté l'ordre du jour Grandi contre le Duce le 25 juillet 1943, fusillé à Vérone le 11 janvier 1944.

COPPOLA Goffredo, 1898-1945, recteur de l'université de Bologne, président de l'Institut fasciste de culture, fusillé à Dongo le 28 avril 1945.

DADDARIO Emilio, 1918-2007, avocat, agent de l'OSS de 1942 à 1945 ayant effectué son activité à Lugano.

DAQUANNO Ernesto, 1897-1945, directeur de l'agence de presse Stefani, fusillé à Dongo le 28 avril 1945.

DE MARIA Giacomo, 1900-1976, cultivateur, propriétaire de la maison de Bonzanigo où Mussolini et Claretta Petacci passèrent la nuit précédant leur exécution.

DE MARIA Lia, 1902-1984, épouse de Giacomo De Maria.

DESSY Giovanni, 1904- ?, officier de la marine italienne, membre d'une mission en rapport avec l'OSS en Suisse.

DONOVAN William J., 1883-1959, général, directeur de l'OSS sur tous les fronts de guerre.

DULLES Allen, 1893-1969, directeur de l'OSS pour le Centre-Europe à Berne, directeur de la CIA à partir de 1953.

FARINACCI Roberto, 1892-1955, *ras* de Crémone, secrétaire général du parti national fasciste de février 1925 à mars 1926, ministre d'État et membre du Grand Conseil fasciste en 1934, exécuté par des partisans le 28 avril 1945 alors qu'il tentait de fuir vers la Suisse.

GATTI Luigi, 1913-1945, journaliste, volontaire dans les rangs fascistes durant la guerre d'Espagne, secrétaire particulier de Mussolini sous la RSI, fusillé à Dongo le 28 avril 1945.

GENINAZZA Giovanni Battista, chauffeur du *colonel Valerio*.

GORRERI Dante, 1900-1980, secrétaire du parti communiste de Côme de février 1944 à janvier 1945.

GRAZIANI Rodolfo, 1882-1955, général de corps d'armée, maréchal d'Italie, vice-roi d'Éthiopie en 1936-1937, ministre de la Défense nationale sous la RSI, condamné après la libération à 18 ans de prison, libéré en 1950.

JONES Donald, journaliste, vice-consul des États-Unis à Lugano, a dirigé la centrale de l'OSS dans le Tessin.

LADA-MOCARSKI Valerian, 1895-1953, avocat, officier de l'armée des États-Unis et agent 441 de l'OSS.

LIVERANI Augusto, 1895-1945, ministre des Postes et Télécommunications sous la RSI, fusillé à Dongo le 28 avril 1945.

MATTEI Enrico, 1906-1962, commandant des « brigades du peuple » et représentant des unités catholiques dans le CVL, fondateur de l'ENI (Ente nazionale idrocarburi).

MESSE Giovanni, 1883-1968, chef du corps expéditionnaire italien en Russie en 1941-1942, puis commandant en chef en Tunisie, chef d'état-major de Badoglio en 1944.

MEZZASOMA Fernando, 1907-1945, ancien vice-secrétaire général du parti national fasciste, vice-président de l'école de mystique fasciste, ministre de la Culture populaire sous la RSI, fusillé à Dongo le 28 avril 1945.

MUSSOLINI Edda, 1910-1995, fille aînée de Mussolini.

MUSSOLINI Rachele, 1890-1979, épouse de Mussolini.

MUSSOLINI Romano, 1927-2006, troisième et dernier fils de Mussolini.

MUSSOLINI Vittorio, 1916-1997, deuxième fils de Mussolini.

NUDI Mario, 1912-1945, directeur de la Sécurité publique à Gargnano sous la RSI, fusillé à Dongo le 28 avril 1945.

PAVOLINI Alessandro, journaliste et écrivain, squadriste de la Marche sur Rome, ministre de la Culture populaire de 1939 à 1943, secrétaire national du parti fasciste républicain sous la RSI, fondateur des « brigades noires », fusillé à Dongo le 28 avril 1945.

PETACCI Clara, 1912-1945, compagne de Mussolini, exécutée avec lui le 28 avril 1945 à Giulino di Mezzegra.

PETACCI Marcello, médecin, frère de Clara Petacci, fusillé à Dongo le 28 avril 1945.

PORTA Paolo, 1901-1945, avocat, commissaire fédéral de Côme du parti fasciste républicain, commandant de la XIe brigade noire Cesare Rodini, fusillé à Dongo le 28 avril 1945.

POZZOLI Lorenzo, 1898-1945, colonel et consul de la milice, questeur de Côme, fusillé le 23 mai 1945.

ROMANO Ruggero, 1895-1945, avocat, ancien commissaire de l'Œuvre nationale de protection et d'assistance des mutilés et invalides de guerre, ministre des Travaux publics sous la RSI, fusillé à Dongo le 28 avril 1945.

ROMANO Mittag, Rose Marie, 1907-1957, épouse du ministre Ruggero Romano.

ROMUALDI Pino, 1913-1988, triumvir de la fédération de Forlì, vice-secrétaire du parti fasciste républicain, cofondateur après la guerre du Mouvement social italien.

SARDAGNA Giovanni, 1902- ?, baron de Hohenstein, aide de camp du général Cadorna, membre du VAI (Volontaires armés italiens), organisation regroupant des militaires antifascistes désireux de prendre leurs distances à l'égard du CLNAI.

SCHUSTER Ildefonso, 1880-1954, cardinal, archevêque de Milan de 1929 à 1954.

SERENI Emilio, 1907-1977, historien et homme politique, dirigeant de la Résistance.

SFORNI Oscar, 1903-1978, secrétaire du CLN de Côme et représentant du parti républicain italien.

SPALLINO Lorenzo, 1897-1962, avocat, représentant de la démocratie chrétienne dans le CLN de Côme.

TARCHI Angelo, 1897-1970, ministre de la Production industrielle et de l'Économie corporative sous la RSI, arrêté le 26 avril 1945 et remis aux Alliés, condamné pour collaboration puis amnistié.

UTIMPERGHER Idreno, 1905-1945, premier commissaire fédéral de Trieste, destitué en décembre 1943, commandant de la XXVIe brigade noire Natale Piacentini, fusillé à Dongo le 28 avril 1945.

VALIANI Leo, 1909-1999, émigré en France puis engagé dans la guerre civile espagnole où il a organisé le premier groupe de volontaires dans les brigades internationales ; expulsé du PCI pour avoir critiqué publiquement l'URSS ; de retour du Mexique en 1943, a adhéré au parti d'Action, devenant avec Ferruccio Parri l'un des principaux dirigeants de la Résistance.

VEZZALINI Enrico, 1904-1945, avocat, membre du tribunal spécial extraordinaire de Vérone qui condamna à mort Ciano et les autres « traîtres » du 25 juillet 1943, commissaire fédéral de la province de Ferrare sous la RSI, puis chef de celle de Novare, fusillé à Novare en octobre 1945.

WOLF Karl, 1905-1945, général de la Waffen SS, commandant en chef de la SS et de la police allemande en Italie de 1943 à 1945.

ZERBINO Paolo, 1905-1945, agronome, signataire du Manifeste de la race, préfet de Spalato de 1941 à 1943, chef de la province de Turin jusqu'en mai 1944, puis ministre de l'Intérieur de la RSI, fusillé à Dongo le 28 avril 1945.

Bibliographie

Ouvrages généraux sur l'histoire de l'Italie

BRICE (Catherine), *Histoire de l'Italie,* Paris, Hatier, 1992.

MILZA (Pierre), *Histoire de l'Italie,* Paris, Fayard, 2005.

PROCACCI (Guliano), *Storia degli Italiani,* Bari, Laterza, 1968 ; trad. française de Catherine Bourdet, *Histoire des Italiens,* Paris, Fayard, 1970.

Ouvrages biographiques sur Mussolini

DE FELICE (Renzo), *Mussolini*, Turin, Einaudi, t. 1, *Il Rivoluzionario* (*1883-1920*), 1965 ; t. 2, *Il Fascita,* vol. 1, *1921-1915* ; vol. 2, *1925-1929,* 1967 ; t. 3, *Il Duce,* vol. 1, *Gli Anni del consenso (1929-1936),* 1974 ; vol. 2, *Lo Stato totalitario (1936-1940),* 1981 ; t. 4, *L'Alleato (1940-1945*), I, *L'Italia in guerra (1940-1943),* vol. 1, *Dalla guerra « breve » alla guerra lunga* ; vol. 2, *Crisi e agonia del regime,* 1990, II, *La guerra civile (1943-1945),* 1997.

KIRKPATRICK (Sir Ivone), *Mussolini: Study of a Demagogue,* Londres, Odhal Books, 1964 ; trad. française, *Mussolini. Portrait d'un démagogue,* Paris, éditions de Trévise, 1967.

LEPRE (Aurelio), *Mussolini, l'Italiano. Il Duce nel mito e nella realtà*, Milan, Mondadori, 1995.

MILZA (Pierre), *Mussolini,* Paris, Fayard, 1999.

SPINOSA (Antonio), *Mussolini. Il fascino di un dittatore,* Milan, Mondadori, 1989.

Ouvrages traitant des derniers jours de Mussolini et de leur environnement historique

AMICUCCI (Ermanno), *I 600 giorni di Mussolini,* Rome, Faro, 1948.

ANDRIOLA (Fabio), *Appuntamento sul lago,* Milan, Sugarco, 1990.

AUDISIO (Walter), *In nome del popolo italiano,* Milan, Teti, 1975.

BAIMA BOLLONE (Pierluigi), *Le Ultime Ore di Mussolini*, Milan, Mondadori, 2005.

BANDINI (Franco), *Claretta,* Milan, Sugar, 1960.

BANDINI (Franco), *Le Ultime 95 Ore di Mussolini,* Milan, Mondadori, 1968.

BELLINI DELLE STELLE (Pier Luigi) et LAZZARO (Urbano), *Dongo, ultima azione,* Milan, Mondadori, 1962.

BELLINI DELLE STELLE (Pier Luigi) et LAZZARO (Urbano), *Dongo, la fine di Mussolini,* Milan, Mondadori, 1975.

BERNINI (Fabrizio), *Così uccidemmo il Duce,* CDI, 1979.

BERNINI (Fabrizio), *Il Baule del Duce. L'odissea di un corpo da piazale Loreto a Predappio,* Stradella, Aurora, 2003.

BERNINI (Fabrizio), *Il Giustiziere di Dongo,* Pavie, Luculano, 2004.

BERTOLDI (Silvio), *Piazzale Loretto,* Rome, Fabbri, 1983.

BIANCHI (Gianfranco) et MEZZETTI (Fernando), *Mussolini, aprile 1945. L'epilogo,* Milan, Editoriale Nuova, 1979.

BISIACH (Gianni), *Pertini raconta,* Milan, Mondadori, 1983.

BOCCA (Giorgio), *La Repubblica di Mussolini,* Rome-Bari, Laterza, 1977 ; nouvelle édition : Milan, Mondadori, 1994.

BORZICCHI (Florido), *Dongo, l'ultima autoblinda,* Rome, Ciarrapico, 1984.

CADORNA (generale Raffaele), *La Riscossa,* Turin, Bietti, 1965.

CAVALLERI (Giorgio), *Un giorno nelle storia : 28 aprile 1945. Intervista a Michele Moretti,* Côme, Nodo Libri, 1990.

CAVALLERI (Giorgio), *Ombre sul lago,* Côme, Nodo Libri, 1991.

CAVALLERI (Giorgio), GIANNANTONI (Franco) et CEREGHINO (Mario J.), *La Fine. Gli ultimi giorui di Benito Mussolini nei documenti dei servizi segreti americani, 1945-1946,* Milan, Garzanti, 2009.

CENTINI (Massimo), *Ottanto ore per vivere o per morire,* Varese, Macchione, 2007.

CONTINI (Gaetano), *La Valigia di Mussolini*, Milan, Mondadori, 1982.

CORVO (Max), *The OSS in Italy, 1942-1945,* New York, Praeger, 1990.

CORVO (Max), *La Campagna d'Italia dei servizi segreti americani, 1942-1945,* Gorizia, Leg, 2006.

CRAVERI (Raimondo), *La Campagna d'Italia e i servizi segreti. La storia del ORI*, Milan, La Pietra, 1980.

DEAKIN (Frederick W.), *Storia della Repubblica di Salò,* 2 vol., Turin, Einaudi, 1974.

DEAKIN (Frederick W.), *L'Axe brisé,* trad. de l'anglais, Paris, Stock, 1962.

DE FELICE (Renzo), *Rosso e nero,* Milan, Baldini & Gastoldi, 1995 ; trad. française de française de Paul Alexandre, *Les Rouges et les noirs*, Paris, Georg, 1999.

DELZELL (Charles), *Mussolini's Enemies: the Italian Antifascist Resistance,* Princeton (NJ), Princeton University Press, 1961.

DULLES (Allen W.) *The Secret Surrender,* New York, Harper and Row, 1966.

ELLWOOD (David), *L'Alleato nemico,* Milan, Feltrinelli, 1977.

FALASCHI (Candiano), *Gli Ultimi Giorni del fascismo,* Rome, Editori uniti, 1973.

GARIBALDI (Luciano), *La Pista inglese. Chi uccise Mussolini e la Petacci ?,* Milan, Ares, 2002.

GIANNANTONI (Franco), *Gianna e Neri, vita e morte di due partigiani comunisti. Storia di un « tradimento » tra la fucilazione di Mussolini e l'oro di Dongo,* Milan, Mursia, 1992.

GIANNANTONI (Franco), *L'Ombra degli Americani sulla Resistenza al confine tra Italia e Svizzera,* Varese, Essezeta-Artigere, 2007.

KOGAN (Norman), *L'Italia e gli alleati,* Milan, Lerici, 1963.

LAMB (Richard), *La Guerra in Italia, 1943-1945,* Milan, Corbaccio, 1996.

LAMB (Richard), *Mussolini and the British,* Londres, John Murray Publishers, 1997.

LAZZARO (Urbano), *Dongo, mezzo secolo di menzogne,* Milan, Mondadori, 1993.

LONATI (Bruno Giovanni), *Quel 28 aprile. Mussolini e Clara : la verità,* Milan, Mursia, 1994.

LONGO (Luigi), *Un popolo alla macchia,* Rome, Riuniti, 1974.

LUZZATO (Sergio), *Il Corpo del Duce,* Turin, Einaudi, 1998.

PAVONE (Claudio), *Una guerra civile. Saggio storico sulla moralità nella Resistenza,* Turin, Bollati Boringhieri, 1991.

PERRETTA (Giusto), *Dongo, 28 aprile 1945. La verità,* Côme, Actac, 1990.

PETACCO (Arrigo), *Pavolini. L'Ultima raffica di Dongo,* Milan, Mondadori, 1982.

PETACCO (Arrigo), *Dear Benito, Caro Winston,* Milan, Mondadori, 1985.

PETACCO (Arrigo), *L'Archivio segreto di Mussolini,* Milan, Mondadori, 1997.

PETACCO (Arrigo), *Il Superfascista. Vita e morte di Alessandro Pavolini,* Milan, Mondadori, 1997.

PIFFER (Tommaso), *Il Banchiere della Resistenza. Alfredo Pizzoni, il protagonista cancellato della guerra di Liberazione,* Milan, Mondadori, 2005.

PISANÒ (Giorgio), *Gli Ultimi Cinque Secondi di Mussolini,* Milan, Il Saggiatore, 1996.

SAINI (Ezio), *La Notte di Dongo,* Rome, Corso, 1950.

SCHUSTER (Ildefonso), *Gli Ultimi Tempi di un regime,* Milan, Daverio, 1960.

TOMBACCINI (Simonetta), *Les Cent Jours de Mussolini,* Paris, France-Empire, 1981.

VALIANI (Leo), *Tutte le strade conduscono a Roma,* Bologne, Il Mulino, 1995.

WHITTLE (Peter), *One Afternoon at Mezzegra. Mussolini's Last Journey,* Londres, W.H. Allen, 1969.

WOLLER (Hans), *I Conti col fascismo. L'epurazione in Italia 1943-1948,* Bologne, Il Mulino, 1997.

ZACHARIAE (Georg), *Mussolini si confessa. Rivelazioni del medico tedesco inviato da Hitler al Duce,* Milan, Garzanti, 1948.

ZATTERIN (Ugo), *I Veleni di Dongo,* Milan, Il Minotauro, 1997.

Table des matières

Photocomposition Nord Compo
Villeneuve d'Ascq

CET OUVRAGE
A ÉTÉ ACHEVÉ D'IMPRIMER
SUR ROTO-PAGE
PAR L'IMPRIMERIE FLOCH
À MAYENNE EN JUIN 2010

Édition exclusivement réservée aux adhérents du Club
Le Grand Livre du Mois

Dépôt légal : août 2010
N° d'imprimeur : 76900-1
Imprimé en France

Pour l'éditeur, le principe est d'utiliser des papiers composés de fibres naturelles, renouvelables, recyclables et fabriquées à partir de bois issus de forêts qui adoptent un système d'aménagement durable.
En outre, l'éditeur attend de ses fournisseurs de papier qu'ils s'inscrivent dans une démarche de certification environnementale reconnue.